黎麟祥 著

一种货币 两个市场

人民币国际化之路

ONE CURRENCY, TWO MARKETS

China's Attempt to Internationalize the Renminbi

复旦大学出版社

对本书英文版的评论

"人民币是否有望超越美元,成为全球主要的国际储备货币?如同许多经济事务一样,这个问题的答案是:这很复杂。黎麟祥教授的这本专著对这一复杂问题进行了详尽的梳理,并为人民币国际化的发展前景提供了一个平衡的视角。本书是迄今为止最全面、最新的人民币国际化研究。强烈推荐!"

Barry Eichengreen——美国加州大学伯克利分校 George C. Pardee and Helen N. Pardee 经济学和政治学讲座教授

"本书无论对于人民币国际化的乐观主义者还是悲观主义者均具有借鉴意义。鉴于中国的实际 GDP 和国际贸易的高速增长,人民币作为交易媒介的持续国际化似乎势不可挡,并具有成为国际价值储存货币的潜力,但是或许不会成为'避险'货币"。

刘遵义——香港中文大学 Landau 经济学讲座教授,斯坦福大学 Li Kuo-Ting 发展经济学荣休教授

"人民币在跨境商业交易和官方部门金融业务中的重要性已经上升。黎麟祥教授的这本书诠释了为什么尽管中国的经济增长有助于持续提升人民币的国际地位,中国的进一步改革仍然至关重要。对于任何希望更深入了解人民币国际化的原因、结果以及未来前景的人而言,这是一本极具参考价值的书籍。"

魏尚进——美国哥伦比亚大学商学院教授,亚洲开发银行前首席经济学家

黎麟祥教授的《一种货币，两个市场：人民币国际化之路》对人民币国际化的起源、现状和前景进行了定性和定量的全面分析，并深入探讨了人民币国际化的政策措施及其基本经济学原理。本书将带领读者超越头条新闻的浅显内容，并将引起学术界和政策制定者的兴趣。

张贤旺——香港城市大学 Hung Hing Ying 国际经济学讲座教授

本书是迄今为止关于中国的人民币国际化最全面的研究。本书详细地表述了中国审慎推进人民币国际化的制度内容、相关资料和数据，并从历史与经济学理论的视角研究了人民币国际化的未来前景。毫无疑问，这本书将成为标杆性的参考书籍！任何有兴趣了解中国在国际金融和贸易中的角色的人，都应该阅读此书。

朱晓东——加拿大多伦多大学经济系教授

谨以此书纪念我的父亲逸和母亲淑馨

序言

中国政府正在推进人民币国际化,其真正的原因是什么?人民币国际化最终将有多成功?存在哪些有利因素?哪些因素会对其造成阻碍?人民币国际化对世界其他地区将产生什么影响?

在本书中,我分析了自1973年布雷顿森林体系崩溃和2008年的全球金融危机以后,国际货币体系产生的一系列问题如何促使中国想要脱离美元本位而寻求独立。寻求独立的办法之一就是让人民币成为被广为接受的国际货币。然而,中国目前正处于一个为难的处境:一方面,中国是全球第二大经济体和最大贸易国,而且不久的将来很可能成为全球最大的经济体,这些都有利于人民币国际化;另一方面,中国仍然是一个发展中国家,这就意味着中国的金融和法律体系与西方的先进体系相比仍然不成熟,需要追赶西方,并与西方有一定程度的融合。然而,中国无意在短时间内将其金融体系与西方完全融合。由于货币国际化要求其资本账户实现高度可兑换,这一因素不利于人民币国际化。为此,中国尝试以自己独特的方式,即通过"一种货币,两个市场(离岸/在岸)"的路径来推进人民币国际化。实行这一战略,中国需要建立一个全球人民币离岸市场,而且在离岸和在岸人民币市场之间建立一道防火墙:允许人民币在离岸市场完全可兑换,而在在岸市场则实施部分可兑换。这一战略背后有一整套配套政策措施,在所有配套政策措施中,我聚焦于金融体系的市场化、资本账户开放和发展离岸人民币中心,尤其是中国香港。在讲述这个故事的过程中,我将引用经济理论来论证我的观点,并采用数据和事实来支持我的理论。基于我的理论分析得出的结论是,人民币国际化成功的四个关键因素是：中国的经济规模，资本充分自由流动，发展一个有足够深度、广度和流动性的金融市场，以及国际市场对人民币持有信心。中国的经济规模已足够庞大，但对于其他三个因素仍需要下功夫。目前还不清楚中国的资本账户开放和金融市场发展是否能够，以及何时能够达到足以使人民币成为与欧元相提并论的重要国际货币的水平。至于与美元比较则相距甚远。由此，我的推测是人民币在中期内将有可能成为仅落后于美元和欧元但仍距两者甚远的第三大支付货币。从长期来看，由于中国庞大的经济规模和持续的改革开放，以及世界各国中央银行对可以保值的安全的外汇储备资产的需求的不断增加，世界可能成为一个多极储备货币体系，其中美元、欧元和人民币成为全球三大主要储备货币。然而，人民币要达到这个目标的道路，可能相当漫长而且不确定。

文献综述

很多与人民币国际化直接或间接相关的优秀书籍已经出版。例如，Eichengreen(2011)描述和解读了美元兴衰的历史，并对国际货币体系的未来进行预测。他认为人民币更有可能成为一种区域货币，而不是国际货币，因为中国很难完全放弃汇率稳定和资本管制。他认为中国只有放弃以金融抑制和汇率稳定为支柱的发展模式，才有可能放松对汇率和资本流动的管制。他认为美元的主导地位在可预见的未来将继续存在，除非美国的金融体系受到自残式的伤害，例如预算赤字失控而导致的美元崩溃。然而，即便没有美元崩溃，美元的主导地位仍然会随着中国的人民币和其他发展中国家货币（如印度卢比）的崛起而削弱。他推测未来将是多极国际货币的世界，美元为了维持其霸主地位将不得不面临竞争。

Eichengreen 和 Kawai(2015)编了一本颇具价值、信息丰富的关于人民币国际化的论文集，由许多篇学术文章组成，广泛讨论了人民币国际化的各种议题。该卷本的优势在于其宽泛的研究内容和作者丰富的专业知识。然而，由于该卷本整合了众多学者的论文，涉及诸多议题，所以它缺乏一致的主题。

Overholt, Ma 和 Law(2016)写了一本对人民币国际化研究翔实、全面和信息丰富的专著，它有一个一致的主题。作者对人民币国际化的未来持乐观态度。该书的突出特点是强调中国发展在岸债券市场对人民币国际化的重要性。对于关心人民币国际化的人而言，这是一本值得阅读的书籍。

Cheung, Chow 和 Qin(2017)写了一本对人民币极富洞见的书籍。尽管这本书用了两章来讨论人民币国际化的诸多议题，内容涵盖离岸市场，以及中国政府为促进人民币海外使用而采取的措施及其最新发展,但它更多的是关注人民币汇率,而不是人民币国际化。这本书是一个信息量相当充实的资料来源。

Prasad(2017)写了一本文字精良、内容全面的关于人民币国际化的书籍。这本书聚焦人民币国际化,书中囊括了很多人民币国际化的历史、政策和最新发展的细节内容。作者指出,人民币在国际上的使用确实在迅速上升,但他同时也告诫,人民币的起点很低。而且中国仍然是一个发展中国家,其金融体系相对不成熟,资本账户也相对封闭。他强调,如果外国人不能对其货币保持信心,人民币就无法成为避险货币。他因此得出结论:人民币国际化在可以预见的未来只能达到中等程度,其在全球总外汇储备中的比例不会超过10%(截至2019年6月底,美元和欧元的比例分别为61.6%和20.3%)。

Subacchi(2017)写了一本关于人民币国际化的资料丰富的书籍。作者指出,尽管中国是全球第二大经济体和最大的贸易体,但人民币仍是一种弱币,这也是中国推进人民币国际化的动机之一。然而,目前中国仍然处于金融抑制状态,人民币资本账户仍然不能自由兑换,为此,人民币国际化必须采取非常规方法。她指出,人民币国际化的主要战略是建立离岸人民币中心,特别是香港离岸中心,以促进人民币资本账户开放,并鼓励人民币贸易结算以便让人民币"走出去",从而提升中国境外人民币市场的厚度。

Eichengreen,Mehl和Chitu(2018)探索了国际货币如何运作这一更为普遍的话题,而不仅仅是专注于人民币国际化。作者提出了一个新观点,用以取代主要储备货币主导市场程度的传统观点。传统观点认为网络外部性(network externalities)和先发优势会导致赢者通吃的局面,因此主要国际货币几乎垄断了国际货币市场。原因是持有、购买和出售以主要国际货币计价的资产,其流动性高且交易成本低。然而新观点认为,网络外部性的力量不足以使主要国际货币产生锁定效应和赢者通吃效应。相反,几种储备货币并存可以实现多样化带来的好处。新观点的理论基础建立在一系列关于开放系统的技术标准的文献上。在开放系统中,某种特定技术或系统的用户可以与使用其他技术或系统的用户进行互动。通过网关技术(gateway technologies)绕过不同系统之间的技术障碍能让用户克服系统之间的不兼容性,并能将相互竞争的系统整合到一个扩展的网络。新观点的含义是"21世纪的(美元的)'特里芬两难'(Triffin dilemma)可以通过发展其他国家提供的国际流动性来解决"。很明显，欧元和人民币是两个候选货币。由此可见，该书似乎对人民币国际化前景持乐观态度。

然而，上述所有书籍都没有用足够的篇幅向普通读者严谨地解释其经济学原理，并运用这些经济学理论来分析人民币国际化的相关问题。相比之下，我的这本书将论证建立在经济理论的基础上，读者只要有经济学的基础知识就能轻易理解本书的内容，而不需要深厚的国际宏观经济学和金融学专业知识。例如，我用简单的经济语言解释了开放经济的"三元悖论"、聚集效应(coalescing effect)、市场厚度的外部性(thick market externalities)、无抛补利率平价(uncovered interest parity，UIP)，以及市场化的顺序等原理，并将它们应用于现实世界。本书与以往文献不同的第二个显著特点是，我对人民币国际化的前景实施了严谨的定量评估，而不仅仅是定性分析。利用环球银行金融电信协会(Society for World Interbank Financial Telecommunication，SWIFT)的专业数据库，我进行了一项实证研究，用于估算一种货币占国际支付总额的份额的决定因素，并利用该实证模型来预测未来人民币的支付份额，这是衡量国际化程度的一个重要指标。我的实证研究揭示，金融发展和资本账户开放在决定人民币支付份额方面比中国的GDP要重要得多。我的实证模型预测显示，2030年，人民币可能在全球支付货币排名中位列远低于美元和欧元的第三，但这要求中国在未来十年大大加快其金融发展和资本账户开放。我相信我的实证评估结果比任何声称中国的经济规模本身不能使人民币成为国际货币的定性分析更具说服力。本书的第三个突出特点是，我认为资本账户自由化和国内金融部门改革之间存在着正反馈效应(positive feedback effect)，即协同效应。这一理论为利用人民币国际化来"倒逼"国内金融部门改革提供了依据。我认为"倒逼"是人民币国际化的一个重要动机。为此，中国的市场化顺序不应该刻板地遵循传统观念，即在资本账户自由化之前完成金融体系市场化。相反地，金融体系市场化和资本账户自由化这两项市场化举措应该同步互动地向前推进。最后，我这本书显著有别于以往文献之处在于详细介绍了香港离岸人民币市场和新的中国国际支付系统，即人民币跨境银行间支付系统(Cross-border Interbank Payment System，CIPS)，同时配置了一个数学模型，用于解释在岸市场和离岸市场的经济变量(例如利率和汇率)之间的关系。

为了承载更多的技术/理论材料或案例研究，我在书中插入了几个专栏，它们是为那些对分析细节感兴趣的读者准备的。普通读者跳过这些专栏也不会错过本书的主要内容。

致 谢

本书是我九年来对人民币国际化的研究和多年教授国际宏观经济与金融的成果。2012年,时任香港科技大学商学院院长郑国汉教授鼓励我研究人民币国际化,并任命我作为经济发展研究中心副主任带头开展相关研究。现在回想起来,我很高兴自己接受了这个任务。自那时起,我阅读了许多论文和文章,与许多人交谈,聘请了许多研究助理协助我的研究工作,举办了许多讲座,教授人民币国际化的MBA课程,两次担任香港金融管理局辖下的香港货币研究所的研究员从事这一课题的研究,并在此过程中撰写了一些论文。这段历程为本书的写作铺平了道路,本书概括并总结了我对于人民币国际化这一主题的研究结果。在此我衷心地感谢在这一旅程中遇到的所有人。没有他们,这本书就不会像现在我所希望的那么精彩。

我要特别感谢刘修谦和Paul Luk,他们不知疲倦地阅读了整个手稿,并给我非常详细的和建设性的意见。他们是真正的朋友,指出了一些我忽略的文献,给我提出宝贵的建议,帮助我改进了本书。我真诚地感谢Kim-Man Ngan,他花费宝贵的时间与我讨论香港人民币市场的真实情况,随后又给我的书稿写了非常详细的评论。林娅棠耐心地阅读了我的书稿并提出了一些有趣的建议。我还要感谢施康,他两次参与了有启发性的讨论后提出了他的见解。

我要对香港金融管理局的香港货币研究所表示感谢,感谢他们两次(2013年和2018年)给我提供研究员职位,对人民币国际化问题进行研究。在此期间,我有幸与香港金融管理局的许多专家交流,从而对香港离岸人民币市场和人民币国际化有了更多了解。他们包括但不限于 Giorgio Valente，Edmund Lee，Jacqueline Zhang，Alfred Wong，Cho-Hoi Hui，何东和陈红一，我真诚地感谢他们所有人与我的交流。

在这些年里，我从与许多杰出的经济学家、学者和相关领域从业者的讨论中受益匪浅，他们给了我很多启迪。他们包括但不限于 Yin-Wong Cheung，林曙，孙立坚，Ben Chan，凌家敏，Ilhyock Shim，雷鼎鸣，巴晴，吴君，魏尚进，Chao He 和 Paola Subacchi。

许多研究助理帮助我撰写了这本书或与人民币国际化主题有关的论文，他们对完成本书起到了不可或缺的作用。在这里我对 Weili Chen 表示最衷心的感谢，他不知疲倦地收集数据并进行分析，表现出色。没有他，这本书的质量就会大打折扣。我还要感谢 Barron Yiu-Hing Tsai，Xiaoyan Zhuang，Vincent Pok-Ho Lo 和 Zixuan Fu，他们提供了许多高质量的研究支持。Yang Jiang 和 Ce Bian 给本书提供了插图、参考和索引。Jing Zhou，Xue Bai，Yiye Cui，Erica Wai-Chu Chung，Victor Cheuk-Hin Yau，Rui Yang 和 Muyang Ye 都为本书作出了重要贡献。

香港科技大学为这本书的写作提供了良好的环境。我要感谢香港科技大学商学院给我教授人民币国际化的 MBA 课程的机会，使我得以从学生的视角来审视人民币国际化的问题。我还要感谢香港科技大学新兴市场研究所 (Institute of Emerging Market Study) 和经济发展研究中心（Center for Economic Development）的大力支持。

我感谢环球银行金融电信协会允许我使用他们专属的双边国家间支付流量的历史数据，用以分析人民币作为重要支付货币的潜力，该分析是本书的重要内容。

本书的工作得到了香港特区政府中央政策组（Central Policy Unit）策略性公共政策研究（Strategic Public Policy Research）计划（项目编号为 SPPR17RG01），以及香港研究资助局（Hong Kong Research Grants Council）一般研究基金（项目编号为 16506820）的支持。与 SWIFT 报文流量有关资料的发布已获 S.W.I.F.T. SCRL.SWIFT © 2019 的许可。它们对这些资料保留全部版权。由于金融机构有多种途径交换其金融交易信息，SWIFT 关于金融流量的统计资料并不代表完整的市场或行业统计资料。对于全部或部分基于SWIFT统计资料作出的任何决定及其后果,SWIFT不承担任何责任。

最后,但同样重要的,是我要万分感谢上海商学院金融系副教授吴君。她研究人民币国际化多年。她在我写中文版的过程中提供了极大的帮助。没有她的帮助,这中文版就不会写得如我所希望的那么好。

缩略语

ABC	中国农业银行
CIPS	人民币跨境支付系统
CNY	在岸人民币
COFER	全球官方外汇储备的构成
CPC	中国共产党
CSRC	中国证券监督管理委员会
DF	可交割远期
DKK	丹麦克朗
DNS	延迟净结算
ECB	欧洲中央银行
EUR	欧元
FDI	外国直接投资
FX	外汇
FTZ	自由贸易区
GBP	英镑
GFC	全球金融危机
HKD	港币
HKEX	香港证券交易所
HKICL	香港银行同业结算有限公司
HKMA	香港金融管理局

HVPS	高额支付系统
IMF	国际货币基金组织
ICBC	中国工商银行
IPO	首次公开募股
JPY	日元
LCP	本地货币定价
LPR	贷款市场报价利率
LVPS	大额支付系统
MLF	中期借贷便利
MNCs	跨国公司
MRF	互认基金
MSCI	摩根士丹利资本国际
MSR	21世纪海上丝绸之路
NDF	无本金交割远期
NOK	挪威克朗
NPL	不良贷款
NSA	国家安全局
ODI	对外直接投资
OTC	场外交易所
P2P	点对点
PAP	新加坡人民行动党
PBC	中国人民银行
PCP	生产者货币定价
QDIE	合格境内投资企业
QDII	合格境内机构投资者
QDLP	合格境内有限合伙人
QFII	合格境外机构投资者
QFLP	合格境外有限合伙人
RFDI	以人民币结算的外国直接投资

RMB	人民币,既代表货币的名称,也代表货币单位。作为一个货币单位使用时,它也代表"元"
RODI	人民币对外直接投资
RQDII	人民币合格境内机构投资者
RQFII	人民币合格境外机构投资者
RQFLP	人民币合格境外有限合伙人
RGI	人民币全球化指数
RTGS	实时总结算
SAFE	国家外汇管理局
SDR	特别提款权
SEK	瑞典克朗
SGD	新加坡元
SOE	国有企业
SREB	"丝绸之路"经济带
STP	直通式处理
SWIFT	环球银行金融电信协会
TFP	全要素生产率
TMA	香港财资市场公会
USD	美元,既代表货币名称,也代表货币单位
WTO	世界贸易组织

目录

概述 ·· 1
第1章 导论 ·· 8
第2章 中国对浮动汇率的抗拒 ··························· 23
第3章 中国为什么要推进人民币国际化? ·················· 34
第4章 中国的人民币国际化战略 ························· 48
第5章 资本账户开放的重要性 ··························· 76
第6章 金融部门改革的重要性 ··························· 106
第7章 离岸人民币市场的重要性 ························· 146
第8章 人民币作为支付货币的潜力 ······················· 181
第9章 人民币国际化的前景 ····························· 203

参考文献 ·· 212
进一步阅读 ·· 229
索引 ·· 232

图目录

图 A 本书的理论框架 ·· 6
图 1.1 2013—2021 年在岸人民币兑美元(CNY/USD)汇率 ············· 9
图 1.2 2004—2022 年香港的人民币存款(不包括存款证书) ············· 10
图 1.3 2021 年第二季度各国货币在已分配的全球外汇储备总额中的
份额 ··· 13
图 1.4 2013—2017 年部分对手货币的平均买卖价差 ················· 17
图 1.5 1994—2021 年中国的外汇储备 ····························· 20
图 2.1 1981—2018 年人民币兑美元(CNY/USD)汇率 ················· 24
图 2.2 1993—2020 年中国加工出口占总出口的百分比 ··············· 25
图 2.3 1982—2020 年中国的经常账户余额 ························ 25
图 2.4 1980—2020 年部分国家的外汇储备(不包括黄金) ············· 29
图 2.5 1996—2021 年部分国家货币对美元汇率的波动率 ············· 32
图 3.1 2005—2021 年中国的海外资产相对于其海外负债的超额收益率 ····· 40
图 3.2 2005—2021 年美国海外资产相对于其海外负债的超额收益率 ······· 40
图 4.1 截至 2023 年 8 月按权重计算的前 15 个离岸人民币经济体
(根据支付额计算) ·· 55
图 4.2 截至 2021 年第三季度末各国家/地区的离岸人民币存款
(不包括存款证书) ·· 57

图 4.3 截至 2015 年 10 月底按发行人的类型划分的在香港发行的未偿还人民币债券 ⋯⋯ 58

图 4.4 2010—2016 年香港的人民币融资业务 ⋯⋯ 58

图 4.5 2010—2017 年在香港发行的人民币债券规模 ⋯⋯ 59

图 4.6 2007—2018 年全球离岸人民币债券的发行量 ⋯⋯ 59

图 4.7 2012—2019 年跨境贸易人民币结算（季度） ⋯⋯ 61

图 4.8 截至 2106 年底 RQFII 额度分配情况（10 亿元人民币） ⋯⋯ 67

图 4.9 截至 2021 年底全球以人民币和美元计价的未偿还国际债务证券的百分比 ⋯⋯ 72

图 4.10 2012—2019 年全球货物贸易中以人民币结算的百分比 ⋯⋯ 73

图 4.11 2013—2020 年人民币全球化指数 ⋯⋯ 74

图 5.1 1997—2017 年归一化到 0 至 1 之间的 Chinn-Ito 指数 ⋯⋯ 79

图 5.2 1996—2019 年国际投资总头寸的 GDP 占比（实际意义资本账户开放度的衡量标准） ⋯⋯ 82

图专栏 5.1A 开放经济体的"三元悖论" ⋯⋯ 93

图附录 5.1 月度资本流动总额和汇率波动率 ⋯⋯ 103

图附录 5.2 月度资本流动总额和汇率波动率（三个月移动均值） ⋯⋯ 104

图附录 5.3 月度资本流动总额和汇率波动率（五个月移动均值） ⋯⋯ 105

图 6.1 1996—2018 年国际货币基金组织金融发展指数 ⋯⋯ 108

图 6.2 1998—2020 年中国人民银行一年期家庭存款基准利率和一年期贷款基准利率 ⋯⋯ 116

图 6.3 贷款利率市场化的时间表 ⋯⋯ 117

图 6.4 一年期实际平均贷款利率、贷款基准利率、贷款市场报价利率和中期借贷便利利率 ⋯⋯ 119

图 6.5 一年期实际平均存款利率和基准存款利率（单位：%） ⋯⋯ 120

图 6.6 2017 年未偿还债券总额占 GDP 的百分比 ⋯⋯ 134

图 6.7 1996—2017 年不同国家中央政府的未偿还债券 ⋯⋯ 135

图 6.8 1996—2017 年中央政府债券周转率 ⋯⋯ 136

图 6.9　截至 2017 年底外资对国内中央政府债券的持有量 ·················· 137

图 6.10　截至 2018 年 12 月按国家/地区划分的五个最大股票市场的市值 ·· 140

图专栏 7.1A　在岸人民币兑美元汇率与离岸人民币对在岸人民币溢价的百分比(2013—2021 年) ·· 170

图专栏 7.1B　12 个月在岸人民币的上海银行同业利率(CNY SHIBOR 12M)与 12 个月离岸人民币的香港银行同业拆借利率(CNH HIBOR 12M),以及两者的利差(CNY-CNH 12M interest rate differential)(2013—2021 年) ············ 171

图专栏 7.1C　三个月伦敦欧洲美元利率减去 3 个月美国货币市场利率(1990—2016 年) ·· 172

图专栏 7.1D　抛补利率平价的偏离(2013—2019 年) ················· 174

表目录

表 3.1　国际货币的职能 ·· 35
表 4.1　离岸人民币清算行 ·· 52
表 4.2　2011—2018 年香港的人民币存款(不包括存款证书) ············· 56
表 4.3　2011—2018 年人民币贸易结算情况 ···························· 61
表 4.4　2010—2018 年香港的离岸人民币业务(10 亿元人民币) ········· 63
表 4.5　截至 2021 年 8 月中国人民银行与其他国家和地区的中央银行和
　　　　货币当局签订的双边货币互换协议 ···························· 65
表 4.6　2021—2023 年美元、欧元、日元和人民币在国际货币体系的相对
　　　　重要性(百分比) ··· 72
表 5.1　简化的国际收支账户 ·· 76
表 5.2　2013—2018 年交易受管制的资本账户项目的比较 ··············· 79
表 5.3　简化的中央银行资产负债表 ···································· 91
表附录 5.1　"三元悖论"的验证：用未经移动均值调整算出来的结果 ····· 103
表附录 5.2　"三元悖论"的验证：用三个月移动均值算出来的结果 ······· 104
表附录 5.3　"三元悖论"的验证：用五个月移动均值算出来的结果 ······· 104
表 6.1　用于计算金融发展指数的变量 ································· 109
表 6.2　截至 2017 年 12 月中国的银行资产分布情况 ··················· 122
表 6.3　2016 年按规模和所有权类型划分的不同类型企业的贷款分布
　　　　·· 125
表 6.4　简化的银行资产负债表 ······································· 127

表 6.5	2016年不同类型债券市场的债券存管金额	133
表 8.1	2016年的支付份额和GDP份额,不包括通过全球市场基础设施和欧元区内的支付	182
表专栏 8.1A	全球外汇交易份额和GDP份额及两者比率(1995—2022年)	185
表专栏 8.1B	国家/地区及其货币	188
表专栏 8.1C	2016年实际和预测支付份额,不包括通过全球市场基础设施和欧元区内部支付的交易	190
表 8.2	思想实验1	191
表 8.3	思想实验2	193
表 8.4	2016年没有"一带一路"倡议的国家的支付份额,以及有"一带一路"倡议的国家支付份额的估计值	198
表 8.5	2020年第一季度,未偿还国际债务证券总存量的货币份额(总量为24.91万亿美元)以及在有和没有"一带一路"倡议的条件下,对2030年第一季度货币份额的粗略预测(估计的总量为31.88万亿美元)	201

概述

下面我逐章对本书的内容进行概述,最后给出本书的理论框架图。

第1章是导论,我论述了国际货币体系的现状、美元的"过度特权",以及国际货币体系的历史。我回顾了美国是如何在1944年的布雷顿森林会议上抓住机遇,将美元确立为国际储备货币,以及布雷顿森林体系(Bretton Woods System)又是如何在1973年崩溃的。在后布雷顿森林体系的当今,发展中国家,如中国,采用"美元本位",将本国货币与美元挂钩,从而积累了巨额美元储备,进而陷入"美元陷阱"。然而,2007—2009年的全球金融危机给中国敲响了警钟:以美元为中心的国际货币体系可能相当不可靠——比如,国际贸易融资可能会出现美元短缺。为此,中国开始加快人民币国际化步伐,力争使人民币成为国际计价单位、交易媒介和价值储存。然而,人民币国际化意味着中国资本账户必须足够开放和中国金融体系必须足够市场化,人民币汇率的波动幅度也将加大,中国做好准备迎接这些挑战了吗?本书探索成功的人民币国际化所需的必要条件及其前景。

第2章阐述为什么中国希望有稳定的人民币汇率。自1978年改革开放以来,对外贸易对于中国经济的发展一直非常重要。因为在改革开放初期,中国拥有大量廉价劳动力,但资本却十分匮乏。为此,中国敞开大门欢迎外国直接投资,以引进资本和技术。大量亟待被经济发展吸收的农村剩余劳动力(即未充分就业的农村劳动力)需要通过出口贸易来拓展外部需求,从而实现劳动力的充分就业。1996—2005年,中国一直致力于维持人民币兑美元汇率的稳定和低估,以此促进出口贸易的发展。换句话说,中国在经济发展过程中适应并且很好地利用了美元本位制:稳定和低估的人民币汇率政策使中国迅速成为国际贸易的重要参与者。如果人民币不与美元挂钩,中国的加工出口贸易以及中国融入全球价值链就不会如此成功。因此,稳定和低估的人民币兑美元汇率成为中国经济发展初期的战略基石。然而这一汇率政策也是人民币国际化的障碍,因为人民币国际化要求更加自由的资本流动。根据开放经济体的"三元悖论"原则,一个国家要保持货币政策的独立性,就无法同时兼顾汇率稳定和资本自由流动。因此,中国要实现人民币国际化,保证资本自由流动和货币政策的独立性,就需要承受一定程度的汇率波动。

第3章讨论人民币为什么要国际化。我将货币国际化定义为一国货币在其发行国之外被广泛用作计价单位、交易媒介和价值储存。在私营部门,国际货币被用于国际商品和服务贸易的计价和结算,以及国外银行存款和金融资产的计价。在公共部门,国际货币则被用作国外中央银行的储备货币。诸多原因促使中国积极推进人民币国际化,这里列举其中几个:首先,以美元为主要储备货币的国际货币体系是一个不对称的体系:当中国等发展中国家的货币与美元挂钩时,其货币政策自主权将会部分或全部丧失;而美国却拥有完全的货币政策自主权,不需要调整美元对其他国家货币的汇率。其次,为了维持人民币与美元挂钩,中国积累了大量美元储备,这些美元储备不仅利息很低,而且还要承受美元贬值带来的损失,从而可能引起民众的抱怨。过去四十年来,美国经常账户连年巨额赤字,其本质是美国利用美元的特殊地位以极低的利率向中国等国家进行海外借款。最后,2007—2009年全球金融危机导致全球美元短缺,进一步刺激中国要抓住机遇窗口推进人民币的国际使用,以期最终摆脱"美元陷阱"。中国推进人民币国际化还有日本等其他国家不具备的两个理由:其一是中国强烈希望摆脱美国和美元主导的国际货币体系;其二是试图利用人民币国际化的对外承诺来"倒逼"国内金融改革。我还讨论了人民币国际化对中国和世界的利与弊,以及日本为什么没能实现日元国际化的原因。

第4章探索人民币国际化的战略。中国可能是历史上第一个不被认为是最发达的国家之一,却试图推进其货币国际化的国家。从历史上看,国际货币发行国的金融市场应该是庞大、可信、高效率、高流动性的,而通常发达国家的金融市场才具备这些特点。中国的特殊性在于其虽然是一个发展中国家,但是被预期会在不久的将来成为全球最大的经济体。然而与世界上最先进的国家相比,中国的金融市场仍然不成熟,其可靠性、效率、广度、深度和流动性等仍然有待提高,此外人民币资本账户尚未完全开放,仅仅依靠市场力量无法使人民币成为重要的国际货币,因此需要借助政府的政策来开展和推进人民币国际化进程。借鉴"一国两制"的思想,中国政府决定建立与在岸人民币市场不完全融合的离岸人民币市场,并促进中国香港、中国台湾、新加坡和伦敦等离岸人民币中心的形成。在离岸人民币市场上,离岸人民币(CNH)是一种完全可兑换的货币,以离岸人民币计价的债券、贷款、银行存款和其他金融产品的市场已经逐渐发展起来。中国允许甚至鼓励用人民币进行贸易结算。截至2021年8月,中国已经与38个国家签订了双边货币互换协议。人民币资本账户正通过合格境外机构投资者(Qualified Foreign Institutional Investor,QFII)、合格境内机构投资者(Qualified Domestic Institutional Investor,QDII)、人民币合格境外机构投资者(RMB Qualified Foreign Institutional Investor,RQFII)、沪港通(Shanghai-Hong Kong Stock Connect)、深港通(Shenzhen-Hong Kong Stock Connect)、债券通(Bond Connect)、互金通(Mutual Fund Connect)、上海自贸试验区、深圳前海蛇口自贸片区、跨境理财通等多种途径逐步放开。同时,中国正在逐步建立国际银行间支付系统,即CIPS,对以人民币计价的交易支付进行清算和结算。我在这一章阐述了中国如何推进人民币资本账户的逐步开放以及人民币的可兑换,并对人民币国际化指数进行探索。

第5章论述资本账户开放的重要性。我解释了聚集效应和市场厚度的外部性如何决定一种货币用于国际贸易计价和国际金融资产计价的程度,并从理论上分析了为什么除了金融发展和经济规模,资本账户开放对人民币国际化也至关重要。即便著名的经济学家也承认资本账户开放并非无可争议。例如,罗德里克(Dani Rodrik)和斯蒂格利茨(Joseph Stiglitz)等著名经济学家都反对资本账户开放。他们认为资本账户开放存在非同寻常的风险,尤其是对银行和金融业不成熟的新兴经济体而言。我在这里提出两个问题:第一,既然资本账户开放有风险,那么中国是否仅仅因为想要实现人民币国际化就开放人民币资本账户?第二,无论中国是否谋求人民币国际化,人民币资本账户开放的收益是否大于成本?为了回答这两个问题,我讨论了资本账户开放的收益与成本,包括开放经济体"三元悖论"原则所致的汇率稳定性的丧失。我解释了"三元悖论"原则的理论基础及其实证证据。随后我提出资本账户开放与金融市场改革之间存在正反馈效应:由于人民币国际化要求资本账户开放,于是产生连锁反应,以渐进和互动的方式促进资本账户开放和金融市场的同步发展。这就为利用人民币国际化作为外部承诺来推动国内金融市场的改革提供了依据。

第6章聚焦金融部门改革的重要性,重点介绍中国的银行部门、债券市场和股票市场。由国家严格管控的银行体系是中国发展模式中的重要组成部分。在这种体制下,低银行存款利率,让信贷可以通过优惠的贷款利率提供给国有企业。在资金短缺的经济发展早期,这可能是一个合理的政策选择。这其实也是一个典型的金融抑制的例子。在经济发展后期,这个体制的经济效率变得低下。中国最大的银行都是国有银行,其利率并不由市场决定。相对于众多由中小企业组成的私人部门而言,国有企业仍然享有信贷优惠,这导致了资本的错配。由于缺乏外部竞争,中国的金融部门效率低下,无法形成有深度、广度和流动性的金融市场,这无疑不利于人民币国际化的推进。由于获得信贷补贴,国有企业普遍缺乏追求最佳国际标准的动力。没有国有企业的改革,金融部门的改革也将无法推进。中国债券市场最近几年才得以发展,多数债券市场的重要发展都发生在2015年以后。中国债券市场的特点是相对于GDP规模较小、交易量低以及外资占比低等。中国的政府债券市场是人民币国际化最为重要的因素。为了给人民币成为国际储备货币铺平道路,需要进一步大力发展中国政府债券市场。中国股票市场的市值相对于GDP的比例较小,其特点是融资能力低、政府干预过多、缺乏透明度、实施资本管制以及其他一些问题。然而即便障碍重重,中国的金融业改革仍在持续进行中。例如,利率市场化改革正在进行、在岸人民币债券市场正在发展、外资金融机构逐步被允许经营在岸人民币业务以及拥有多数股权。金融部门的另一个积极信号是中国金融市场的开放及其与世界其他地区的融合最近几年从未放缓。

第7章分析离岸人民币市场的重要性。历史上任何国际货币都必须在资本账户中实现自由兑换,这意味着资本必须具有高度流动性。这方面的例子包括第二次世界大战后的美国、英国和日本。由于中国的国内金融体制尚未成熟,中国希望通过有控制的方式来开放人民币资本账户,保留在必要时刻有调整资本管制程度的选择权。因此利用中国香港、新加坡、伦敦等国际金融中心的离岸人民币中心就成为启动人民币国际化的关键一步。通过这一策略,中国可以在在岸人民币市场和离岸人民币市场之间构筑一道"防火墙",允许人民币在离岸市场完全可兑换,但是在在岸市场则实施部分可兑换。在这一章,我深入探讨了离岸人民币中心,尤其是中国香港地区离岸人民币中心的运作。中国香港目前是最大的离岸人民币中心。我详尽描述在岸和离岸外汇市场的区别、讨论离岸人民币支付的结算和清算、人民币流动性供给的运作以及由香港交易所等银行和金融机构提供的人民币金融产品。尤为重要的是,我详细介绍了中国的 CIPS,分析了 CIPS 如何加快人民币的国际支付速度,并将其与美国的清算所银行间支付系统(Clearing House Interbank Payments System,CHIPS)进行比较。我还解释了香港离岸人民币市场运作背后的经济学原理,特别是利用基于无抛补利率平价理论的经济模型,分析了在岸和离岸市场利率与汇率的关系。此外我还对离岸美元市场和离岸人民币市场进行比较,以帮助理解离岸人民币中心还有哪些需要改进的地方。

定性分析并不足以定量地揭示各种因素对于人民币国际化成功的重要性。在第 8 章,我对人民币国际化的决定因素实施定量分析,并重点评估了人民币作为国际支付货币的潜力。我展示了一个计量经济学的研究结果,证明相对于 GDP 而言,中国的金融发展和人民币资本账户开放程度在决定人民币的国际支付份额中发挥更为重要的作用。我利用 SWIFT 提供的跨境支付流量数据,并以"引力模型"为理论框架实施回归分析,以识别不同货币的双边支付流量的决定因素。随后我利用该模型对人民币在全球支付体系中的未来份额进行预测,结果显示,在最乐观的情景下,人民币在 2030 年有可能成为次于美元和欧元的第三大支付货币,且与前两名相距甚远。尽管中国的预期经济规模很大,但人民币作为国际支付货币的地位仍然很难接近欧元。这是由于中国不发达的金融体制,使其金融发展和资本账户的开放水平受到限制。我还进行了一项简单的计算,用以估算"一带一路"倡议对人民币支付份额及其在国际债务证券计价份额方面的影响。

第 9 章讨论人民币国际化的前景。我们有很多悲观的理由:第一,人口老龄化,中国的劳动力在2012年就已经开始萎缩。劳动力萎缩对经济增长产生的影响不可忽视,因为如果没有足够大的经济规模,人民币就很难达到其国际化所需的市场厚度。第二,中国对资本流动的风险高度警惕,不会很快放开在岸人民币市场的资本管制。第三,发展一个有深度、广度和流动性的在岸金融市场可能需要很长时间。第四,人民币要想成为避险货币。不过,我们也有谨慎乐观的理由:第一,尽管经济增速可能放缓,中国仍有可能在不远的将来成为全球最大经济体,从而具有规模优势。第二,相对于其他国家(如日本)而言,中国有更大动力推动其本国货币国际化。中国独立于美国和以美元为基础的国际货币体系的愿望也更为强烈。与人民币国际化相关的外部承诺也可以成为推进中国国内金融改革的工具。第三,由于发展中国家经济的快速发展,美国GDP的全球占比将持续下降,最终将无力提供全球所需的储备和支付资产,因此需要其他货币来填补缺口,而人民币将成为强有力的候选货币。因此,世界有可能最终形成一个以美元、欧元和人民币为三大储备货币的"多极"货币体系。不过,人民币实现成为继美元和欧元之后的第三大国际储备货币这一目标,道路可能相当漫长。

本书的理论框架如图A所示。

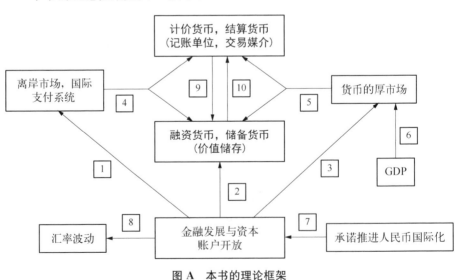

图A 本书的理论框架

黑体字代表人民币国际化的目标

注释(与图中标注的数字相对应):

1：离岸市场业务的规模和范围将随着在岸金融发展和资本账户开放而增加(第7章)。

2：(a) 更自由的资本流动增加投资资金的流入和流出(第5章)。

(b) 更深、更广、流动性更高的金融市场(如债券市场、股票市场和银行部门)增加了外国投资资金的流入(第6章)。

3：金融发展和资本账户开放增加货币在国际上的使用程度(第5、8章)。

4：(a) 创建人民币完全可兑换的离岸市场，同时维持人民币部分可兑换的在岸市场，并在离岸市场和在岸市场中间构筑一道"防火墙"是启动人民币国际化的重要战略(第7章)。

(b) 离岸货币中心和国际支付体系促进资金在在岸市场和离岸市场之间的有效流动，增强金融发展和资本账户开放对人民币国际化的影响(第7章)。

(c) 离岸货币中心和国际支付体系有利于离岸金融市场的有效运行和人民币在离岸市场的使用(第7章)。

5：规模庞大的货币市场降低货币兑换的交易成本，提高货币使用的便利性，增加外汇周转率和货币的流动性(第5、8章)。

6：随着国家国际经济活动的扩展，GDP的增长提高货币在全球的使用率(第5、8章)。

7：推进人民币国际化的外部承诺产生了资本账户和金融部门市场化的压力，或称为"倒逼"。在人民币国际化的推动下，这两项市场化举措可以相互配合地协同推进，打破关于"市场化顺序"的传统观念(第5章)。

8：根据开放经济体"三元悖论"，如果保留货币政策的自主权，资本账户开放将导致更大幅度的汇率波动(第5章)。

9和10：记账单位、交易媒介和价值储存功能的相互促进(第3章)。

第 1 章
导 论

2015年8月11日,在岸人民币对美元贬值1.9%,这是自2005年中国采用有管理的浮动汇率制度以来最大的单日跌幅。过去10年,人民币一直处于上升轨道。在此期间,中国经济一直处于快速增长期,市场也期待人民币继续升值。那么,那一天究竟发生了什么事?

2015年8月11日之前,中国人民银行在每个交易日上午9点15分为人民币兑美元价值设定一个汇率中间价。在每一个交易日,人民币只能在汇率中间价的上下2%浮动。在这种机制下,人民币汇率中间价可能不会跟随前一天的汇率趋势变动:中国人民银行有时会设定汇率中间价,让人民币兑美元汇率在市场明确显示应该走弱的一天以后反而走强。换句话说,在这种机制下,中央银行为了扭转市场趋势会时不时干预外汇市场。自2014年10月左右,即便经济增长开始明显放缓导致资本流出中国,但由于政府干预外汇市场,人民币兑美元汇率却没有贬值很多。如果政府不干预外汇市场,人民币应该会贬值更多。

自2015年8月11日,中国实施新的人民币汇率中间价形成机制。人民币的汇率中间价主要取决于前一个交易日的人民币收盘价。换句话说,人民币汇率中间价可能会跟随前一天的市场趋势,这意味着人民币汇率更多地由市场驱动。①

---

① 据中国人民银行网站消息,中国外汇交易中心于每个交易上午9时15分公布当日允许交易时间区间的人民币兑美元汇率中间价。自2015年8月11日起,中间价将基于三个因素:前一个交易日银行间外汇市场的收盘价、市场供求关系,以及主要货币的价格变动(http://www.pbc.gov.cn/goutongjiaoliu/113456/113469/2927054/index.html)。

(转下页)

2015年8月11日的汇率制度改革导致当天人民币中间价比前一个交易日贬值1.9%，从前一天的6.116 2贬值到6.229 8。同日，离岸人民币兑美元汇率(CNH/USD)和在岸人民币兑美元汇率(CNY/USD)分别下跌2.83%和1.86%，并在下一个交易日又分别贬值了2.08%和0.96%（见图1.1）。市场预期人民币会进一步贬值，而且贬值幅度可能会很大。2015年8月11日之前，市场预期人民币相对于美元在短期和中期内仍然会升值，而之后市场却相信人民币在短期和中期内会贬值。这种对人民币未来汇率预期的明显逆转相当引人注目，并因此引发资本外流。为了阻止资本继续外流，政府很快重新实施一些资本管制措施。香港的离岸人民币存款下降，流往内地的跨境资本也同时下降。① 图1.2显示2015年8月11日后，香港的人民币存款从峰值（大约相

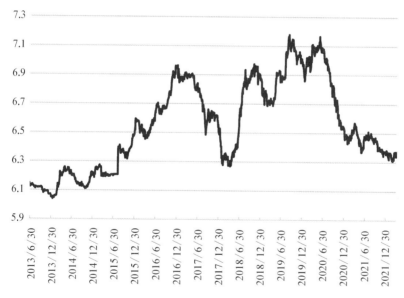

图1.1　2013—2021年在岸人民币兑美元(CNY/USD)汇率

资料来源：彭博社。

(接上页)根据中国人民银行网站，"为增强人民币兑美元汇率中间价的市场化程度和基准性，中国人民银行决定完善人民币兑美元汇率中间价报价。自2015年8月11日起，做市商在每日银行间外汇市场开盘前，参考上日银行间外汇市场收盘汇率，综合考虑外汇供求情况以及国际主要货币汇率变化向中国外汇交易中心提供中间价报价"。

① 事实上，2015年8月11日以后人民币汇率总体处于贬值轨道，直到2016年底左右人民币汇率达到低谷，约为6.96元人民币兑换1美元。

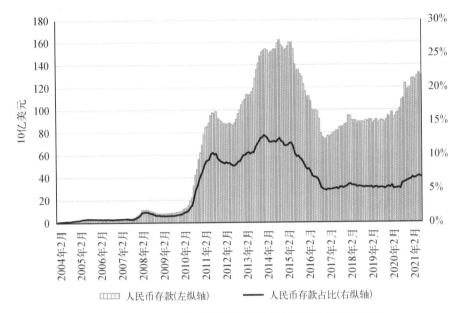

图 1.2　2004—2022 年香港的人民币存款（不包括存款证书）

资料来源：环亚经济数据公司（CEIC）和"香港金融管理局——香港人民币存款的规模"，www.hkma.gov.hk/media/eng/doc/market-data-and-statistics/monthly-statistical-bulletin/T030302.xls。

当于 1 600 亿美元）急剧下跌。2019 年第三季度，香港的人民币存款额仅略高于 2015 年夏季峰值的 50%。甚至直到 2022 年初仍只处于峰值的 80% 左右。

在人民币汇率中间价形成机制改革改变后的第一时间和很长一段时间内都引起了全球金融市场的动荡。这不仅标志着中国汇率政策发生了本质性变化，而且 2015 年 8 月 11 日之后发生的其他事件还表明其产生了进一步的影响，例如，中国股市在几个月后崩盘，股价的过度波动促使有关方面采取措施停止交易。

在 2015 年 8 月 11 日之后的几个月里，在香港的国有银行干预香港离岸市场，目的在于使离岸人民币和在岸人民币汇率保持一致。这意味着减少离岸市场的人民币供给来提高利率，从而增加做空人民币的成本。这种干预极大地伤害了离岸市场，使香港人民币离岸市场瞬间失去活力。这是人民币国际化在取得多年进展后遭受的严重挫折，中国政府显然低估了市场对其政策变化的反应。

2015 年 8 月 11 日之后，人民币国际化的动力大幅减弱，其主要原因是资本管制。为了维持人民币兑美元的汇率稳定,资本外流受到严格限制,其背后的原理是开放经济体的"三元悖论"。"三元悖论"指出,中央银行货币政策自主权、汇率稳定和资本自由流动这三个理想目标无法同时实现。对"三元悖论"的另一种解释是,如果要维持一个目标(如货币政策自主权),那么另外两个目标(即汇率稳定和资本自由流动)之间就存在权衡关系——如果更多地顾及一个目标,那么就只能较少兼顾其他两个目标。这表明,如果中国想保持货币政策自主权和稳定汇率,就无法拥有资本的高度自由流动性。[①] 政府似乎认为维持汇率稳定比资本账户开放更为重要。然而资本的流动性对于人民币国际化,特别是离岸人民币市场至关重要,可见人民币国际化实际上在当时被放在了次要位置,而稳定汇率被放在首要位置。[②]

人民币汇率中间价形成机制改革的改变对人民币国际化造成严重阻碍的事实是具有讽刺意味的:改变人民币汇率中间价设定机制的原因之一是为了使人民币汇率更加市场化、更加灵活,以满足国际货币基金组织(International Monetary Fund,IMF)将人民币纳入构成特别提款权(Special Drawing Rights,SDR)的一篮子货币的要求。[③] 特别提款权是国际货币基金组织建立的一种账面货币,用于为各国政府提供短期贷款以填补其国际收支账户的支付缺口。中国政府认为人民币被纳入 SDR 货币篮子是其国际化进程的重要里程碑。

果然,在人民币汇率中间价形成机制改革后的 2015 年 11 月 30 日,国际货币基金组织宣布人民币将于 2016 年 10 月 1 日被纳入特别提款权的货币篮子,中国终于实现了让人民币成为国际货币的梦想。吊诡的是,人民币汇率中间价形成机制的改革是为了使汇率更加灵活,以增加人民币成为国际公认的精英储备货币俱乐部成员的机会。但在此过程中竟无意为人民币国际化的步

---

① 近年来,"三元悖论"受到了研究人员的质疑。例如,Rey(2015)以及 Han 和 Wei(2018)的相关理论。尽管如此,仍有大量证据表明该理论是合理的。关于这项争议的更多讨论参考第五章。
② 参见 2016 年 1 月 15 日新加坡发展银行的《离岸人民币:"拿下"——人民币的小插曲》(www.dbs.com/aics/pdfController.page?pdfpath=/content/article/pdf/AIO/160115_insights_ defending_the_yuan.pdf)。
③ 2015 年 12 月,随着中国人民银行首次正式公布参考"货币篮子"的构成,人民币汇率固定机制变得更加透明。中国外汇交易中心(CFETS)首次公开发布了 CFETS 人民币指数,该指数反映了人民币相对于在中国外汇交易中心交易的 13 种货币的汇率。美元、欧元和日元的权重最高,分别为 26.40%、21.39%和 14.68%,其次是港币(6.55%)和澳大利亚元(6.27%)。参见香港交易及结算所有限公司 2018 年数据。

伐踩了刹车,而人民币国际化的其中一个目的恰恰是提高人民币的国际地位。

那么,究竟为什么中国要推进人民币国际化呢？要回答这个问题我们首先要了解国际货币体系及其历史。

1.1 美元本位

在现行国际货币体系下,很多比较成熟的货币选择采用浮动汇率制度。然而很多国家,尤其是发展中国家,则选择钉住汇率制度,将其货币汇率钉住一种硬货币或一篮子硬货币,如美元、欧元、英镑和日元,以保持与这些货币汇率的稳定。一个国家采用钉住汇率制度可能有多种原因,如维持汇率低估以促进出口导向的经济增长战略,降低因汇率过度波动而破坏国内脆弱的银行系统的风险,锚定国内通货膨胀率,降低以外币计价的国内进出口企业面临的汇率风险等。为了与硬货币挂钩,这些国家不得不积累足够的以硬货币计价的外汇储备,以备需要时用于干预外汇市场,以维持其货币的兑换价值。例如,假设一个国家想将其货币与美元挂钩,如果市场对该货币施加贬值压力,中央银行就不得不在外汇市场上卖出美元同时买入本币以维护其货币与美元挂钩。该国必须保持足够的美元储备以应对汇率遭受市场波动和投机性攻击,为此美元必须成为该国中央银行的主要储备货币。一种货币在全球各国外汇总储备中的份额,与世界各国希望用该货币维持汇率稳定的程度成正比。截至2021年第二季度末,美元、欧元、日元和英镑在全球各国中央银行已分配外汇储备总额中的份额分别为59.23%、20.54%、5.79%和4.76%(见图1.3)。①可见美元是迄今为止最主要的国际储备货币。更为重要的是,许多国家希望与美元保持稳定汇率的原因,是美元是最主要的贸易计价货币、贸易结算货币和融资货币(即金融资产的计价货币)。可见储备货币的各项功能,即计价货币、结算货币和融资货币是相辅相成的,使美元成为全世界的主导货币。大多数国家希望其本币对美元汇率的保持稳定,因此积累大量美元储备。然而美元却不需要与任何货币或任何资产(如黄金)挂钩,因此不需要大量持有任何

---

① 资料来源:国际货币基金组织官方外汇储备的货币构成(COFER)(http://data.imf.org/?sk=E6A5F467-C14B-4AA8-9F6D5A09EC4E62A4)。

外汇储备。更为重要的是,作为主要储备货币国家,美国可以通过自主性货币政策来调节本国的国民收入、失业率以及通货膨胀率,而将其货币与美元挂钩的国家就无法通过独立货币政策来调节本国的国民收入、失业率和通货膨胀率,除非它们限制资本的自由流动(这是因为开放经济体的"三元悖论")。这种不对称性是非常显著的。

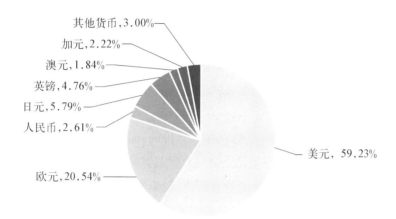

图 1.3　2021 年第二季度各国货币在已分配的全球外汇储备总额中的份额

资料来源:国际货币基金组织官方外汇储备货币构成(COFER)、国际金融统计(IFS)和国际货币基金组织(IMF),http://data.imf.org/?sk=E6A5F467-C14B-4AA8-9F6D-5A09EC4E62A4。

1.2　美元的"过度特权"

由于美元的储备货币地位,美国公民能够以非常低的利率借入美元。因为美元是主要储备货币和融资货币,因此国际资本市场存在大量的美元资金供给,从而降低美元的借款利率。截至 2017 年底,外国人持有的美国资产中,美国国债占 17.3%、美国公司债券占 11.5%、美国机构债务占 2.8%、美国股票占 22.4%、外国直接投资占 25.0%、金融衍生品占 4.5%、其他投资为 15.5%。[1]

---

[1] 资料来源:美国经济分析局(www.bea.gov/international/index.htm#iip);美国财政部(www.treasury.gov/resource-center/data-chart-center/tic/Pages/fpis.aspx#usclaims)。美国国债、公司债券和机构债的份额使用美国财政部提供的截至 2017 年中期的数据计算而获得,因此份额加总不等于 100%。

截至2017年底,美国人持有的海外资产包括12.4%的外国债券,32.7%的外国股票,32.1%的美国对外直接投资,5.9%的金融衍生品,15.4%的其他投资和1.6%的储备资产。[①] 可见,外国人持有的美国债券远超美国人持有的外国债券(按百分比计算)。外国人持有的美国资产远比美国人持有的外国资产要多。如果看绝对值,这个差异甚至更大。这印证了外国中央银行持有大量美国国债作为外汇储备的事实。

平均而言,2005—2017年美国人持有海外资产的年利率比外国人持有的美国资产高约3个百分点。[②] 这意味着美国人可以年复一年地保持其支出大于产出(即经常账户连年赤字)而无须担忧其国际净债务的增加。我们将在第3章进一步讨论这个问题。

美国大约70%的外国资产是以外币计价的,而美国对外国人的负债则近100%以美元计价。[③] 因此当美元贬值时,美国的国际投资头寸得以改善,因为在此情形下美国负债的美元价值没有变化,但美国资产的美元价值却上升了。例如,当美国经济由于国外对其商品和服务的需求下降而衰退时,其货币就会贬值,但这种负面冲击会因外国人以增加美国国际投资净头寸的形式向美国转移财富而得到缓解。这种国际财富转移发挥了保险支付的作用,并部分抵消了负面需求冲击对国家经济造成的损害。实际上这种特权或优势不仅仅局限于美国,任何能够以本币借贷的国家,如欧元区国家、英国或日本都能获得这种特权。只是美国的外国资产和外国负债总额的绝对值远高于英国或日本,这意味着美国作为一个国家在所有可以用本币借款的国家中通过这种特权受益最大。

1.3 铸币税

铸币税是一国政府在印刷或创造货币并用于购买商品和服务时获得的实

[①] 资料来源:美国经济分析局(www.bea.gov/international/index.htm#iip);美国财政部(www.treasury.gov/resource-center/data-chart-center/tic/Pages/fpis.aspx#usclaims)。
[②] 作者根据Habib(2010)建议的方法计算。
[③] 参见Krugman, Obstfeld和Melitz(2018)。

际资源。例如,美国境外持有的美元流通货币(即钞票加硬币)数量是美国政府从外国人赚取的铸币税的价值。目前还没有美国境外美元流通货币数量的官方数据。一些学者对此做了估算:美国联邦储备理事会(Federal Reserve Board of Governors)的 Ruth Judson(2012)估计,"截至 2011 年底,外国人大约持有一半的美元流通货币和大约 65% 的面额为百元的美钞"。Edgar L. Feige(2012)估计,"目前海外持有的美元流通货币的份额在 30%—37%"。美国财政部 2000 年提供的一份报告引用了以下数据:"根据美联储的估算,截至 1998 年底,美国境外持有 5 000 亿美元的美元流通货币的 50%—70%,即金额约为 2 500 亿—3 500 亿美元。"① 上述三个百分比估值的均值为 47.8%。根据美国联邦储备银行圣路易斯分行的数据,截至 2018 年 6 月 6 日,美元流通货币总额为 16 610 亿美元。② 因此,假设上述百分比的估值多年不变,截至 2018 年 6 月,美国境外美元流通货币总额约为 8 000 亿美元,约占美国 GDP 的 4%,这是一个不可小觑的数量。

由此可见,美国从其作为主要国际储备货币的特权中受益匪浅。法国财政部长 Valery Giscard d'Estaing 称之为美元的"过度特权"。然而国际货币体系并非总是像今天这样,正如中国人民银行前行长周小川曾经说过,"像如今国际货币体系这样接受以信用为基础的国家货币为主要国际储备货币,是历史上罕见的特例"。

1.4 国际货币体系的一些历史

1870—1914 年,世界上大多数国家都实行金本位制,即所有国家的货币价格均以黄金计价。这样既可以避免储备货币标准的不对称性,还能有效限制所有国家的货币供给量。

1944—1971 年,世界上大多数国家都加入布雷顿森林体系,所有成员国家

---

① "美国货币在国外的使用和造假问题"(www.treasury.gov/press-center/press-releases/Documents/counterf.pdf)。
② 联邦储备体系理事会(美国),"负债和资本:消耗储备余额的其他因素:流通中的货币:周平均数据(WCURCIR)",联邦储备银行圣路易斯分行(https://fred.stlouisfed.org/series/WCURCIR)。

都将本国货币与美元的汇率固定,而美元则将其价值与每盎司黄金35美元的价格固定,因此美元成为所有布雷顿森林体系成员国的储备货币。由于本币与美元的汇率固定,除美国以外所有成员国的货币政策均受到约束。而由于美元与黄金价格挂钩,美国的货币政策也受到约束,因此储备货币体系不存在不对称性。由于布雷顿森林体系中各国汇率通过美元最终都固定于黄金,因此被称为金汇兑本位。

自1973年至今,世界上大部分国家都实施浮动汇率制度。然而尽管许多国家继续维持本国货币与美元的汇率稳定,但现在美元的价值却不再与黄金价格保持固定,因此美国不再有约束其货币政策的外部承诺。现行国际货币系统就像一个储备货币系统,其储备货币的价值没有任何有内在价值的东西(如黄金)作支撑,而只是由国家货币(即美元)来支持。由于各国并没有承诺彼此保持固定汇率,原则上它们可以自主地选择货币政策来处理失业和通货膨胀等国内经济事务。然而,一部分是由于历史原因,还有一部分是由于美国仍然是当今最大的经济体并拥有最成熟的金融体系,许多国家仍然以美元形式持有其绝大部分外汇储备。各国中央银行持有大量美元储备不仅仅是因为必要时可以捍卫其货币挂钩,而且还因为其本国公民(如企业和家庭)需要美元来通过国际贸易购买商品和服务,或者通过国际金融交易购买金融资产。这些国家的中央银行需要有足够数量的美元来为其公民提供美元流动性。美元地位稳固的历史原因是1973年布雷顿森林体系崩溃时,美元是世界上最主要的计价货币、融资货币、投资货币和储备货币。由于美元被广泛地使用和保存,兑换美元非常简单,因此与其他货币相比,美元的兑换交易成本非常低,几乎没有竞争对手。图1.4揭示了2013—2017年美元、欧元、英镑和日元这四种货币两两之间的平均交易成本(以买卖价差量度)。显而易见,与其他货币相比,与美元交换的平均交易成本最低。越多人使用某一货币,其交易成本就越低,这种现象被称为网络外部性。而同时,一种货币交易成本越低,就有越多人使用。因此,使用一种货币的人数(越多)和该货币的交易成本(越低)之间存在正反馈效应。这种正反馈效应在一定程度上解释了1973年以后美元在全球范围内的使用地位甚为牢固的原因。

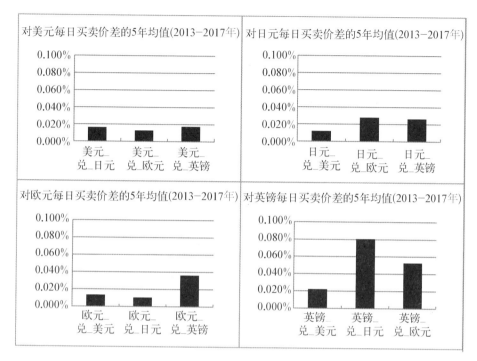

图 1.4 2013—2017 年部分对手货币的平均买卖价差

资料来源：彭博社。

专栏 1.1

美国是如何在布雷顿森林会议中抓住机遇的?

众所周知,第二次世界大战以后国际货币体系的中心是与黄金挂钩的美元,这一安排并不完全是由经济现实决定的,"二战"末期走下坡路的英国和崛起中的美国之间的权力斗争也起到决定性的作用。1944 年 7 月,布雷顿森林会议指定的美元特权地位,是经过美国和英国的代表之间非常激烈的争论后才被参会者接受的。当时美国代表团由时任财政部首席国际经济学家怀特(Harry Dexter White)领衔,代表美国的金融力量;而英国代表团则由标志性经济思想家凯恩斯(John Maynard Keynes)率队,代表英国的知识力量。

怀特代表美国起草的国际货币基金组织蓝图与英国财政部凯恩斯起草的计划相竞争,最终布雷顿森林会议通过了大多人遵循怀特计划的妥协方案:

怀特计划提议通过创建国际货币基金组织和世界银行(World Bank，WB)来恢复战后的全球稳定。他的计划将国际货币基金组织和世界银行定义为，通过以美元为基础的金融通道的国际贸易作为经济增长的促进者。最后怀特胜出，决定因素并非怀特的智力优势，而是美国的巨大经济和政治力量。由此，国际货币基金组织的蓝图遵从怀特的计划而非凯恩斯计划的安排。于是，它成为以美元为基础的机构。

国际货币基金组织的两位创始人的最大不同在于他们对国际货币基金组织独立程度与权力的态度：凯恩斯认为世界需要一个独立的抗衡力量，即一个可以调节全球信贷供给和分配的全球中央银行与美国的经济实力相平衡。他希望创建一种由国际货币基金组织发行的名为"Bancor"的国际储备货币，并由国际货币基金组织作为全球中央银行。怀特则反对建立全球中央银行和"Bancor"的想法，他主张国际货币基金组织作为美国经济权力的附属机构来促进全球贸易的平衡增长，同时维护美元在国际金融的核心地位。[1]

遗憾的是，布雷顿森林体系存在严重缺陷。国际贸易发展需要与之同步增长的国际储备，因此美元供给需要不断扩大。正如经济学家罗伯特·特里芬(Robert Triffin)在20世纪50年代末所观察到的，这与保持美元的价值稳定相矛盾，从而引发美元汇率的信心问题。摆脱这种困境的方法之一，是国际货币基金组织需要创造一种用以补充美元储备的国际信贷工具。这个国际信贷工具最终在1969年由国际货币基金组织创建出来。它就是特别提款权，它是一种中央银行储备使用的账面货币，由当时所有主要货币，如美元、德国马克、日元和英镑组成。

事实上，大多数人都只是关注罗伯特·特里芬提出的信心问题，却忽略了布雷顿森林会议所导致的美元主导问题。这是一个严重疏忽。特别提款权创立得太晚，因为美元在国际货币体系中的地位早已根深蒂固。

[1] 参见 Boughton(1998)和 Buttonwood(2014)。

1.5 以美元为基础的国际货币体系及其存在的问题

美国是全世界上最大的经济体，拥有最成熟的金融体系，这一事实意味着其金融市场最深入、最广泛且流动性也最好。加之其经常项目和资本项目均完全可兑换，这使得美元对于那些需要为其业务筹资的公司用作融资货币以及那些需要代表客户（如为退休而储蓄的家庭）投资的金融机构用作投资货币非常有吸引力。美元在全世界被广泛持有还有两个原因：第一，美国政治稳定而且军事强大，这使得美元在世界动荡时能作为避险货币。第二，美国的货币政策受到政治体系中的制衡机制的约束。美国有一个相对独立的中央银行，即联邦储备体系，其使命是保持物价稳定和经济增长。这种制度设计使得政府行政部门难以影响中央银行印制或创造货币用以弥补财政支出或刺激经济以助力总统连任，但同时又给予联邦储备体系通过货币政策引导经济走向（如影响通货膨胀和失业率）的自主权。这套制衡机制赢得了其他国家的信任。

1996—2005年人民币与美元挂钩期间，中国出口贸易开始起飞。与许多其他发展中国家一样，中国尽力维持人民币与美元汇率的稳定。正是这一政策使中国中央银行积累了巨额美元资产。根据中国国家外汇管理局2018年年度报告的信息披露，中国的外汇储备总额从2006年底的1.07万亿美元增长到2014年底的3.84万亿美元，随后外汇规模开始下降，2017年底达到3.14万亿美元。然而截至2021年底，中国的巨额外汇储备仍然达到约3.25万亿美元（见图1.5）。外国分析家普遍认为，截至2014年，中国三分之二的外汇储备以美元形式持有。中国央行持有美元资产的利率与投资中国国内实体资产的潜在平均收益率相比非常低。可见中国为了购买"保险政策"以确保人民币与美元的汇率稳定，付出了高昂的代价，因此与许多将本币与美元挂钩的其他发展中国家一样陷入"美元陷阱"。

2007—2009年的全球金融危机向中国敲响了警钟，让它知道以美元为基础的国际货币体系可能并不可靠。2008年9月，经纪公司雷曼兄弟（Lehman Brothers）破产后的一段时间，美国和欧洲的银行系统发生大规模信贷紧缩，无法向亚洲国家和地区提供必要的以美元、欧元和其他硬通货计价的贸易融资，从而使许多亚洲国家的贸易陷入坍塌。为此，亚洲许多国家和地区开始鼓励使用本国/本地区货币在双边贸易中结算，这些国家和地区之间的双边货币互换协议为这种双边贸易结算提供了便利。而中国应对以美元为基础的贸易融

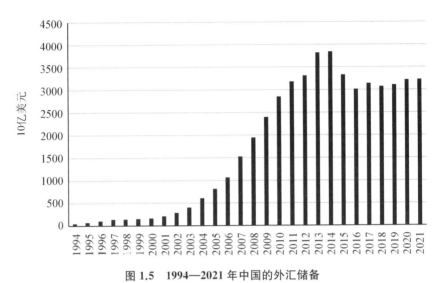

图 1.5　1994—2021 年中国的外汇储备

资料来源：国家外汇管理局年报（2022 年），https://www.safe.gov.cn/en/ForexReserves/index.html。

资的崩溃的自然反应就是促进人民币在国际贸易结算中的使用。自 2009 年以来，香港离岸人民币市场迅速发展成为促进人民币贸易结算的平台。2015 年，以人民币结算的中国贸易比例达到 29.4%。① 2018 年 3 月，多达 36 个国家与中国进行了双边货币互换。

　　主要储备货币可能不可靠还有其他有迹可循的现象，如欧元债务危机以及美国国债评级的下调。2011 年，市场普遍预测欧元将因欧元危机而大幅贬值，甚至怀疑欧元可能会最终解体。同年，标准普尔（Standard & Poor）将美国国债的评级从 AAA 下调至 AA＋。② 这些事件表明现行储备货币的预期价值未必总是稳固，也使世界各国中央银行考虑让本国储备货币组合更加多样化。人民币作为全球第二大和经济增长最快的国家的货币，显然可以作为各国央行储备货币多元化投资组合的候选货币。

---

① 资料来源：中国人民银行，2015 年的人民币贸易结算（www.pbc.gov.cn/diaochatongjisi/116219/116225/3004953/index.html）；中国海关统计数据，2015 年总交易（www.customs.gov.cn/publish/portal0/tab49667/info785130.htm）。
② 资料来源：路透社，"标普将美国信用评级降至 AA＋"（www.reuters.com/article/us-usa-sp-downgrade-text/sp-lowers-united-statescredit-rating-to-aa-idUSTRE7750D320110806）。

以美元为基础的国际货币和金融体系的脆弱性促使中国摆脱其束缚而寻求独立。中国认为有必要在国际交易中增加本币的使用并建立自己的国际支付体系。由于人民币国际化的先决条件是资本账户开放，所以人民币国际化会对国内金融部门的改革形成压力。因此，一些人认为推动人民币国际化是促使金融部门改革的一个好办法。这叫作"倒逼"，字面意思是从反方向施加压力。在上述各因素的共同作用下，中国政府自2010年出台了一系列旨在推进人民币国际化的措施，并且政策效果相当显著。截至2014年底，香港的银行人民币存款额达到10 036亿元人民币（占总存款的12%）。世界各地，包括中国香港、中国台湾、新加坡和伦敦都形成了离岸人民币中心。截至2014年底，在香港发行的离岸人民币计价债券，亦称为点心债券（Dim Sum Bonds）的未偿还规模达到3 805亿元人民币。SWIFT的数据显示，截至2015年12月，人民币已经成为全球第五大支付货币和第二大贸易融资货币。2016年10月，人民币正式成为特别提款权货币篮子中的五种货币之一。

然而，人民币想成为重要的国际货币其资本账户必须基本可兑换（即资本必须有进出中国的很大自由），并且中国的金融市场也需要有足够的深度、广度和流动性。目前尚未知晓这两项条件是否而且何时能够达到。金融市场方面，尽管很多国有企业效率低下，国有银行仍然需要为其提供廉价信贷资金以维持其生存，因此金融市场的进一步发展步履艰难。资本账户方面，人民币资本账户开放的一个障碍是中国无意将其金融体系与世界其他国家完全融合，原因是基于2007—2009年全球金融危机的经验，中国认为以美元为基础的国际货币体系并非总是可靠。资本账户开放是人民币国际化的一个重要障碍。为了克服这一障碍，中国政府借鉴了邓小平"一个国家、两种制度"的思想，决定采用"一种货币，两个市场"的方法，即创建一个与在岸人民币市场不完全融合的离岸人民币市场。离岸人民币被称为CNH，与被称为CNY的在岸人民币在两个不同的市场运作。中国政府政策促进了中国香港、中国台湾、新加坡、伦敦和其他离岸人民币中心的形成。离岸人民币CNH在离岸市场上是一种完全可兑换的货币。在离岸人民币中心，以离岸人民币计价的债券、贷款、银行存款和融资市场逐渐发展起来。然而，这种方法的效果如何仍有待观察。

此外，人民币资本账户可兑换（除了一些细微差别外，相当于资本自由流动)意味着人民币汇率的稳定性下降,这是由开放经济体的"三元悖论"决定的。"三元悖论"揭示,一国要保持其货币政策自主性,在资本可自由流动的条件下,就无法维持汇率稳定。假设中国首先保证货币政策自主权,那么汇率稳定和资本自由流动之间就存在取舍。中国愿意在多大程度上让人民币汇率随市场力量而波动?假如中国不愿意人民币波动幅度过大,那么资本流动的自由度就会受到一定程度的限制,这是人民币国际化的另一个障碍。面对这些挑战,人民币国际化的前景就不那么明朗了。

　　本书探索人民币国际化成功的必要条件及其前景。我将在以下各章讲述我的观点,并运用理论支持我的观点、用证据支持我的理论。我将讨论对人民币国际化具有重要意义的各种因素,并评估中国满足这些要求的潜力。我还将探索人民币国际化的障碍,如果没有进一步改革,人民币国际化就很难向前推进。两个主要的改革是人民币资本账户自由化和金融部门市场化改革。中国目前的特点是资本管制和金融抑制,两者都代表经济扭曲,因此导致经济效率不佳。改革就意味着剔除经济扭曲。经济理论揭示,如果经济的一个部分发生扭曲,基于经济效率的原因,另一部分经济扭曲可能是合理的,这就是所谓的次优理论(Theory of the Second Best)。因此,当一国处于金融抑制时,为了保持经济稳定而实行资本管制可能就是合理的。但是,如果要达到最优的经济效率,就需要同时去除或放松这两种扭曲,这就要求对经济的两个部分都实施改革。换句话说就是资本账户和金融部门都要进行市场化改革。我们主张这两项改革应该以渐进方式同步推进,以发挥这两项改革的协同作用。而实际上人民币国际化可以成为这两项改革的催化剂。

第 2 章
中国对浮动汇率的抗拒

2.1 为什么中国希望汇率稳定？

  自 1978 年改革开放以来，国际贸易对中国的经济发展一直至关重要。在改革开放初期，中国拥有大量廉价劳动力，但资本却非常匮乏。为此中国开放外国直接投资，以此引进资本和先进的技术知识。此外，大量的农村剩余劳动力（未充分就业的农村劳动力）也亟待被经济发展吸收。根据官方估计，截至 2017 年，仍有 2.87 亿农民工由于农村劳动力过剩而留在城市工作。[①] 因此，中国需要通过出口来扩大外需，从而保证农村劳动力就业。图 2.1 展示了 1981—2018 年人民币兑美元（CNY/USD）汇率，从中可以看到中国改革开放至今整个时期的汇率历史演变。1994 年以前，人民币兑美元官方汇率并非由市场决定的，而是由中国政府固定的，因此中国存在外汇黑市。1994 年以后，人民币汇率逐渐与市场接轨，黑市也随之消失。为了促进出口和维持外国直接投资的持续流入，1994—2005 年，中国一直通过干预外汇市场来维持人民币兑美元汇率的相对稳定（可能是低估）（1997—2005 年为 1 美元兑换 8.28 元人民币的水平）。低估而稳定的汇率支持了出口部门的竞争力，同时使得到中国进行直接投资对外国公司非常具有吸引力。也就是说，中国在这一时期采取并很好地利用了美元本位。2001 年，中国加入世界贸易组织（World Trade Organization，WTO），加之与美元挂钩的汇率政策，迅速推动中国成为国际贸

[①] 资料来源：国家统计局，"2017 年农民工监测调查报告"（www.stats.gov.cn/tjsj/zxfb/201804/t20180427_1596389.html）。

易中的主要参与者。首先,如果中国不曾保持人民币与美元的稳定(而且可能低估)汇率,其加工贸易以及融入全球价值链就不会如此出色。2001年和2017年中国的加工贸易规模分别为2 410亿美元和1 190亿美元,占中国出口总额的比例分别为47.4%和29.0%。① 图2.2显示在20世纪90年代和21世纪初的大部分时间,加工贸易占中国出口总额的比例为50%或更多。可见加工贸易对中国的出口举足轻重。至少在1994—2005年人民币兑美元的汇率稳定是中国出口导向经济发展战略的基石。

图2.1 1981—2018年人民币兑美元(CNY/USD)汇率

资料来源:彭博社。

出乎意料的是,成功的出口增长却在中国加入WTO后无意中形成了经常账户的巨额顺差(尤其是对美国的双边顺差)。图2.3展示了1982—2020年中国的经常账户余额,可以看到2001年以前经常账户余额并不高,顺差从未超过370亿美元。2001年中国加入WTO后,经常账户开始急剧飙升,2005年达到1 320亿美元,比2004年的690亿美元增加了630亿美元。2005年中

---

① 2001年的数据参见中国海关统计年鉴 2001。2017年的数据参见中国海关统计数据(www.customs.gov.cn/customs/302249/302274/302276/1421284/index.html)。

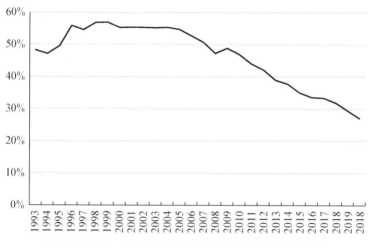

图 2.2　1993—2020 年中国加工出口占总出口的百分比

资料来源：环亚经济数据库，海关总署。

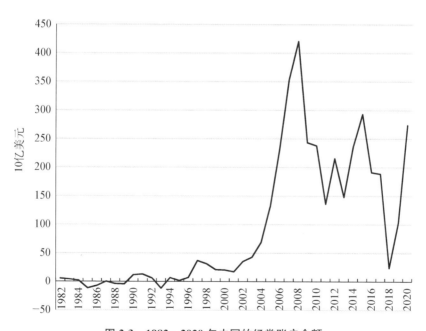

图 2.3　1982—2020 年中国的经常账户余额

资料来源：世界银行世界发展指标——中国的经常账户余额（https://data.worldbank.org/indicator/BN.CAB.XOKA.CD?locations=CN&. name_desc=true）。

国对美国的双边贸易顺差达到2 190亿美元。① 因此,2005年7月中国政府允许人民币从8.28元兑换1美元的水平逐步升值。2008年7月左右,汇率达到了6.83元兑换1美元,相当于从2005年7月到2008年7月人民币升值了21%。尽管人民币大幅升值,中国的经常账户顺差仍然保持快速增长,并在2008年达到4 210亿美元的峰值。2009年,由于全球金融危机爆发,中国决定加强人民币与美元的联系。2010年6月,为了应对新的外部压力,中国宣布人民币汇率采取有管理的浮动汇率制度。从2010年6月到2014年1月,汇率从6.83元兑1美元进一步升值到6.10元。自此,汇率开始出现双边波动,比如,2015年人民币对美元贬值4.4%,部分原因是前面所述的"8·11"汇改。尽管如此,即便在2005—2018年,人民币兑美元汇率从未完全自由浮动,而是一直被管制以防止其过度波动或者相对于对美元过度升值或贬值。

人民币兑美元汇率稳定对中国非常重要的另一个原因是,中国金融体系仍然不成熟和脆弱,因此无力承受汇率的大幅波动。尽管资本管制仍然存在,但这些管制并非强制性措施,因此资本流出或流入的边界是"多孔的",而非"密不透风的"。有管理的汇率能使人们锚定人民币不会出现大幅贬值或升值的预期。人民币未来大幅贬值的预期可能会触发大规模银行提款以兑换成外币逃往海外(即所谓资本外逃)。而那些有大量外币计价的债务的公司,由于其收益来源是人民币而负债是外币,就可能面临破产的风险(即所谓货币错配)。给这些公司提供贷款的银行将遭受重大损失。由于金融系统尚不完善,大规模的资本外逃会对银行系统造成巨大压力,引发银行挤兑,甚至导致银行破产。因此,在人民币大幅贬值的情况下,公司资产和负债的资本外逃和货币错配可能会触发银行挤兑和银行危机。

资本外逃并不经常发生,但是政策制定者仍然希望阻止市场预期人民币贬值时发生的资本过度外流。保持汇率的相对稳定,将最大限度地降低贬值预期的形成以及由此引发的资本外流风险,决策者认为这有助于维护金融体系的稳定。

周边新兴经济体的汇率政策可能也刺激了中国采取相对于美元的稳定汇

---

① 参见 Bosworth(2012)。

率。韩国、泰国、马来西亚和印度尼西亚等东南亚国家的汇率都紧盯美元。这些国家都试图避免本国货币对美元过度升值或贬值。由于这一地区是中国最大的贸易伙伴,中国自然要与这些国家保持稳定汇率。

中国也可能将日本的经验教训铭记于心。中国的银行和金融体系发展历史与日本几乎如出一辙。从第二次世界大战结束到 20 世纪 80 年代中期,日本银行体系的特点是所谓的"护航系统",即所有银行,包括最缺乏竞争力的银行都受到日本财政部的保护。不仅如此,银行还受到财政部的严格监管,商业银行破产简直让人觉得难以想象。日本的银行因其利润得到很大庇护而极度缺乏发展技能和提升效率的动力。银行由于严格的监管而无权决定其定期存款的利率,这听起来跟中国银行业直到近期仍在实施的金融抑制政策基本上大同小异。20 世纪 80 年代中期,美国的经常账户相对于日本出现巨额赤字。作为应对,美国在 1985 年 9 月与日本签署《广场协议》,迫使日元对美元大幅升值。《广场协定》签署时,美元兑日元的汇率为 236.9 日元兑 1 美元,短短一年后日元就升值至 154.8 日元兑 1 美元,一年内升值了 53%。为此日本国内,特别是出口部门要求政府颁布政策抗衡这种影响的呼声渐起。这导致日本银行将其重要的银行间贷款利率从 1985 年底的 8% 左右降低至 1987 年中期的 3% 左右。同时,政府意识到日本银行体系已经严重落伍,于是开始放松金融市场管制。最为关键的是公司债券市场得以迅速发展,并很快成为日本高质量公司的重要资金来源地。与此同时,仍然以存款形式吸收大多数家庭储蓄的银行业却因此失去了重要的高质量借款人群体。银行为了获取利润不得不寻找贷款的替代渠道,于是转向房地产业,助长了房地产泡沫的形成,并最终导致 1991—2002 年日本灾难性"失去的十年"。在此期间,日本年均经济增长率只有 0.9%。[①]

金融抑制,随后是金融市场自由化和房地产价格急剧飙升,所有这些似乎与 2018 年左右中国的发展非常相似。当今中国经济对出口的依赖与 20 世纪 80 年代中期日本曾经的经历也如出一辙。可见人民币相对于其任何主要贸易伙伴国货币,尤其是美元的大幅升值都会增加金融市场改革的风险。因此,中

---

① 参见 Shioji(2013)关于日本的经验。

国将20世纪80年代日本的汇率政策视为负面教训,这也强化了其寻求有管理的浮动汇率政策以防止人民币对美元过度升值的决定。

运用W. Max Corden(2009)的术语,中国的汇率政策可以概括为汇率保护和汇率稳定。汇率保护是指维持低估的人民币汇率以支持出口部门的竞争力以及城市工人和农村剩余劳动力就业。汇率稳定则是指为了避免自由浮动或者固定但可调整的汇率的急剧变化以保护尚不完善的金融体系。中国政府的一般原则是采用渐进式,而非急剧式的变革,因为这更有把握,不会让事态失控。从中国政府的角度来看,稳定比波动更受欢迎,因为稳定使政府和公众都更有安全感。

另一个让中国政府记忆犹新、有关汇率制度和资本管制的教训是亚洲金融危机。这场危机以1997年7月2日泰铢的突然暴跌拉开序幕。最初预计泰铢将贬值15%,但严重的投机性攻击使泰铢贬值到更低水平。投机性攻击随后蔓延到邻国货币,首先是马来西亚,然后是印度尼西亚,再后是韩国。其他邻近的经济体,如中国香港地区和新加坡遭受重创。在货币投机者的眼中,似乎这些经济体都很容易受到日本经济放缓的影响。尽管有国际货币基金组织的援助(马来西亚除外,它没有接受国际货币基金组织的援助,而是实施资本管制),但货币危机仍然使上述四个主要危机国的经济增长从1996年的6%以上转为1998年的严重衰退。最糟糕的情况发生在印度尼西亚,1998年夏天,印度尼西亚货币的价值相对于原水平暴跌了85%。大多数公司都倒闭了,接踵而至的是政治动荡和种族暴力,并出现大规模失业,一些地区的居民甚至连基本食品都买不起。上述所有国家和地区都不同程度地遭受了由于货币严重贬值而引发的大规模银行倒闭和公司破产,而这一切发生的原因正是上文已经阐述的货币错配。这些国家和地区的许多银行和公司都持有大量以外币,主要是美元计价的债务,但其大部分资产和收入的来源却以本国或本地区货币计价,这正是货币错配的典型案例。因此,本币大幅贬值使其资产的美元价值急剧下降,致使它们因无力偿还美元债务而破产。正如国际收支危机的经典现象,这些国家和地区出现大规模资本外逃,人们纷纷从银行取走存款,换成美元输送到海外。

中国在1997—1998年亚洲金融危机中幸免于难的主要原因是当时中国

对资本流入和流出实施管制。中国从亚洲金融危机中吸取的教训是，尽管资本管制帮助中国平安度过了亚洲金融危机，但中国仍然需要为资本账户逐渐开放或资本管制的效力随时间推移变得越来越低效的情况做打算。随着资本账户进一步开放，中国希望维持对外国货币汇率的稳定，就需要积累足够数量的外汇储备以防范本国货币受到投机性攻击时可能出现的国际收支危机。中国意识到为了维持人民币兑美元的汇率稳定就必须积累更多外汇储备，特别是美元储备。因此，中国人民银行将其外汇储备水平从 2000 年的 GDP 占比 15% 左右提高到 2009 年的 50% 左右。图 2.4 展示了亚洲国家的外汇储备随时间变化的情况，可以清晰看到亚洲金融危机后外汇储备规模急剧飙升。①

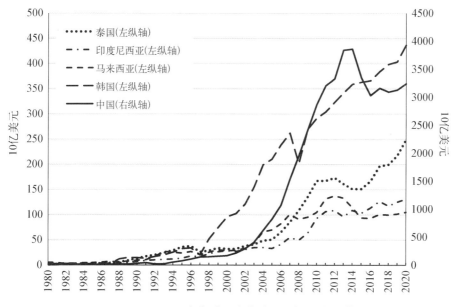

图 2.4　1980—2020 年部分国家的外汇储备（不包括黄金）

数据来源：世界银行发展指数：总储备减去黄金，https://data.worldbank.org/indicator/FI.RES.XGLD.CD。

---

① 有关外汇储备积累的文献指出，为了解释一些国家在亚洲金融危机后基于"预防性储蓄"动机而积累的巨额外汇储备，这些国家的风险厌恶程度必须非常高，这很不可思议。Lee 和 Luk（2018）试图回避这个问题，他们假设代理人不确定哪种模式是解释现实世界的最佳模式，因此他们尝试一系列可能的模式，并在最坏的情景下作出最有利于自己的决策。这一结果被认为可能与中国在此情况下的行为一致，也可能不一致。

然而汇率稳定政策却成为人民币国际化的障碍,因为人民币国际化要求中国允许资本更自由地流动。开放经济体的"三元悖论"指出,在资本自由流动的条件下,如果要保持货币政策的独立性,就无法实现汇率稳定。假设中国一直想要保持货币政策自主权,就必须在更高的汇率稳定性和更自由的资本流动性之间作出权衡,这成为人民币国际化的一个难题。

中国渴望汇率稳定是理性的吗?实施汇率管理合理吗?下面我们通过引用一些最新研究结果来为中国管理汇率的合理性提供辩护。

2.2 关于汇率管理的一些讨论

外汇市场是国际资本市场的核心组成部分,汇率由外汇市场决定,且影响所有类型的国际交易的盈利能力。因此,汇率能够为从事国际贸易和投资的家庭和企业传递重要的经济信号。如果这些信号没有反映市场机会的所有可能信息,就会导致资源错配。因此,研究外汇市场如何利用可获信息非常重要,因为它能帮助我们判断国际资本市场是否向市场发出了正确信号。从政策角度来看,汇率的过度波动是中国的政策制定者关心的主要问题。下面我们回顾一些最近的研究工作,这些研究揭示了浮动汇率制度下汇率是否过度波动。

2.2.1 对外汇市场的经济效率的测试

如果外汇市场是经济有效的,汇率就能发出正确信号使市场有效地分配资源。如果汇率不能发出正确信号,政府就有必要进行干预。以下两个问题对于确定外汇市场的经济效率至关重要:首先,为了使外汇市场经济有效,汇率必须由经济基本面决定。如果不是这样,政府干预汇率可能就是合理的。其次,如果汇率的过度波动超出基于可信的经济模型所证实的经济基本面的合理水平,它们就不会向市场发出有效配置资源的正确信号。例如,汇率过度波动可能意味着外汇市场向以汇率为决策依据的投资者发出了错误的信号。在这种情况下,政府干预外汇市场,如采取有管理的汇率制度,可能就是合理的。关于汇率决定的研究发现,基于货币供给量、政府赤字和产出等标准基本面变量的汇率统计预测模型,即便使用未来基本面的实际值来形成汇率的预测，其结果仍然不理想。例如，Meese 和 Rogoff(1983a)一项颇有影响力的研究表明，一个简单的随机游走(Random Walk)模型，即仅仅是简单地把今天的汇率作为明天汇率的最佳估计，其表现也比基于经济基本面的模型好。这一发现有时被称为"Meese 和 Rogoff 之谜"，被视为汇率有自己生命而与宏观经济决定因素无关的证据。根据 Cheung，Chow 和 Qin(2017)的说法，为解决这一谜题的努力迄今仍是徒劳，包括 Bacchetta，van Wincoop 和 Beutler(2010)，Meese 和 Rogoff(1983b)，以及 Rogoff(1996)等。Rossi(2013)声称在浮动汇率制度下很难找到一个在所有汇率、所有时期，以及其他评价标准上的表现都持续优于"随机游走"公式的模型。显而易见，"Meese 和 Rogoff 之谜"稳健性的原因之一，是很难找到一个普遍认可的均衡汇率的评估框架。最近的研究证实，尽管随机游走对一年内的预测能力优于更复杂的模型，但这些复杂模型对超过一年的预测表现更好，且对长期汇率的变动也更具解释能力。[①] 这些发现可能为政府通过短期的汇率管理来防止其短期的过度波动提供了合理解释。

外汇市场的另一个研究方向是汇率是否过度波动，其原因可能是外汇市场的非理性及其对新闻的过度反应。然而我们究竟应该如何确定汇率是否过度波动？这是一个很难回答的问题，因为根据经济理论，即使市场汇率是符合经济效率的，市场汇率的波动，相对于经济基本因素，如国家货币供给量、产出、政府支出和税收等的波动，确实会更大。这是因为市场汇率为了发出正确的价格信号就会自然对经济消息作出快速反应。然而试图探寻市场汇率是否过度波动的研究结论却是不确定的，一个困难就是很难量化所有相关变量的经济影响，包括社会或政治事件。市场汇率是否过度波动的证据的不确定表示市场汇率可能并没有发出让市场有效分配资源的正确信号。这一结论支持像中国这样的国家管理汇率的做法。

2.3 亚洲各国汇率波动率的比较

图 2.5 展示了几个亚洲国家汇率波动的时间趋势。由于亚洲金融危机，印

[①] 参见 Chinn 和 Meese(1995)，Mark(1995)，以及 Corte 和 Tsiakas(2012)。

度尼西亚、韩国和泰国的汇率波动率在 2003 年之前都相当高。而中国自 1999 年以来,即亚洲金融危机爆发后,其汇率波动率的确是最低的。即使按照亚洲发展中国家的标准,中国的汇率波动率也明显低于其他国家,这印证了为什么人民币汇率总是被批评缺乏灵活性。然而有迹象表明中国最近几年允许的汇率波动率有所上升,如图 2.5 所示。事实上亚洲各国的汇率波动率似乎有趋同趋势。因此,中国对汇率波动的抗拒已经变得不那么强烈,这有利于人民币国际化的推进。

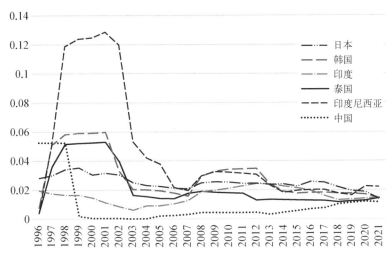

图 2.5　1996—2021 年部分国家货币对美元汇率的波动率

注:汇率波动率定义为过去 5 年(包括今年)与美元的名义双边汇率的月度自然对数的一阶差分的标准差。
资料来源:国际清算银行,https://stats.bis.org/♯df=BIS: WEBSTATS_XRU_CURRENT_DATAFLOW(1.0);dq=M.CN＋ID＋IN＋JP＋KR＋TH..A%3FstartPeriod=1992-01-01;pv=1,2~4~1,0,0~name。

2.4　结论

维持人民币兑美元汇率稳定在历史上曾经有利于中国。然而 2005—2006 年中国经常账户顺差暴涨后,其汇率政策受到外国的密切关注。外国人指责中国刻意低估其货币币值。接着,2015—2016 年中国又被指责让其货币过快贬值造成全球金融动荡。

2015年8月11日后的很长时间,中国的汇率政策一直是(现在仍然是)一个有争议的话题。一些经济学家指责中国不应该干预外汇市场。① 然而国际货币基金组织却不认同这一观点,拒绝宣称中国操纵汇率。截至2019年,国际社会对于中国是否确实过度管理汇率并没有达成共识。

事实上,采取有管理的汇率制度未必表明该国是货币操纵国,也不意味着有管理的汇率就是削弱经济效率的。Cheung,Chow和Qin(2017)证实准确确定一种货币的均衡汇率非常困难,因为在不同研究中可以使用不同的模型和不同的时间范围,估计方法也不尽相同。② 因此,很难界定人民币汇率究竟是被低估了还是被高估了,即便中国管理人民币汇率也很难说其是货币操纵国。

不管中国是否操纵其货币,关于中国是否应该管理其货币汇率以及如果管理汇率应该管到什么程度的辩论仍在继续。本章关于随机游走的性质以及市场化汇率过度波动的文献综述揭示,市场决定的汇率未必一定是有效的。因此,无论从本国自身利益还是从世界其他国家利益的角度看,中国减少短期甚至是中期的本国货币汇率波动所做的努力都不应该受到指责。然而从人民币国际化角度看,保持稳定汇率对中国来说是一个难题,因为维持汇率稳定就不得不放弃货币政策自主权或者资本自由流动。中国意欲在不损害货币政策自主权的条件下推进人民币国际化,其货币政策自主权和资本自由流动性两者都不应该放弃。因此,中国为了实现人民币国际化就必须接受更高的汇率波动。

---

① 参见 Prasad(2017a)。
② 参见 Cheung,Chinn 和 Nong(2017)。

第 3 章
中国为什么要推进人民币国际化？

3.1 什么是国际货币？什么是人民币国际化？

货币有三种基本职能：记账单位、交易媒介和价值储存。同样，国际货币在国际层面上也有这三种职能：作为公共部门的记账单位，国际货币被外国中央银行用作挂钩货币；在私营部门，则被用于贸易计价和银行存款、贷款、债券和股票等金融资产的计价货币。作为公共部门的交易媒介，国际货币被外国中央银行作为干预货币用于在外汇市场影响汇率；在私营部门，则被用于国际贸易和国际金融交易结算。作为公共部门的价值储存，国际货币（或以该货币计价的计息资产）被外国中央银行用作外汇储备；在私营部门，则是储蓄的金融资产，如外国银行存款的形式。表3.1概括了国际货币的职能。这三种职能是相互关联的：一个职能可以强化另外两种职能。例如，一种货币在国外被用于某些商品的贸易计价，通常它也是该国相同商品贸易的结算货币。如果一种货币是某一外国的主要计价和结算货币，那么该国的国际贸易参与者对这种货币的流动性就会有强烈需求，这将促使这些国际贸易参与者持有银行存款或购买以该货币计价的金融资产用于储蓄（即价值储存）。当某一外国的企业和家庭对一种货币有强烈的贸易结算和金融交易需求时，该国的中央银行就有必要保留大量该货币作为外汇储备，以便在需要的时候为这些企业和家庭提供这种货币的流动性。因此，这种货币就成为该外国重要的储备货币。此外，如果一种货币是全球贸易和金融交易的主要计价货币，那么外国中央银行就会有强烈动机将本国货币汇率与这种货币挂钩以保持汇率稳定。随后,出于对冲的目的,两种货币之间的远期、期货和期权市场也将发展起来。

表3.1 国际货币的职能

货币职能	政府部门	私人部门
记账单位	盯住本地货币的"锚"	贸易和金融交易的计价
交易媒介	外汇干预的载体货币	贸易和金融交易的支付
价值储存	国际储备	跨境存款,跨境证券

资料来源:Ito(2011),Chinn和Frankel(2005),两者都受到Kenen(1983)的启发。

因此,人民币国际化就是将人民币变成能够在国际上作为记账单位、交易媒介和价值储存而被广泛使用的货币的过程。促使中国推进人民币成为主要国际货币的原因是多种方面的。本质上,人民币国际化是中国为其经济发展创造稳定国际货币环境的一项长期战略,其目标是中国公民(家庭、企业、政府)可以使用本国货币(即人民币)进行国际贸易、国际贷款、国际借款和国际投资。换句话说,人民币国际化的目的是希望中国公民能用人民币进行商品和服务贸易的计价与结算,以及金融资产和金融交易(包括借贷)的计价与结算。

3.2 人民币国际化对中国的好处

人民币国际化目标的实现有以下几个好处。

第一,假如中国公民能用本币作为记账单位、交易媒介和价值储存,那么他们在贸易、投资和金融交易中的汇率风险将降至最低。

第二,减少对美元等外国货币及其支付系统等相关机构的依赖。中国发展的长期目标是独立于美国和美元等外国和外国货币。事实上,2007—2009年的全球金融危机使得这种独立性需求更为迫切和具体。危机期间,东亚地区的美元贸易融资严重短缺,导致该地区贸易坍塌。中国相信,如果本国贸易更多以人民币结算,在美元或任何其他外币短缺的情况下受到的伤害将会更小。此外,用人民币进行国际支付有助于运用中国自己管辖的支付系统来处理这些支付。否则,用美元支付就只能使用美国管辖的支付系统。出于国家安全的考虑,中国显然不希望外国机构过多地掌握进出中国的支付流信息并对其实施控制,以免外国机构从这些数据中获得潜在利益。特朗普政府对中美经贸关系的对抗性态度再次提醒中国:美国将中国崛起视为一种威胁,并试图通过遏制中国的技术和经济进步使美国获益。这使得中国独立于美国的管辖系统(包括支付系统)的愿望更加强烈。

使用大的国际银行开展业务的公司几乎肯定会使用美元支付系统,中国认为美国的域外法权(extraterritorial legal reach)使其处于美国政府的任意摆布之下,因此有强烈愿望寻求独立于美元的支付系统。

事实上,许多国家都怀疑美国利用其法律体系的全球影响力以牺牲他国利益为代价获得经济利益。据《经济学人》(*Economist*)杂志2019年1月17日报道,美国政府对违反美国制裁法案的外国公司的惩罚不成比例的大,这加深了人们对美国通过随意惩罚而获利的怀疑。① 例如,2014年,法国巴黎银行(BNP Paribas)被处以89亿美元的制裁相关罚款,这笔罚款甚至威胁到该公司的稳定。据该杂志报道,欧盟主要雇主联合会(European Union's Main Employer Federation)欧洲事务负责人 Pierre Gattaz 说:"欧洲公司越来越受到美国制裁的域外法权影响,并且这些制裁越来越多地被用于促进经济利益。"

鉴于上述诸多原因,中国自己开发了为国内和国外人民币跨境支付的参与者提供资金清算和结算服务的全球支付系统,这也是人民币国际化倡议的一部分。二期 CIPS 于 2018 年 5 月 2 日启动,符合条件的直接参与者可以同时在线进行交易。截至 2018 年 3 月底,31 个境内境外直接参与者和 695 个境内境外间接参与者已经加入 CIPS,其实际业务范围已经扩大到 148 个国家和地区。CIPS 被视为促进人民币国际使用的超级高速公路,是人民币国际化倡议的重要基础设施。②

第三,中国能够以本币进行国际借贷是一项极其重要的优势。首先可以

---

① 参见《经济学人》,2019 年。
② 中国人民币银行公布第二期 CIPS,参见 www.pbc.gov.cn/english/130721/3533376/index.html。

帮助中国避免"原罪"(original sin)(以下将要论述)问题导致的危机。为了长远发展,中国企业应该能够自由地向国外借款以便为其业务发展筹集资金。如果国外有丰富的资金资源而中国企业却只能在中国借钱,经济效率就是低下的。这要求中国开放其资本账户。然而,如果中国企业能用人民币而不是外币进行国际借贷,那么对于中国企业而言就安全得多。这样可以减少企业收入来源的计价货币(即人民币)和公司债务的计价货币(即外币)之间的货币错配风险。如果人民币急剧贬值,货币错配可能会导致公司破产。假设一家公司的大多数债务以美元计价,而其大多数收入以人民币计价。那么,人民币对美元大幅贬值意味着其负债的本币价值急剧上升,而资产的本币价值却保持不变。这可能导致公司因净资产急剧下降而破产。如果大量公司存在外币债务的巨额敞口,同时其收入主要以人民币计价,那么,当中国出现国际收支危机时,人民币会对美元大幅贬值,从而导致大面积公司倒闭接踵而至。国际收支危机通常以货币大幅贬值和资本外逃为标志。货币大幅贬值一般由对货币的投机性攻击而触发,因为投机者认为货币被高估,并且中央银行没有足够的外汇储备来捍卫其币值(也就是说,中央银行没有足够的外汇储备来填补钉住汇率制度下国际收支账户的支付缺口,因此导致货币不得不大幅贬值)。国际收支危机通常会导致银行破产,因为存户会提取存款将本币兑换成外币转移出国,那些从银行借款的破产企业则会出现贷款违约。因此,银行危机往往会在国际收支危机之后不期而至。但如果国内企业能用本币借款,这种双重危机可能就不会发生。Barry Eichengreen 和 Ricardo Hausmann(1999)将发展中国家不能用本国货币借款的现象称为"原罪"。这里可以回顾一下,正是这种"原罪"导致了泰国和印度尼西亚等亚洲国家的银行破产和经济灾难。如果中国公司和个人可以在大多数国际借贷中使用本国货币,就可以避免"原罪"问题。

第四,一种货币充分国际化以后,该国公民和政府就可以以低利率在国外大量借入本币。美国就是这一方面的例子。美国国债收益率与其他金融产品相比并不引人注目。但美国国债却被全世界各国的金融机构和中央银行广泛持有,因为它被认为很安全而且流动性高。Gilmore 和 Hayashi(2011)以及 Hassan(2013)证明美元无风险资产通常比大多数其他货币的无风险资产的预期收益率更低(剔除汇率变动后的净值)。其背后原理是当一国货币在国际贸易中被广泛用作计价和结算货币后就更有可能成为融资货币,即借款人选择为其债务(如债券或贷款)计价的货币。这是由于该货币的利率可能更低,因为当一种货币被用作商品和服务贸易的结算货币(或支付货币)后,持有以该货币计价的安全资产的需求将会大幅提升。Gopinath 和 Stein(2018)提出一个理论支持这一观点并用该理论解释了 1913 年成立的美联储如何增加了美元作为贸易计价货币的使用,而这反过来又促进美元作为融资货币的发展。这为日后美元超越英镑成为主导的国际货币铺平了道路(另参见 Eichengreen, Mehl 和 Chiṭu, 2018)。正如我们前面讨论过的,人们可以看到这种优势是如何转化为一个国家(如美国)年复一年地在经常账户赤字下持续运作却不触发违约的能力。只要一个国家外债的平均利率显著地低于其国外资产的平均收益,这套机制就可以持续运行。如上所述,如果一种货币是被广泛持有的国际货币,该货币发行国能以低利率借入本国货币,那么这种情况就会发生。

2017 年,美国为其国际负债支付的平均利率为 7.5%,而其国际资产收获的平均收益率为 14.6%。① 同年,美国的国际负债总值为 35.5 万亿美元、国际资产的总值为 27.6 万亿美元。② 因此,在那一年,美国国际负债利息总支出为 2.7 万亿美元、国际资产利息总收益为 4.0 万亿美元。换句话说,尽管美国欠外国人的钱比外国人欠美国的钱多 7.9 万亿美元,却获得了 1.3 万亿美元净收益。可见,美国就像一个精明的商人从金融市场上借到廉价资金,然后巧妙地投资于能产生高额回报的资产从而赚取丰厚的利润。更令人震惊的是,美国在 2017 年实际上是全世界最大的债务国,而美国从外国净借入了 7.9 万亿美元,却净赚了巨额回报(1.3 万亿美元)。中国的情况则恰恰相反。2017 年,中国公民和政府为其国际负债支付的平均利率为 8.9%,其国际资产收获的平均收益率为 4.2%。③ 同年,中国的国际负债总值为 5.1 万亿美元、国际

---

① 资料来源:作者计算,基于国际货币基金组织国际投资头寸的原始数据(http://data.imf.org/regular.aspx?key=61468209)和美国经济分析局国际交易数据(www.bea.gov/international/bp_web/tb_download_type_modern.cfm?list=1&RowID=2)。
② 资料来源:国际货币基金组织,国际投资头寸(http://data.imf.org/regular.aspx?key=61468209)。
③ 资料来源:作者计算,基于国际货币基金组织国际投资头寸的原始数据(http://data.imf.org/regular.aspx?key=61468209);中国国家外汇管理局,国际收支(www.safe.gov.cn/wps/portal/sy/tjsj_szphb)。

资产总值为 6.9 万亿美元。① 因此,在那一年,中国的国际负债利息支出约为 0.45 万亿美元、国际资产的收益总额约为 0.29 万亿美元。显然,尽管外国人欠中国人的钱比中国人欠外国人的钱多 1.8 万亿美元,中国却遭受了 0.16 万亿美元的净亏损,这 0.16 万亿美元不是一个小数目。从某种程度上来说,中国就像一个不合格的投资者,以高利率的借款投资于低收益率的资产,最终导致了巨大的亏损,而这净借出的 1.8 万亿美元本来是可以用于国内投资的。中美之间的差异揭示了主要储备货币发行国相比于本币几乎不能国际使用的新兴经济体的巨大优势。因为美元是主要国际储备货币,美国政府可以非常便宜地获得借款(这反映在美国国债的低收益率上)。美国的公司也可以获得廉价借款,因为美元是占主导地位的全球贸易计价货币和融资货币。

2017 年只是一个例子。平均而言,美国海外资产的年收益率远远超过其海外负债,而中国则刚好相反。图 3.1 和图 3.2 展示了 2005—2021 年中美两国的超额收益率。图中显示,2021 年,美国海外资产相对于其海外负债的超额收益率约为 +3%,而中国约为 -6%。这种差异是惊人的。

观察一个国家的对外借贷的另一个办法是其资产换资产(assets-for-assets)贸易。一个国家给外国提供贷款就是输出资本服务,反之,向外国人借钱就是进口资本服务。一个国家给外国人的贷款利率就是资本服务的出口价格,而一个国家向外国人的借款利率就是资本服务的进口价格。资本服务的出口价格与进口价格之比就是资产换资产的贸易条件(terms of trade)。当其他条件相同时,贸易条件越高的国家从资产换资产交易中获益就越大。在上述美国的例子中,美国 2017 年的贸易条件是 14.6/7.5=1.95,而中国是 4.2/8.9=0.47。② 可见,美国的贸易条件是中国的 4 倍多。美国从资产换资产贸易中获得的收益比中国高得多(从福利角度来看)。

---

① 资料来源:国际货币基金组织,国际投资头寸,http://data.imf.org/regular.aspx? key=61468209。
② 为了理解计算,回想一下,2017 年,美国为其国际负债支付的平均利率为 7.5%,而美国从其国际资产获得的平均利率为 14.6%。而中国公民和政府为其国际债务支付的平均利率为 8.9%,从其国际资产收获的平均利率为 4.2%。

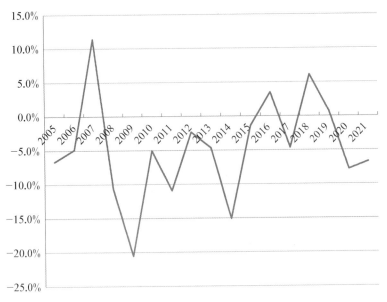

图 3.1　2005—2021 年中国的海外资产相对于其海外负债的超额收益率

注：实际收益率曲线与名义收益率曲线几乎完全相同，因此没有显示。
资料来源：作者本人计算，基于 Habib(2010)提出的方法。

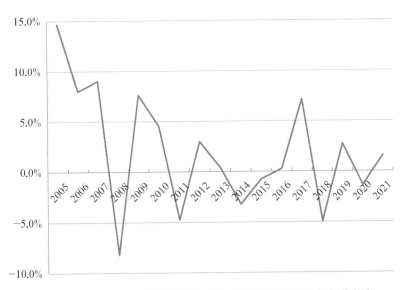

图 3.2　2005—2021 年美国海外资产相对于其海外负债的超额收益率

注：实际收益率曲线与名义收益率曲线几乎完全相同，因此没有显示。
资料来源：与图 3.1 相同。

因此，如果人民币国际化程度足够高，中国的公司和企业就能以低利率从国外大量借入人民币，这意味着中国可以以较低的利息负担来运行经常账户赤字。尽管中国可能并不希望像美国那样年复一年地持续运行经常账户逆差，然而拥有这种优势意味着中国可以从资产换资产交易中获得更多利益——其贸易条件更高——每当中国的公司、家庭或政府向海外借款时都能从中受益。与这一点相关的是如果人民币国际化程度足够高，人民币兑美元的汇率就可以比以前波动更大而不引起金融系统的不稳定。由于中国不再需要像以前那么多地通过干预外汇市场来稳定人民币兑美元的汇率，因此也无须像以前那样积累大量以美元计价的低息美元资产，如美国国债。这意味着中国可以从国外资产中获得更高的平均收益。从这个意义上看，中国就可以从我们在第1章讨论的"美元陷阱"中将自己解脱出来。

第五，人民币在国际上的广泛使用将为中国的银行和金融部门提供更多相关业务。Eichengreen，Mehl 和 Chiṭu（2018）指出，各国货币的国际化使用为本国银行业务带来了益处，如增强贸易融资领域的竞争力。就人民币而言，人民币更广泛地被使用就会造福中国的银行和金融机构，因为人民币资产的国际需求会给国内金融机构带来相关业务。国内金融机构是人民币流动性的主要来源，因为人民币支付最终也必须由中国的银行和金融机构来进行清算和处理。

第六，可以从外国赚取铸币税（seigniorage），即向外国人发行人民币换取实际商品。当外国人信任人民币时，他们就愿意持有人民币作为交易媒介和价值储存。因此，愿意向中国出售商品以换取人民币。当外国负债以本国货币计价，而本国政府通过印制或创造货币来支付主权债务时，铸币税尤其有用。在这种情况下，通过创造货币支付给外国债权人而产生的铸币税有助于避免政府的主权债务违约。即使外国债务是由商业银行借的，而不是主权债务，银行违约仍然可以避免，因为作为最后贷款人的中央银行可以创造货币并将其借给商业银行以偿还外国债务。事实上，这一好处与上面第三个好处有关，即能够用人民币向海外借款，从而可以避免因"原罪"引起的国际收支和银行的双重危机。

第七，政治影响。当一种货币成为其他国家的主要储备货币时，这种货币的发行国可以用它作为杠杆从外国换取好处。这是因为储备货币发行国的中央银行在其他国家需要时可以充当最后贷款人，比如当外国中央银行外汇储备枯竭并需要向储备货币发行国借款以填补国际收支账户的支付缺口时，或者当外国商业银行需要储备货币流动性给存款人支付以避免银行危机时，或者当外国公司缺少储备货币进行贸易融资时。当人民币成为外国的主要储备货币时，该国将成为中国更紧密的盟友，因此人民币国际化将提升中国的国际影响力。

中国推动人民币国际化还有另外一个独特的理由，就是中国政府想利用它来推动改革。中国正面临着金融业改革的艰巨任务。政府通过国有银行和金融机构控制着国内银行和金融体系。中国已经到了一个关键点，必须同时推进金融部门改革和国有企业主导的部门改革，以便让市场在金融体系中发挥更大、更主导的作用。这对于更有效地分配资源是必需的，而有效分配资源对持续经济增长也是必需的。但某些强大的既得利益者抵制这种改革。因此，政府希望利用人民币国际化带来的资本账户开放和金融市场自由化为国内金融部门改革提供驱动力，就像 2001 年中国加入世界贸易组织为国内工业部门改革提供驱动力 样。与加入世界贸易组织一样，人民币国际化被视为国际社会对中国地位的认可，因此对中国大众有极大吸引力，中国人民认为他们应得到这种地位。人民币国际化提高了中国人民的声望，这是民族自豪感的问题。因此，中国政府认为通过人民币国际化推动国内金融业改革是一个好策略。这种动机也解释了为什么中国比过去其他一些国家，如日本或德国，有更大动力推进其货币国际化。

3.3　人民币国际化对世界其他国家的好处

在各个国家都采用浮动汇率制度的现行国际货币体系中只有一个储备货币，即美元。除美元的发行国外，世界其他国家都需要这种储备货币作为国际安全资产来储存价值。然而这种安排有一个潜在的长期问题。随着其他国家经济增长速度超过美国，它们对外汇储备的需求最终将超越美国偿还其为了满足这一需求而发行的以美元计价的政府债务的财政能力。这将导致美国或者让美元随着时间推移而贬值从而使其债务膨胀,或者其违约。对这一隐患的预期也会带来信心问题。经济学家罗伯特·特里芬(Robert Triffin,1960)指出布雷顿森林时代的金汇兑本位制也有类似性质的信心问题。罗伯特·特里芬认为世界各国中央银行对国际储备的需求会随着时间推移而增长,他们持有的美元也将不断增加,直至其价值超过美国承诺的按每盎司35美元定价的黄金库存价值。因此,如果全球所有其他国家的中央银行同时要求从美国政府那里赎回美元兑换黄金,美国政府将无法履行其义务。这最终可能引发信心危机,因为各国中央银行意识到它们持有的美元可能无法兑换成美国政府所承诺的等量黄金。因此,它们可能不愿意积累更多的美元,甚至可能试图将已经持有的美元从美国政府那里兑换成黄金。这将导致整个国际金融体系的崩溃。这就是所谓的"特里芬两难"。事实上,1971年尼克松政府面对美元挤兑就首先让美元贬值,并最终在1973年放弃美元与黄金挂钩。

在当今的国际货币体系下,美元是最重要的储备货币,在全球外汇储备中的份额约为62%,其次是欧元,占比约为20%。然而,欧元可以说只是一种区域性货币,因为大多数持有欧元作为外汇储备的国家都位于欧元区附近。这意味着美元是当今世界唯一一个占主导地位的国际储备货币。然而没有理由相信这个世界不能容纳一种以上的主要储备货币。Eichengreen、Mehl 和 Chitu(2018)构想了一个多极世界,并宣称其比目前只有一种占主导地位的储备货币的系统更为稳定。其基本原理是,由于发展中国家快速增长,美国GDP的全球份额持续下降,最终美国的财政能力将无法供应全世界所需要的储备和支付资产。因此,需要一些其他货币来填补缺口。人民币是潜在的候选货币。因此,如果人民币最终成为美元和欧元之外的另一种主要储备货币,国际货币体系可能会更加稳固,因为世界其他国家可以从储备货币多样化和更多供应中受益。[①] 一种可能的情况是人民币成为区域性储备货币,成为中国的邻国,即东南亚和东北亚国家的主要储备货币。在2007—2009年全球金融危机期间,美元贸易融资的严重短缺引发了亚洲贸易坍塌。人们认为,如果人民币

---

① Farhi 和 Maggiori(2018)认为拥有一种以上储备货币的国际货币体系可能会,也可能不会比只有一种储备货币的国际货币体系更稳定,这取决于此类货币的数量(越大越好)以及储备货币发行国是否有充分承诺或有限承诺(充分承诺更好)。

在亚洲地区得到更广泛的使用,亚洲国家的部分贸易如果采用人民币进行融资,那么贸易坍塌的程度可能就不会那么严重,这些国家的经济所受到的冲击可能会减轻,因为贸易对于这些国家的经济至关重要。

3.4 人民币国际化给中国带来的成本

人民币国际化对中国有三种潜在的成本:首先是人民币的需求将变得更加不稳定,因为海外对人民币的需求增加。由于不同国家对人民币的需求可能相关也可能不相关,人民币海外总需求的方差将会增大。人民币需求的较大波动将导致人民币汇率的波幅增加。考虑到开放经济体的"三元悖论",中国如果允许资本自由流动和货币政策自主权,就很难真正地控制这样的汇率波动。

其次是人民币的平均需求增加导致货币升值,进而削弱出口的国家竞争力。这将使中国的出口导向型增长战略面临更大的挑战。因此中国必须转变其经济发展战略,探索新的经济增长点。

最后是国际责任增加。如果世界上其他地区都与人民币挂钩,中国的货币政策就要兼顾这些国家和中国本国国内的经济发展。例如,如果中国处于经济繁荣期,但是其他与人民币挂钩的国家处于经济衰退期,中国就不能过多地提高利率以免伤及这些国家的经济。如果这些国家的中央银行因人民币耗尽而面临国际收支危机或银行危机,中国可能就不得不借给他们人民币以避免危机或者帮助他们从危机中恢复过来。

3.5 为什么日本没有实现其货币的国际化?

当人们询问中国为什么要推进人民币国际化时,也可能会同时询问为什么其他金融体系更成熟的国家(如日本)没有将其货币国际化。比较中国和日本是相当有意义的,因为两国有许多相似之处。20世纪80年代,日本是世界第二大经济体,也是世界第二大出口国。与目前中国处于金融抑制的体系类似,战后的日本金融体系受到相当程度的管制。如果我们想防止中国浪费时间去重复日本已经做过但却没有做成的事情,或者避免日本所犯过的错误,就要问：是否有一些日本没有实现其货币国际化的原因是中国应该知道的？

事实上，20 世纪 70 年代之前日元其实没有发挥任何国际货币的作用。1970 年，日元没有被用于任何国际贸易计价，即便是日本本国的贸易。1975 年之前，日元在全球中央银行外汇储备中的份额微乎其微。其原因是日本支持日元作为国际货币的必要机构和制度还不成熟。根据 Fukao(2003)，战后日本处在国家控制的贸易体系下，并且实施极其严格的外汇管制。这与目前中国的金融抑制非常类似。日本金融体系的特点是：(1) "禁止与外国交易，但有例外"——即日本居民的外汇交易受到限制，除非有明确授权。1980 年外汇管制被取消，改为"有例外的自由外国交易"。(2) 外汇集中——所有的外汇收入都由政府集中控制和分配。其目的是汇聚所有外汇支持制造业从外国购买零件、机器和技术以促进经济增长。外汇集中政策得到了授权外汇银行系统的支持，只有获得明确授权的银行才允许进行外汇交易。

Eichengreen，Mehl 和 Chitu(2018)认为，20 世纪 70 年代是日本金融发展的转折点。政府债券回购市场和定期存款证书市场有助于以市场利率向货币市场提供流动性。1973 年布雷顿森林体系崩溃使日本反省其在国际交易中对美元的依赖，并认真考虑用日元替代美元。然而，日本金融体系开放进程非常缓慢。日本财政部非常保守，如财政部继续限制日本银行的外汇头寸，还实施审慎措施以确保金融体系和汇率的稳定。此外，出口企业由于担心资本流入会推高日元币值并增加汇率波动从而损害出口，因此也反对放松资本管制。而银行则害怕来自外国的竞争。日本政界普遍反对日元国际化，而日本政府的态度充其量只能算中立(参见 Frankel，2011)。然而，外部压力，尤其是来自美国的压力使天平向另一个方向倾斜：美国向日本施压要求其放开金融市场和资本账户。1984 年的《日元-美元协议》(Yen-Dollar Agreement)最终导致日元在资本账户下可兑换。银行承兑汇票和短期国库券市场的建立对于日元国际化至关重要，因为承兑汇票对于贸易融资非常重要，而短期国库券则是国外中央银行外汇储备非常重要的工具。

由于上述诸项举措，日本出口中日元计价的份额从 1980 年的不到 30％ 上升到 1991 年的近 40％。以日元计价的进口份额从比出口低得多的起点开始起步，从 1980 年的不到 3％ 上升到 1991 年的 15％ 以上。日元在全球中央银行储备货币中的份额从 1982 年的 4.1% 上升到 1991 年的 8% 以上,其原因可能是外国中央银行容易获得更多日元计价资产的流动性以及日元升值预期。根据国际清算银行的数据,1989 年日元在全球外汇交易总额中的份额为 27%(其中,所有货币份额之和等于 200%)。

然而,日元的份额与美元相比仍然微不足道。换句话说,尽管日本当局采取了市场化措施,但日元仍然未能在其巅峰时期成为主要国际货币。其原因是:(1)与相应的美国债务工具相比,对外国投资者具有吸引力的日本短期债务工具市场不仅规模小,而且缺乏流动性,其原因归咎于日本税收和其他阻碍市场扩张的因素。(2)日本银行不愿意做其他国家的最后贷款人,因此也不想与外国中央银行签订货币互换协议。(3)大型贸易公司的出口更愿意用美元计价,部分原因是其进口原材料占总进口的比例达到 40%—50%,高于其他工业化国家,而进口原材料几乎全部用美元计价。(4)日本贸易与东亚供给链的联系密切,因此日本制造商在东亚国家建立制造业基地和出口平台。由于最终商品大多出口到美国和欧洲,这些出口商品都以美元计价。为了对冲汇率风险,中间产品也以美元计价以避免最终产品计价货币和中间产品计价货币之间的货币错配。Ito,Koibuchi,Sato 和 Shimizu(2010)也记载了最后这个动机。

不幸的是,日本银行危机的爆发和"失去的十年"导致日元的市场份额几乎在所有方面都大幅缩减:日元在全球外汇储备的份额从 1991 年的 8.3% 逐渐下降到 1997 年的 4.8%。20 世纪 90 年代,日本出口产品以日元计价的份额从 40% 下降到 30% 左右。日本的全球 GDP 占比从 1994 年的 18% 下降到 2011 年的 8%。日本的全球出口占比从 1986 年的 10% 下降到 2010 年的 5%。

1997 年 9 月亚洲金融危机爆发后,日本提议建立在日本领导下的亚洲货币基金组织(Asian Monetary Fund)对有需要的亚洲国家提供紧急贷款。其目的是建立由亚洲国家出资的区域网络用以克服现在和未来的经济危机。随后,日本财政部于 1999 年发表了题为"21 世纪的日元国际化"报告,提出日元应该像美元在西半球和欧元在欧洲一样在亚洲发挥其作用。① 不幸的是,日本

---

① 参见 www.mof.go.jp/english/about_mof/councils/customs_foreign_exchange/e1b064a.htm。

经济增长乏力导致日元的国际使用持续衰退。由于美国反对以及亚洲其他国家的质疑，亚洲货币基金组织最终未能实现。

概括而言，"日本为什么没有实现其货币的国际化？"这个问题的答案是：日本的金融体系市场化和资本账户开放需要时间。在日元国际化实现以前，由于国内原因和国际环境的影响，日本的经济增长出现了严重衰退。由于金融发展、资本账户开放和经济规模都是货币国际化的重要因素，日元因此无法成为主要的国际货币。

3.6 结论

人民币国际化是中国长期发展战略的一部分。其动机是寻求在国际货币事务中的独立性，同时进一步推进中国国内的改革与开放。一方面中国希望能够主要用本国货币进行国际借贷，以此摆脱对外国货币和外国（如美元和美国）的依赖。中国还希望拥有更多的政治影响力和更高的声望。人们希望人民币国际化能够带来这些益处。从这个意义上说，人民币国际化是一个目标。另一方面，人民币国际化将为中国的金融体系、汇率制度以及资本管制体系的进一步开放和市场化改革注入动力。从这个意义上说，人民币国际化是一个工具。许多人认为改革和开放比在货币和国际货币事务中寻求更多独立性对于中国的长期发展而言更为根本。从持有这一观点的人们的视角来看，人民币国际化更应该被视为工具而不是目标。此外，人民币国际化最终是由市场决定的，仅靠政策无法实现。在中国的金融市场足够成熟与开放以前，人民币在金融市场上不会有很大程度的国际化。国际化只能通过进一步改革和开放来实现。只有在这种情况下人民币才能成为主要国际货币。

第 4 章
中国的人民币国际化战略

中国可能是历史上第一个不被认为是当时最先进的国家之一，却试图使其货币成为国际货币的国家。历史上国际货币发行国的金融市场必须规模庞大、信誉可靠、运作高效且流动性强。因为一种被广泛用作交易媒介的货币在与其他货币交换的时候交易成本必须比较低，必须在国际上被广泛持有以便持有者很容易找到与之交易其他货币的对手，还必须有大量的金融产品以便价值储存。因此，国际货币发行国需要是经济大国，并且其金融市场开放且成熟。所有这些因素加上经济学家所说的市场厚度的外部性才能使一种货币成为国际交换媒介。通常较发达的国家才具备这些特征。然而中国的特殊在于，它是一个预计很快将成为全球最大经济体的发展中国家。与最先进的国家相比，中国的金融体系仍不成熟，在可靠性、效率、市场广度、市场深度和流动性等方面还有待改进。此外，人民币资本账户仍未完全可兑换。因此，仅靠市场力量可能无法使人民币成为重要的国际货币。政府的政策推进将不可或缺。中国政府借鉴了"一国两制"的思想，决定采用"一种货币，两个市场"的推进战略，即创建与在岸人民币市场不完全融合的离岸人民币市场。离岸人民币被称为CNH，有别于在岸人民币，即CNY，他们促进了中国香港、中国台湾、新加坡和伦敦等离岸人民币中心的形成。离岸人民币在离岸市场是一种完全可兑换的货币。在离岸人民币中心，以离岸人民币计价的债券、贷款、银行存款和其他金融工具的市场逐渐发展起来。除了建立离岸人民币中心，还允许甚至鼓励人民币贸易结算。截至 2017 年，中国与 35 个国家和地区签订了双边货币互换协议。人民币资本账户也通过 QFII、QDII、RQFII、沪港通、深港通、债券通、互认基金、上海自贸试验区、深圳前海蛇口自贸片区等多种渠道逐步开放。2017年11月，中国宣布允许外国证券公司、基金管理公司和期货公司的中国子公司拥有51%所有权。但是中国的金融市场的整体开放进展却一直非常缓慢。与此同时，中国正在逐步建立国际银行间支付系统，即CIPS，该系统为以人民币计价的支付和贸易提供清算和结算。一旦该系统成熟，中国的国际支付过程将更加独立于西方，这也是人民币国际化战略的一部分。

资本账户开放是决定市场厚度外部性的一个重要因素。在第5章，我们将详细讨论资本账户开放对一种货币的市场厚度的外部性的重要性，这反过来对于一种货币成为贸易结算货币创造正反馈效应或滚雪球效应非常重要。在此需要说一句，即使到2017年按国际标准来看，中国的资本账户仍然被认为相当封闭，甚至比泰国和韩国更封闭，更不用说美国和日本。

决定一种货币的市场厚度的外部性的另一个重要因素是金融发展。我们将在第6章更详细讨论中国的金融发展水平。第6章的图6.1揭示中国的金融发展水平仍然比较低，不仅落后于美国和日本等发达国家，甚至落后于泰国和韩国等其他新兴市场，仅比印度尼西亚和印度等国家稍高一些。

一种国际货币不仅必须广泛用于贸易计价与结算，还必须是融资货币和投资货币。由于中国的金融市场仍然很不成熟，资本进出中国仍然受到相当严格的管制，因此很难想象人民币仅仅通过市场力量就能成为国际货币。鉴于金融发展和资本账户自由化需要时间，目前推进人民币更广泛的国际化使用的唯一途径就是利用政府政策。为此，中国政府采取了以下步骤促进人民币国际化：(1)鼓励人民币用于贸易结算和离岸金融产品的计价；(2)促进中国香港、中国台湾、新加坡和伦敦等离岸人民币中心的形成；(3)为贸易伙伴提供人民币流动性(如与外国中央银行建立货币互换以及允许他们参与在岸外汇市场)，这样双方就不必使用美元等第三方货币进行贸易结算；(4)逐步放松资本管制，使人民币在资本账户的可兑换性增加；(5)进一步发展在岸金融市场。

这种政策取得了巨大成功。越来越多的贸易以人民币结算，并在2015年达到最高(2016年底约占中国贸易的21%)。各离岸中心银行的人民币存款也越来越多，并在2014年达到顶峰。离岸人民币债券(点心债)的发行以及各个离岸中心的离岸人民币贷款创造迅速增加。人民币外汇交易份额快速增长（2016 年达到 4.0%——总数为 200%）。[①]

本章聚焦自 2000 年的人民币国际化历程。关于资本账户自由化、金融市场化和离岸市场的最新发展请读者参考第 5 章、第 6 章和第 7 章。

4.1 离岸人民币中心

鼓励与在岸人民币市场密切联系但又不完全融合的人民币离岸市场发展的政策措施已经实施。离岸中心应位于拥有成熟金融市场和资本可以自由流动的国际金融中心。离岸人民币应该在经常账户和资本账户下均可以完全兑换，这意味着离岸人民币可以在外汇市场上自由交易以及自由用于贸易计价、贸易结算以及金融产品计价。

中国香港被选为首个离岸人民币中心并非巧合。在"一种货币，两个市场"的人民币国际化模式下，在岸人民币市场与离岸人民币市场之间有一道防火墙，这使得当离岸市场出现波动或失控时，更容易进行控制。同理，在"一国两制"的政策指导下，香港与内地的司法体系之间也有一道防火墙。香港地区的自由度被限制在特区内部，不允许向内地扩散，以尊重内地自身的发展节奏。香港特别行政区作为国际交流的门户，为中国提供了一个安全的平台，通过这个平台，中国能够在风险可控的环境中与全球各国进行文化、政治和经济的互动。同样地，香港的离岸人民币市场也有助于中国以风险可控的方式与世界其他国家进行货币交换。香港离岸人民币市场上的人民币可以自由兑换和使用，但是离岸人民币不能完全自由地回流至在岸人民币市场，在岸人民币也不能完全自由地流出至离岸人民币市场。防火墙允许内地按照自己的节奏进行金融市场改革和资本账户开放。

4.1.1 离岸人民币支付的结算和清算

在 CIPS 运作之前（本书将在第 7 章详细讨论），离岸公司主要通过两个渠

---

① 请注意，所有货币的外汇交易份额之和等于 200%。

道进行人民币资金的跨境结算和清算：

（1）离岸公司在官方离岸人民币清算银行开设账户，并通过清算行进行人民币资金的跨境结算和清算。

（2）离岸公司在离岸商业银行开设账户，通过一家在岸商业银行作为离岸商业银行的代理行进行人民币资金的跨境结算和清算。

4.1.1.1　代理银行关系

通常离岸市场的人民币交易只有在离岸银行获得在岸银行的清算余额后才能进行。代理银行关系允许离岸银行在内地的银行开设人民币账户。当一家外国公司给中国公司付款时，从其当地的银行账户取出资金（当地货币）后再以等额货币（人民币）存入中国公司在内地的银行账户。付款人账户的资金会进入外国银行的内部账户。而支付给中国公司的资金则来自这家外国银行在中国的银行开设的账户——也就是外国银行在其代理银行的代理账户，这里的代理银行是中国的银行。

4.1.1.2　官方清算银行

清算通常是指确认、监测以及确保在需要时提供足够抵押品或保证金，直至交易的实际结算（即交易双方的货币交割）的一系列活动。离岸人民币市场发展的第一个里程碑是香港建立清算银行。2004 年 2 月，中银（香港）（BOCHK）被任命为香港的人民币清算银行，这是中国内地以外首家人民币清算行，标志着人民币离岸市场开始形成。这意味着中银（香港）可以接受来自香港的银行的人民币存款，并将这些存款存放在中国人民银行深圳支行。继而，中银（香港）可以在香港离岸市场进行人民币贸易清算与结算。鉴于其清算行地位，中银（香港）获得了在中国在岸银行间外汇市场直接交易的额度，这使得中银（香港）能够对参与行（participating bank）的交易产生的外币头寸进行结算。香港的参与行可以持有中银（香港）的账户用于人民币交易清算。

离岸人民币市场发展的第二个里程碑是人民币贸易结算的开始。2009 年 7 月，中银（香港）与中国人民银行签署《中国人民银行与中银（香港）有限公司关于人民币业务的清算协议》，给参与行提供贸易结算的清算服务。中国香港、中国澳门和东盟国家的公司有资格使用人民币作为跨境贸易交易的结算货币。2010年7月,中银(香港)与中国人民银行签署了修订后的《人民币业务清算的结算协议》,该结算协议修订后,人民币业务清算服务的范围从中国香港、中国澳门和东盟国家扩展到全球其他地区。[①]

在随后的几年里,中国政府在世界许多其他国家和地区指定了官方人民币清算银行。截至2016年底,中国人民银行在23个国家和地区建立了人民币清算安排,覆盖东南亚、欧洲、中东、美洲、大洋洲和非洲。[②] 表4.1列出了截至2019年10月23日离岸人民币清算银行的名单。可以看到总共有29家清算银行,其中大洋洲和亚洲共13家,欧洲、中东和非洲共11家,北美和南美共5家。在2003年和2004年中国香港和中国澳门分别建立清算银行后,在2012年开始的下一波在世界其他地区建立清算银行的浪潮之前有一段很长的时间间隔。这一模式印证了我们的观点,即2007—2009年全球金融危机暴露了以美元为基础的国际货币体系的脆弱性,中国于是开始积极推动人民币国际化。

表4.1 离岸人民币清算行

大洋洲和亚洲		
国家或地区	指定时间	人民币清算行的名称
中国香港	2003年12月	中国银行(香港)有限公司
中国澳门	2004年9月	中国银行澳门分行
老挝	2012年6月	中国工商银行万象分行
中国台湾	2012年12月	中国银行台北分行
新加坡	2013年2月	中国工商银行新加坡分行
柬埔寨	2014年3月	中国工商银行金边分行
韩国	2014年7月	交通银行首尔分行

---

① 资料来源:中国银行(香港)网站(www.bochk.com/en/rmb/clearing/service.html)。
② 参见中国人民银行2017年数据。

续 表

大洋洲和亚洲		
国家或地区	指定时间	人民币清算行的名称
澳大利亚	2014年11月	中国银行悉尼分行
马来西亚	2015年1月	中国银行(马来西亚)伯哈德分行
泰国	2015年1月	中国工商银行(泰国)
日本	2018年10月	中国银行东京分行
日本	2019年5月	三菱东京日聊银行
菲律宾	2019年9月	中国银行马尼拉分行
EMEA(欧洲、中东和非洲)		
国家或地区	指定时间	人民币清算行的名称
英国	2014年6月	中国建设银行(伦敦)
德国	2014年6月	中国银行法兰克福分行
法国	2014年9月	中国银行巴黎分行
卢森堡	2014年9月	中国工商银行卢森堡分行
卡塔尔	2014年11月	中国工商银行多哈分行
匈牙利	2015年6月	中国银行匈牙利分行
南非	2015年7月	中国银行匈牙利约翰内斯堡分行
赞比亚	2015年9月	中国银行(赞比亚)
瑞士	2015年11月	中国建设银行苏黎世分行
俄罗斯	2016年9月	中国工商银行(莫斯科)
阿拉伯联合酋长国	2016年12月	中国农业银行迪拜分行

续 表

美　洲		
国家或地区	指定时间	人民币清算行的名称
加拿大	2014年11月	中国工商银行(加拿大)
智利	2015年5月	中国建设银行智利分行
阿根廷	2015年9月	中国工商银行(阿根廷)
美国	2016年9月	中国银行纽约分行
美国	2018年2月	摩根大通银行,N.A.

资料来源：中国人民银行,更新至2019年10月23日。

设立清算银行的首要目的是促进在岸人民币市场和离岸人民币市场之间以及离岸市场内部的跨境人民币支付。与中银(香港)一样,世界其他地区的清算银行获准持有在岸人民币余额,以便代表其离岸参与行进行人民币交易。他们还可以更直接地从中国人民银行获得人民币流动性,并且被获准在配额限制下直接进入中国境内银行间外汇市场进行交易。使用官方离岸清算行相比于使用在岸代理行的主要优势在于其能提供更为直接的有效付款方式(如可以减少结算的时滞)。长此以往,可以提高效率并降低此类支付的交易成本。这些清算银行的官方地位也意味着他们在建立有声望的离岸人民币中心过程中承担着重要的象征性角色,尤其是在提升这些国家和地区的企业对于本国和本地区金融部门在促进人民币交易的能力的认知与信心方面的作用。[①]

然而,正如我们将在第7章解释的那样,由于人民币跨境结算系统的引入和运作,离岸参与行可以直接通过人民币跨境支付系统CIPS向境内银行付款而无需经过离岸清算行,因此清算行的重要性将逐渐减弱。

清算/支付中心可以定义为清算银行存在的国家/地区/城市。图4.1显示,截至2023年8月,中国香港仍是迄今最重要的离岸人民币清算/支付中心(人民币支付的离岸地点),占全部通过SWIFT客户发起(customer-initiated)和机构支付(institutional payments)总额的约73%。必须注意的是,任何与

---

① 参见 Nixon，Hatzvi 和 Wright(2015)，以及 King 和 Wood Mallesons(2014)。

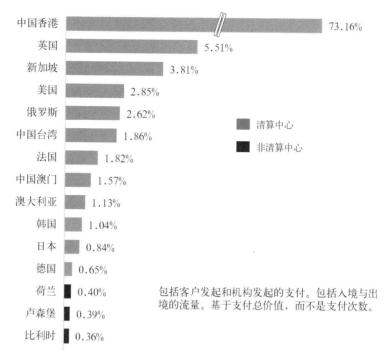

图 4.1　截至 2023 年 8 月按权重计算的前 15 个离岸人民币经济体（根据支付额计算）

资料来源：SWIFT 人民币追踪器(SWIFT RMB Tracker)。

支付中心相关的入境或出境付款都必须在该中心进行清算和结算。

由于香港作为人民币离岸中心具有压倒性的重要作用，以下关于人民币离岸市场的讨论我们主要聚焦于香港。事实上，我们可以将香港离岸人民币市场的任何新发展视为可以在世界其他地方复制的试行方案。因此，我们可以认为香港发生的人民币业务类型都可以在世界其他地方复制，只是规模较小或者有时间滞后而已。

4.1.2　人民币银行存款

离岸参与行的人民币存款是企业借入人民币用于在岸直接投资的资金来源，也是中国企业通过国际借款借入本国货币的渠道。2004 年中银（香港）被指定为香港唯一的人民币清算银行后，香港开始有人民币存款。第一章的图

1.2 展示了 2004—2022 年以 10 亿美元为单位的月度香港人民币银行存款金额，以及人民币存款占香港总存款的百分比。图中显示，2015 年 8 月人民币汇率中间价形成机制改革前后，香港人民币存款的绝对规模以及人民币存款占香港总存款的百分比都开始急剧下降，表明香港离岸人民币市场出现明显倒退。本章表 4.2 展示了 2011—2018 年的每一年与图 1.2 的类似信息。在 2011 年、2012 年、2013 年、2014 年、2015 年、2016 年、2017 年和 2018 年年底，香港的银行的人民币存款金额（不包括存款证书）分别占全港存款总额的 9.56%、9.04%、12.01%、12.44%、9.46%、5.21%、5.26% 和 5.23%，峰值是 2014 年的 12.44%，2015 年出现急剧下降。

表 4.2 2011—2018 年香港的人民币存款（不包括存款证书）

	2011	2012	2013	2014	2015	2016	2017	2018
年末总额（10亿元人民币）	589.00	603.00	860.50	1 003.60	851.10	546.70	559.10	615.00
占香港存款总额的百分比	9.56	9.04	12.01	12.44	9.46	5.21	5.26	5.23

资料来源：环亚经济数据公司数据库。

图 4.2 显示了截至 2021 年第三季度末各国家/地区的人民币存款金额。可以看到，中国香港的人民币存款金额仍然是其中最大的，标志着香港作为人民币离岸中心的主导地位。

4.1.3 点心债券和人民币贷款

点心债券是任何在中国内地以外发行的以人民币计价的债券。该债券允许国内外经济实体以发行债券的方式借入离岸人民币后直接投资于内地。许多发行点心债券的实体实际上是中国的实体。当内地公司在香港发行点心债券时，其实是通过国际借款借入本国货币，这也是人民币国际化的目标之一。第一只点心债券于 2007 年 7 月由中国国家开发银行发行。2009 年 6 月，中国允许香港的金融机构发行点心债券。汇丰银行是首个发行点心债券的金融机构。2010 年 8 月，麦当劳（McDonald's）成为第一家发行点心债券的公司。

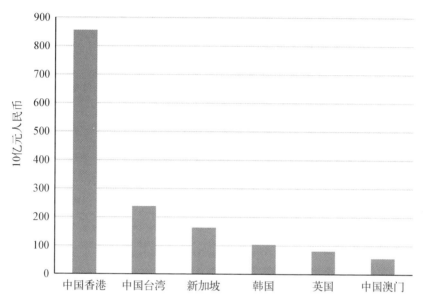

图 4.2 截至 2021 年第三季度末各国家/地区的离岸人民币存款(不包括存款证书)

资料来源：环亚经济数据公司数据库，中国人民银行。

2010 年 10 月，亚洲开发银行筹集了 12 亿元 10 年期的人民币债券，成为第一个发行点心债券的超国家机构，也是第一个在香港证券交易所上市的发行机构。图 4.3 展示了截至 2015 年 10 月底，按发行人的类型划分的在香港发行的未偿还的人民币债券规模。图中展示了在香港发行点心债券的各类实体，包括中央政府机构(财政部)、香港的银行和公司、内地的银行和公司，以及海外公司。图 4.4 显示了 2010—2016 年香港的人民币融资业务规模，包括 2010—2016 年香港人民币未偿还债券和人民币未偿还贷款规模。2010—2016 年香港以 10 亿元人民币为单位计算的未偿还债券规模分别为 55.8、146.7、237.2、310.0、380.5、368.0 和 318.8，2014 年达到顶峰 3 805 亿元人民币。图 4.5 展示了香港 2010—2017 年发行的人民币债券规模。2010—2017 年发行的以 10 亿元人民币为单位计算的点心债券规模分别为 35.8、107.9、112.2、116.6、197.0、75.0、52.8 和 20.6，2014 年达到峰值 1 970 亿元人民币。图 4.6 显示了 2007—2018 年全球离岸人民币债券(即点心债券)的发行量。图中清楚地显示倒 U 形，在 2014 年达到顶峰。所有这些图都揭示离岸人民币债券的发行量和香港的未偿清金额以及全球水平,都在 2014 年达到顶峰,也就是 2015 年 8 月 11 日人民币汇率形成机制改革的前一年。显而易见,"8·11"汇改根本地改变了人民币汇率的预期,从单边升值转为不确定。人民币汇率预期的改变,抑制了人们将人民币作为价值储存的热情,反过来又降低了人们投资于以人民币计价的资产,如点心债券的兴趣。

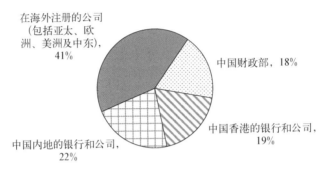

图 4.3　截至 2015 年 10 月底按发行人的类型划分的在香港发行的未偿还人民币债券

资料来源:香港金融管理局。

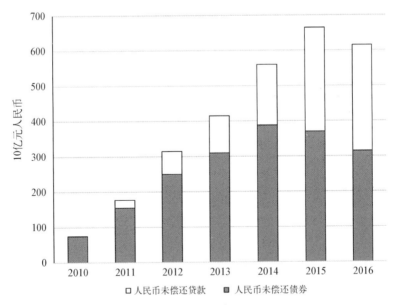

图 4.4　2010—2016 年香港的人民币融资业务

资料来源:香港金融管理局。

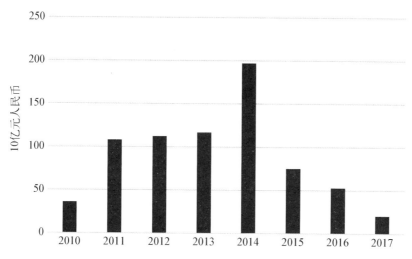

图 4.5　2010—2017 年在香港发行的人民币债券规模

资料来源：香港金融管理局。

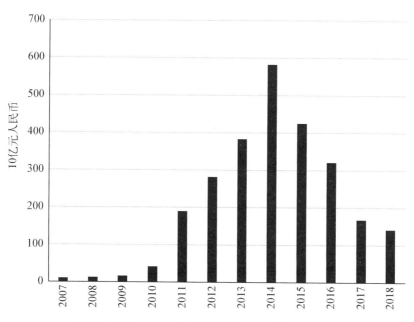

图 4.6　2007—2018 年全球离岸人民币债券的发行量

资料来源：彭博社。

4.1.4 人民币贸易结算

中国似乎采纳了 Eichengreen(2011)的建议,将促进人民币贸易结算作为第一步人民币国际化战略之一。Eichengreen 指出:"……货币国际化步骤的逻辑顺序是:第一,鼓励用于贸易计价和结算;第二,鼓励用于私人金融交易;第三,鼓励各国中央银行和政府用作外汇储备的持有形式。"确实,人民币贸易结算是人民币国际化的里程碑,因为它促进了香港地区和其他地方离岸人民币资金池的迅速扩大。离岸人民币外汇市场因此很快形成。自 2009 年中期人民币贸易结算试点方案公布以来,中国政府逐渐放松了人民币在内地以外使用的限制。自 2010 年中期以来,原有的人民币贸易结算方案已经推广到包括中国内地与其他国家和地区之间的所有贸易。① 这使内地以外的人民币资金池得以建立,离岸人民币市场得以形成。香港成为人民币贸易结算和人民币离岸业务的首要目的地。一个相当规模的离岸人民币市场在中国香港诞生。"一种货币,两个市场"的模式取得了不小的成功。离岸人民币在内地以外实现了完全自由兑换。这是中国的另一项政策实验。这次实验的目的是测试在资本账户不完全开放的情况下人民币在中国境外究竟有多大使用规模。②

表 4.3 显示了 2011—2018 年人民币贸易结算规模和人民币贸易结算的百分比。2011—2018 年,人民币贸易结算的百分比分别为 9%、12%、18%、25%、29%、21%、15.7%、16.6%（2015 年的峰值为 29%）,其中 91%、89%、83%、95%、95%、87%、90%、82%分别由香港银行处理。香港在贸易结算的主导地位非常明确。图 4.7 展示了 2012—2019 年各季度以人民币结算的中国贸易规模及其占比。不出所料,规模和占比都在 2015 第三季度达到顶峰,即

---

① 相关事件:2010 年 6 月 17 日,中国人民银行、财政部、商务部、广电总局、国家税务总局和中国银监会联合发布《关于扩大人民币跨境贸易结算试点的通知》以扩大试点范围(中国人民银行 2010 年第 186 号文件)。2010 年 7 月 19 日,中国人民银行与香港金融管理局联合签署关于开展跨境贸易人民币结算试点的《补充合作备忘录》(四)。中国人民银行与中银(香港)签署了修订后的《人民币清算协议》。2010 年 8 月 17 日,中国人民银行发布《关于境外人民币清算行等三类机构运用人民币投资银行间债券市场试点有关事宜的通知》(中国人民银行 2010 年第 217 号文件)。2010 年 8 月 31 日,中国人民银行发布《境外机构人民币银行结算账户管理办法》(中国人民银行 2010 年第 249 号文件)。
② 参见 Nixon, Hatzvi 和 Wright(2015)。

人民币汇率形成机制改革之时。截至2019年第三季度，以人民币结算的中国贸易份额为19.2%，远低于2015年第三季度的32.8%。

表4.3　2011—2018年人民币贸易结算情况

	2011	2012	2013	2014	2015	2016	2017	2018
年度全球人民币贸易结算额(万亿元人民币)	2.09	2.94	4.63	6.60	7.23	5.23	4.36	5.11
人民币贸易结算的百分比	9.00	12.00	18.00	25.00	29.00	21.00	15.70	16.60
香港的银行处理的人民币贸易结算的百分比	91.00	89.00	83.00	95.00	95.00	87.00	90.00	82.00

资料来源：环亚经济数据公司数据库。

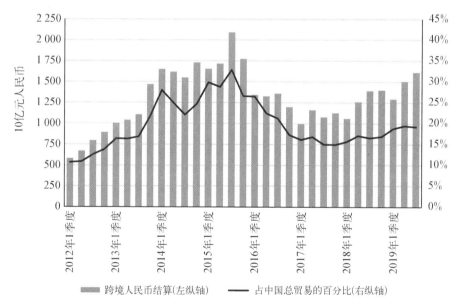

图4.7　2012—2019年跨境贸易人民币结算(季度)

资料来源：环亚经济数据公司数据库，中国人民币银行。

尽管人民币贸易结算在2015年第三季度超过了30%，有一点需要注意。人民币是国际贸易的结算货币这一事实不一定意味着人民币是同一交易的计价货币。结算货币是交换媒介,而计价货币是记账单位。大多数结算货币几乎总是计价货币,因为计价货币的确定通常是由市场力量驱动的——计价货币通过买卖双方谈判决定,因此双方自然用计价货币进行贸易结算。人民币的情况则很不一样。2012年,在所有以人民币结算的商品贸易中,只有56%以人民币计价(李波,2013)。虽然缺乏佐证数据,但可能其中大部分都是内地与香港之间的贸易。因此,即使在2013年,中国与外国的贸易中可能只有很小的一部分是以人民币计价的。根据我们的研究,截至2017年第二季度,日本、澳大利亚、泰国和印度尼西亚的出口总额中以人民币计价的百分比分别约为1.5%、0.5%、0.3%和0.5%,而这些国家的进口总额中以人民币计价的百分比分别为0.9%、0.6%、0.8%和0.6%。[①] 考虑到这些国家与中国的贸易占到这些国家贸易相当大的百分比,这些比例实在太低了。因此,人们怀疑如果剔除香港地区与内地的贸易,以人民币计价的贸易比例可能真的很低。这可能表明在香港和内地之间的贸易之外的人民币计价仍有很长的路要走。

为什么人民币贸易计价比贸易结算更难以实现?因为外国人接受人民币计价需承担汇率风险,因此接受人民币计价比接受人民币结算意味着更深的承诺。一方面,一种货币能否用于贸易计价更多地是由经济基本面决定的。例如,理论和证据研究揭示,生产者货币计价(producer currency pricing,PCP),即贸易商品以出口国货币计价,通常用于差异化商品,因为卖方拥有更多的市场权利;而本地货币计价(local currency pricing,LCP),即贸易商品以进口国货币计价,通常用于差异化较小的商品,因为卖方拥有较少的市场权利。此外,工具货币定价(vehicle currency pricing,VCP),即贸易商品以通常是全球主导货币的载体货币计价,可能被用于同质商品,如石油和商品,因为货币的市场厚度的外部性(即被广泛使用的货币的网络外部性)和聚集效应(即贸易公司总是试图使用与其竞争对手相同的货币计价)对于决定同质商品的计价货币更为重要。根据同样的逻辑,人们猜测一个国家的出口和进口以本国货币计价的程度会随着本国货币的市场厚度的外部性和聚集效应的增强而提升。另一方面,一种货币是否被用于贸易结算可能是由短期考虑决定,如

---

① 资料来源:澳大利亚统计局网站,印度尼西亚银行,日本财务部和泰国银行。

货币的升值预期。因此,一旦人们不再预期人民币升值,人民币贸易结算业务的长期前景就无法保证。图4.7印证了这一点,该图显示2015年第三季度后以人民币结算的中国贸易规模急剧下降,该季度发生了人民币汇率形成机制改革,导致人民币大幅贬值。很显然,"8·11"汇改后市场对人民币汇率的预期由升值转为贬值,因此导致人民币贸易结算大幅下降。

表4.4总结了2010—2018年香港各类离岸人民币业务指标的走势,包括银行存款、贸易结算、债券和贷款。可以看到该走势呈现出相当明显的倒U形趋势。

表4.4 2010—2018年香港的离岸人民币业务(10亿元人民币)

	2010	2011	2012	2013	2014	2015	2016	2017	2018
人民币客户存款	314.9	588.5	603	860.5	1 003.6	851.1	546.7	559.1	615.0
未偿还人民币存款证书	6.8	73.1	117.3	200.1	154.7	159.3	78.3		
总计	321.7	661.6	720.3	1 060.6	1 158.3	1 010.4	625.0		
香港的银行处理人民币贸易结算金额(年内金额)	369.2	1 914.9	2 632.5	3 841.0	6 258.0	6 833.0	4 542.1	3 926.5	4 208.9
人民币债券发行量(年内金额)	35.8	107.9	112.2	116.6	197.0	75.0	52.8	20.6	
未偿还人民币债券	55.8	146.7	237.2	310.0	380.5	368.0	318.8		
未偿还人民币贷款	1.8	30.8	79.0	115.6	188.0	297.4	294.8	148.7	

资料来源:香港金融管理局。

4.2 中央银行之间的双边货币互换协议

外国中央银行与中国合作开展一系列支持离岸人民币市场发展的倡议,包括双边货币互换协议。根据这些协议,外国中央银行可以将其本币与中国人民银行换成人民币用于双方商定的目的。这使得外国中央银行能够在市场压力大的时候向离岸市场提供人民币流动性,或者在某些情况下可能仅仅是为了促进离岸人民币市场的发展。通过保证市场参与者可以在需要的时候通过当地中央银行获得人民币流动性,央行货币互换额度支持了当地人民币市场的发展。

通常,互换额度允许一国中央银行用一种货币,通常是本币,换取一定数量的外币。然后接受外币的中央银行可以根据自身条件与风险将这些外币借给其国内银行。开始互换时,中央银行 1 向中央银行 2 出售一定数量的货币 A,并以当前市场汇率换取货币 B。中央银行 1 同意在未来某一特定日期以相同汇率回购其货币 A。中央银行 1 将通过互换获得的货币 B 借给当地银行或公司。在指定的互换平仓并归还资金的未来某一天,要求启动互换的中央银行 1 将向中央银行 2 支付利息。①

2008 年,中国开始与其他国家和地区的中央银行和货币当局签署双边货币互换协议。截至 2016 年底,已有 36 家中央银行和货币当局与中国人民银行签署了双边货币互换协议。协议总金额超过 3.3 万亿元人民币。2016 年,在中国人民银行与其他国家和地区的对手方签署的双边货币互换协议中,其他国家和地区的中央银行和货币当局实际利用人民币的总金额为 1 278 亿元,而中国人民银行实际利用外汇的金额相当于 664 亿元。换句话说,利用率不到 10%。截至 2016 年底,其他国家和地区的中央银行和货币当局实际利用人民币的累计金额达 3 655.3 亿元,余额为 221.5 亿元。相比而言,中国人民银行实际使用外汇的累计金额相当于 1 128.4 亿元,余额为 77.6 亿元。② 表 4.5 是截至 2021 年 8 月,与中国人民银行签署双边货币互换协议的国家和地区清单。届时,互换额度总额约为 3.7 万亿元,中央银行和货币当局的数量为 38

---

① 资料来源:Steil(2019)。
② 参见中国人民银行 2017 年数据。

个。从使用率来看,双边货币互换协议对促进人民币的国际化使用似乎并不十分有效,但确实发挥了在需要时保证人民币流动性的作用。当出现2007—2009年全球金融危机期间那样美元贸易融资短缺的情况时,各个国家和地区就可以绕过美元使用人民币或其他当地货币进行贸易结算。截至2024年8月末,中国人民银行共与42个国家和地区的中央银行和货币当局签署过双边本币互换协议,其中有效协议29份,互换规模超过4.1万亿元人民币。

表4.5 截至2021年8月中国人民银行与其他国家和地区的中央银行和货币当局签订的双边货币互换协议

美洲		EMEA(欧洲、中东和非洲)				亚洲	
国家和地区	人民币(10亿元)	国家和地区	人民币(10亿元)	国家和地区	人民币(10亿元)	国家和地区	人民币(10亿元)
加拿大	200.0	欧洲央行	350.0	匈牙利	20.0	中国香港	500.0
阿根廷	70.0	英格兰	350.0	摩洛哥	10.0	韩国	400.0
智利	50.0	瑞士	150.0	巴基斯坦	30.0	新加坡	300.0
苏里南	1.0	俄罗斯	150.0	白俄罗斯	7.0	澳大利亚	200.0
总额	321.0	卡塔尔	35.0	哈萨克斯坦	7.0	马来西亚	180.0
		阿联酋	35.0	冰岛	3.5	泰国	70.0
		南非	30.0	塔吉克斯坦	3.0	新西兰	25.0
		埃及	18.0	阿尔巴尼亚	2.0	蒙古国	15.0
		尼日利亚	15.0	塞尔维亚	1.5	斯里兰卡	10.0
		土耳其	35.0	亚美尼亚	1.0	老挝	6.0
		乌克兰	15.0	总额	1 268.0	中国澳门	30.0
						印度尼西亚	200.0
						日本	200.0
						总额	2 136.0

总协议量:37 250亿元人民币。
资料来源:中国人民银行。

4.3 资本流动的自由化

资本账户自由化是增加人民币的国际使用而必须采取的最重要的措施之一,因为资本账户自由化将增加外国人进入在岸资本市场和本国公民进入外国资本市场的机会,从而将提高中国与世界其他地区的金融一体化。多年来,中国出台了一系列放松资本流入和流出的自由化措施。

4.3.1 合格境外机构投资者(QFII)

2002年,中国证券监督管理委员会和中国人民银行联合发布了《合格境外机构投资者境内证券投资管理暂行办法》,允许境外投资者直接进入境内资本市场,启动QFII试点方案。QFII包括资产管理公司、保险公司、证券公司、商业银行,以及其他如养老基金、慈善基金、捐赠基金和主权财富基金。

4.3.2 合格境内机构投资者(QDII)

从2006年开始,QDII使得中国境内的机构投资者可以在获得中国相关监管机构批准的QDII牌照和额度后投资离岸市场。每个QDII都被国家外汇管理局授予一个特定配额。

4.3.3 人民币合格境外机构投资者(RQFII)

从2011年开始,离岸人民币可以主要通过RQFII投资境内。RQFII是QFII方案的改进版,旨在促进境外持有的人民币用于投资境内证券市场。RQFII允许经批准的境外投资者在境内的在岸股票和债券市场买卖指定的资产。RQFII可视为既是中国更广泛的资本账户开放进程的一部分,又是鼓励更踊跃参与离岸人民币市场的一项政策。

重要的是,RQFII方案仅适用于在中国政府授予RQFII配额的司法管辖区内开展业务的投资者。然而,公司一旦获得配额,就能为更广泛的投资者提供人民币投资产品,包括那些位于原管辖区以外的投资者。例如,一些在中国香港注册的公司与在美国和欧洲注册的金融机构合作，在外国证券交易所，包括纽约证券交易所和伦敦证券交易所，推出交易所交易基金(exchange-traded funds)，让那些没有RQFII配额的投资者可以获得中国股票和债券市场的投资。

RQFII是对自2003年以来一直在实施的QFII的补充。QFII允许获批的合格境外投资者使用外币投资于指定的境内金融资产。与RQFII方案不同的是，QFII方案没有特定的管辖区配额。从投资者的角度来看，RQFII方案较之QFII方案有几个潜在的优势——其中，对投资组合分配有更大的行政裁决权，而对离岸资金回流的限制性规则相对比较少。RQFII方案还允许获授权的投资者将其部分RQFII配额投资于境内的固定收益银行间债券市场，而QFII批准的投资者必须申请额外的配额才能进入该市场。①

RQFII制度已经扩大到中国香港、新加坡、英国、法国、韩国、德国、卡塔尔、澳大利亚、瑞士和卢森堡、加拿大、泰国和美国等国家和地区。截至2016年底，已有18个国家和地区获得了RQFII配额，总额度达到1.51万亿元人民币(见图4.8)。2020年11月1日，QFII和RQFII被合并为QFI(Qualified Foreign Investor)，并将提供更多的投资选择。合并的原因是QFII和RQFII的好处已因下文所述的股票通(Stock Connects)和债券通方案的成功实施而削弱。

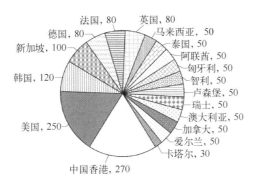

图4.8 截至2106年底RQFII额度分配情况(10亿元人民币)

资料来源：中国人民银行(2017)。

---

① 参见 Nixon，Hatzvi 和 Wright(2015)。

4.3.4 股票通

股票通是香港、上海和深圳证券交易所之间的一项独特合作,允许国际投资者和内地的投资者通过本地区证券交易所的交易和清算设施相互在对方的股票市场进行交易。截至 2019 年 8 月 30 日,2019 年香港通过股票通流向内地的北向净投资额约为 170 亿美元。①

始于 2014 年 11 月的沪港通方案允许离岸市场投资者购买获批的(人民币计价)在上海证券交易所上市的股票——被称为"北向"交易。类似地,合格境内机构投资者也能购买在香港证券交易所上市(以港币计价)的股票——被称为"南向"交易。换句话说,除了 RQFII 和 QFII 计划外,股票通方案为离岸(在岸)投资者提供了一个买卖内地(香港)股票的额外渠道,因此是离岸和在岸人民币市场之间的额外联系。模仿沪港通,连接深圳证券交易所(SZSE)和香港证券交易所(HKEx)的深港通项目于 2016 年 12 月正式启动。

与 RQFII 计划相比,股票通的主要优势在于它对所有境外投资者开放,而 RQFII 仅限于获得各国 RQFII 配额的注册金融机构(尽管一旦机构获得 RQFII 配额就可以利用其配额在其他任何地方设立人民币产品)。此外,个别机构需要等待漫长过程才能 RQFII 牌照和配额。②

然而 RQFII 可能会继续被使用,因为它相比股票通仍有一些优势。重点在于拥有 RQFII 配额的机构可以投资于境内的固定收益资产和更大范围的境内股票。此外,股票通投资者受每日总配额(整个市场)和排队执行的制约,而 RQFII 投资者只需根据各自的配额就可以行使交易。不过,这两个项目是部分可替代的。由于香港的 RQFII 总额度已经耗尽,据报道,一些香港的实体已经请求将其 RQFII 买入的股票转移到股票通,以便释放其现有 RQFII 的配额空间。

4.3.5 中国银行间债券市场直通车(Chinese Interbank Bond Market, CIBM)

2018 年底,中国的债券市场已经成为世界第三大市场(2018 年第四季度,

---

① 参见香港证券交易所网站(www.hkex.com.hk/eng/InvestChinaA/index.htm)。
② 参见 Nixon,Hatzvi 和 Wright(2015)。

规模为 11.17 万亿美元),仅次于美国和日本的债券市场。[①] 2016 年 2 月,中国宣布通过中国银行间债券市场直通车开放国内债券市场,这是向国际投资者进一步开放中国金融市场,并鼓励他们投资人民币计价的资产的政策措施。CIBM 直通车为国际投资者提供了一条进入在岸债券的途径,为 QFII 和 RQFII 方案提供补充。在 CIBM 直通车方案下,境外机构可以与持有 A 类牌照的境内银行直接进行债券交易(截至 2019 年 4 月,这样的外资银行只有 6 家)。

4.3.6 债券通

债券通是一个相互的市场准入方案,允许境内和境外投资者通过互相连接的内地和香港的金融基础设施机构在对方的债券市场进行交易。北向交易始于 2017 年 7 月 3 日,允许香港和其他地区的境外投资者通过交易、托管和结算等相互准入安排投资于中国银行间债券市场。截至 2019 年末,南向交易仍有待后续探索。

4.3.7 其他方案

还有一些其他方案,如下所列。

(1) 2010 年推出的合格境外有限合伙人(Qualified Foreign Limited Partner,QFLP)方案为境外投资者提供了进入在岸非上市股权市场的渠道。

(2) 2012 年推出人民币合格境外有限合伙人(RMB Qualified Foreign Limited Partner,RQFLP)方案。

(3) 2012 年推出合格境内有限合伙人(Qualified Domestic Limited Partner,QDLP)方案,允许在岸投资者投资更广泛的离岸产品或资产(包括对海外非上市实体和海外受监管的商品市场的股权投资)。

(4) 上海自由贸易试验区于 2013 年 9 月启动,成为一系列经济和社会改革的试验场。

(5) 2014 年推出合格境内投资企业(Qualified Domestic Investment Enterprise,QDIE),与 QDLP 类似,但影响更长远。

[①] 资料来源:国际清算银行/法国巴黎银行(https://securities.bnpparibas.com/insights/china-interbank-bond-market.html)。

（6）深圳前海蛇口自贸片区于2015年4月挂牌成立。

（7）互认基金于2015年7月落地。在该方案下，合格的内地和香港的资金可以通过简化的审核程序相互在对方的市场上发行。

值得注意的是，后四个方案都是在上海率先推出的，表明上海渴望成为内地带头开放资本账户的先锋。

然而，资本账户开放方案越多就越说明中国资本账户相对封闭。因为每个方案都代表允许什么类型的资本流动。那些没有在官方方案中被允许的交易，即便没有明确规定不允许，也会被认为不允许。它们处于灰色地带，由相关部门根据具体情况酌情处理。

4.4 "一带一路"倡议

"一带一路"倡议旨在通过基础设施建设和贸易投资便利化措施促进亚洲、欧洲和非洲大陆及其邻近海域的互联互通，使中国进一步扩大和深化对外开放，并加强与亚洲、欧洲和非洲国家以及世界其他地区的合作。

很多讨论认为"一带一路"倡议将极大地推动人民币国际化。支持这种预期的原因是什么？据我所知是人民币可以通过贸易计价、贸易结算和对外直接投资计价，以及发行以人民币计价的国际债务证券（债券）为基础设施项目提供融资，潜在地提升人民币国际化程度。首先，就贸易计价和结算而言，与对外直接投资相关的中国出口比一般从中国进口更可能使用人民币计价，因为这些出口商品一般是由中国的关联公司购买的。如果中国从"一带一路"国家的进口与中国在这些国家的对外直接投资有关，或者中国是大买家（如资源或能源），也更有可能以人民币计价。中国在"一带一路"国家的大量对外直接投资也增强了中国与这些国家的双边贸易流（正如许多研究揭示，外国直接投资和贸易是互补的），从而进一步增加人民币贸易计价。此外，基础设施项目有助于降低"一带一路"国家与中国之间的贸易成本，进一步增加它们与中国的双边贸易量和人民币贸易计价。其次，就国际债务证券的发行而言，"一带一路"倡议国家可以促进人民币计价债券的发行，因为它涉及大量的中国对外直接投资融资，这些融资货币习惯于用人民币。此外，"一带一路"国家大量的人民币贸易计价和结算使得将人民币用作融资货币更具吸引力，从而激励企业以人民币发行债务[参见 Gopinath 和 Stein(2018)第 3 章讲述的美国 1913 年的经验]。"一带一路"倡议有望促成一个更大、流动性更高的离岸人民币资本市场。新加坡、伦敦和中国香港等离岸人民币中心可以在人民币债务证券化和项目融资方面发挥重要作用。"一带一路"倡议可以激励形成一个更大和流动性更高的离岸人民币资本市场，从而增加人民币离岸市场的厚度。这将促进离岸人民币市场的进一步发展并提高人民币的国际化程度。然而正如我们将要在第 8 章探讨的那样，如果没有在岸资本账户开放和在岸金融市场的自由化，"一带一路"倡议对人民币国际化的影响可能不大。资本账户开放和在岸金融市场市场化这两个因素仍然是人民币国际化成功的关键因素。

4.5 人民币国际化程度的测度

目前人民币国际化到了什么程度？我们如何测度它？目前还没有一个普遍采用的衡量货币国际化程度的公认标准。大体上，五个指标可以测度货币的国际化程度，即货币在以下几个维度的使用：(1) 国际债务的计价；(2) 国际贷款的计价；(3) 外汇交易；(4) 全球支付的使用；(5) 作为外汇储备。

一方面，图 4.9 显示，截至 2021 年底，以人民币计价的全球未偿还国际债务证券的百分比约为 0.43%，而美元约为 48%，美元份额大约是人民币的 110 倍。可见，促进中国境外以人民币计价的债券和其他债务工具发展仍然任重道远。另一方面，表 4.6 揭示人民币在外汇市场交易、全球支付使用和作为外汇储备的相对重要性等方面表现出较具前景的迹象，这三个方面都显示相似的量级：例如，2023 年 8 月，在全球支付份额方面，人民币的比例约为 2.59%，而美元为 59.74%。2022 年 4 月，在外汇市场交易份额方面，人民币占 3.5%，而美元占 44.25%。2021 年第三季度，人民币作为外汇储备的份额约为 2.66%。2016 年 10 月，人民币被纳入特别提款权 SDR 五种货币的篮子后，其份额得到提升。在 2016 年第四季度之前，人民币作为外汇储备的份额微乎其微，这个方面较少由市场决定，因此应赋予较低权重。图 4.10 显示，2019 年以人民币结算的全球货物贸易占比约为 1.5%。这一比例与其他维度的比例相似。

图 4.9　截至 2021 年底全球以人民币和美元计价的未偿还国际债务证券的百分比

资料来源：国际清算银行(BIS)的原始数据，https://stats.bis.org/♯ppq=SEC_OUTST_IDS_BY_CUR;pv=15～8～0,0,0～both。

表 4.6　2021—2023 年美元、欧元、日元和人民币在国际货币体系的相对重要性(百分比)

	报告年份	美元	欧元	日元	人民币
外汇市场交易份额①	2022 年(4 月)	44.25	15.25	8.35	3.50
全球支付份额②	2023 年(8 月)	59.74	12.71	5.19	2.59
外汇储备份额③	2021 年(第三季度)	59.15	20.48	5.83	2.66

资料来源：国际清算银行(BIS)、环球银行金融电信协会(SWIFT)、国际货币基金组织(IMF)。

---

① 来自 2022 年国际清算银行三年一次的调查，经"归一化"处理使总数等于 100%。
② 作为国际支付货币的支付份额，由 SWIFT 报告。现场和交付，MT 103、MT 202(客户发起和机构支付)和 ISO-相等的支付，不包括欧元区内支付。在 SWIFT 上交换的信息。基于价值。
③ 来自国际货币基金组织 COFER 数据库。

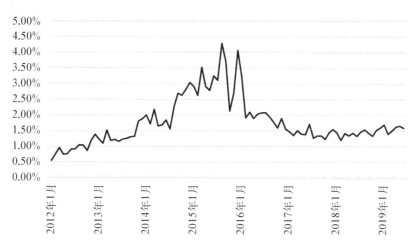

图 4.10　2012—2019 年全球货物贸易中以人民币结算的百分比

资料来源：原始数据来源于中国人民银行；彭博社；国际货币基金组织的国际金融统计数据。

随着时间推移，未来人民币国际化将如何而发展？渣打银行构建了一个人民币全球化指数（RMB Globalization Index，RGI），用于总结每个月的人民币国际化程度。① 图 4.11 展示了一段时间内该指数的数值。人民币全球化指数以离岸人民币市场的四个组成部分为基础：离岸人民币存款、贸易结算和其他国际支付、发行的点心债券和存款证书，以及外汇交易量。图 4.11 揭示该指数在 2015 年 8 月左右达到峰值，这正是人民币汇率形成机制改革的时间。此后到 2019 年底该指数一直持平。到 2020 年底还没有恢复到峰值。这表明在国际市场上使用人民币的可持续性比较脆弱。作为编制人民币全球化指数工作的一部分，渣打银行还计算了 2019 年 9 月各个离岸中心人民币业务的市场份额：中国香港 67.6%，英国 14.1%，新加坡 6.7%，美国 4.6%，中国台湾 3.5%。可见中国香港仍然占全球离岸人民币业务的绝大部分。令人颇感意外的是英国而不是其他两个亚洲中心占据了第二位，这显然反映了英国和中国之间的特殊关系。根据渣打银行人民币全球化指数网站披露，中国香港的市场份额直到 2011 年 7 月一直是 100%。这并不意外，因为离岸人民币即期汇率从 2010 年 7 月才开始存在。根据渣打银行的数据，中国香港的人民币市

---

① 参见 www.sc.com/en/trade-beyond-borders/renminbi-globalisation-index/。

场份额随后开始连续下降,2015年10月跌至60.2%,随即触底反弹,然后又连续(但缓慢地)上升,直到2020年底。可见,2015年下半年确实是离岸市场发展的分水岭。从这个意义上说,离岸人民币市场遭受到重创,需要重新建设,或者说之前只是一个泡沫,一旦人民币升值预期逆转,泡沫就破灭了。

人们可能好奇,究竟2015年8月的人民币汇率形成机制改革只是一个与当时经济状况无关的外生性政策措施,还是为解决经济某些深层次问题而推出的政策举措?2014年,中国经济增长势头开始减弱。到2014年年底已经开始出现资本外流的迹象,意味市场对中国经济的未来不那么乐观,随后人民币汇率面临贬值压力。然而,中国人民银行随即干预以防止人民币贬值。显然,中国人民银行认为,2015年8月是允许人民币随市场贬值以刺激出口的好时机。借此机会还可以向国际货币基金组织证明人民币汇率是由市场决定的,并以此强化将人民币纳入特别提款权SDR货币篮子的理由。此举的作用可谓一箭双雕,从这个角度看,2015年底离岸人民币市场受挫似乎是由中国经济疲软而间接引起的。

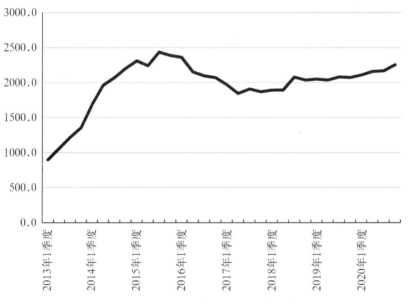

图 4.11　2013—2020 年人民币全球化指数

资料来源:渣打银行。

4.6 结论

人民币国际化战略本质上是"一种货币,两个市场",即在在岸市场和离岸市场之间建立一道防火墙,以便以可控方式推进中国的金融市场改革和资本账户开放。这种思想与"一国两制"的原则相契合,即允许中国的某些地区(如香港)实行更为开放的制度,而其他地区则保持较为严格的管理。因为中国在准备好完全开放以前需要一个通往世界其他地区的窗口。因此,离岸市场,特别是香港,成为中国境外使用人民币的重要推进器。应该指出的是,人民币国际化的最初增速非常快,因为人民币的国际使用是从极低的初始基数开始的。然而,如果没有进一步重大市场化措施推进离岸市场发展,人民币国际化趋势终将归于平缓,因为人民币国际化的进程最终将由市场力量决定,而市场力量又受到中国资本账户开放和金融发展的影响。

中国可能继续通过"一种货币,两个市场"的战略来推进人民币国际化。在这种情况下,中国香港可能将成为人民币国际化的最大受益者。即便人民币在全球层面上的国际货币排名只是缓慢上升,香港作为首屈一指的国际金融中心地位也将因获得绝大部分全球人民币业务的份额而得以巩固。随着人民币成为更加国际化的货币,香港在全球人民币业务中的份额大概率会下降,因为人民币业务会因为国际竞争而扩散到世界各地的其他人民币中心。然而,鉴于人民币业务的总量也将增加,香港的人民币相关业务的绝对价值也几乎可以肯定会继续增加。此外,由于中国的金融发展和资本账户开放需要时间,香港可能会在一段时间内继续对人民币国际化发挥重要作用。

第 5 章
资本账户开放的重要性

本章首先介绍国际收支账户,以便对资本账户有一些基本了解。

5.1 国际收支账户

表 5.1 是一个国家简化的国际收支账户。

表 5.1 简化的国际收支账户

经常账户
(1) 出口:
　　商品
　　服务
　　从国外获得的要素收入
(2) 进口:
　　商品
　　服务
　　国外从本国获得的要素收入
(3) 单边转移净流入
经常账户余额＝(1)－(2)＋(3)

资本账户
(4) 从国外获得的金融资产净额
　　官方(即中央银行)储备资产
　　非官方(即私营部门与其他实体)资产

续　表

> (5) 对国外负债的净发生额
>   官方(即中央银行)储备资产
>   非官方(即私营部门与其他实体)资产
> 净金融流出＝(4)－(5)
>
> **统计差异**
> ＝净资金外流减去经常账户余额，即(4)－(5)－[(1)－(2)＋(3)]

国际收支账户记录一国的国际交易。按照惯例，来自国外的收入记为贷方，给予正值；支付给国外则记为借方，给予负值。如表5.1所示，国际收支账户由经常账户和资本账户组成。经常账户记录了以下收入与支出：(1) 商品和服务进出口。(2) 由于本国生产要素为外国提供服务而产生的本国从外国获得的要素收入和外国生产要素为本国提供服务而产生的外国人从本国获得的要素收入。这些要素收入，包括：① 工资收入；② 投资收入(其中包括股票和债券组合投资所获得的股息和利息，以及外国直接投资的收益)。(3) 流入和流出的单边转移。资本账户记录的支出和收益包括：购买或出售外国资产，包括货币、股票、债券和厂房。它反映了资本从一国的流入和流出。它包括两个子账户：(1) 官方资本账户，记录本国和外国中央银行的交易；(2) 非官方资本账户，记录本国和外国的私营部门和其他实体的交易。

请注意，上述资本账户的定义与国际货币基金组织的定义不同，后者采用狭义的资本账户定义。国际货币基金组织将本书所指的资本账户划分为金融账户和资本账户。而本书所指的资本账户的大部分项目，都包括在国际货币基金组织定义的金融账户中。根据本书对资本账户的定义，资本账户自由化意味着国内公民可以更自由地购买外国资产，外国公民可以更自由地购买国内资产，资本流出、流入本国也更自由。因此，本书所说的资本账户自由化与国际货币基金组织术语中的金融账户市场化是完全相同的。

世界上大多数国家的经常账户是完全开放的，也就是商品和服务可以自由进出该国。然而一些国家，特别是发展中国家的资本账户并不完全开放，即资本进出该国受到很大限制。就中国而言，任何人都可以将其在经常账户下赚取的人民币兑换成外币，因此我们可以说人民币在经常账户下是完全可兑换的。

然而，人们不能自由地将其在资本账户下的交易（如金融资产的投资）所赚取的所有人民币兑换成外币，因此，人民币在资本账户下不完全可兑换。

5.2 中国的资本账户开放度

很多与中国进行商业活动或在中国有一些投资经验的人都能感觉到中国的资本流动受到严格的管控。例如，截至2023年，中国公民每年只允许将相当于5万美元的人民币兑换成外币并汇出境外。外国人通过投资赚取的人民币不能自由地兑换成外币并汇出。此外，携带人民币进出中国都受到限制。我们将通过两个客观的方法来测度资本管制程度和人民币可兑换度：一个是法律意义（de jure）的测度，另一个是实际意义（de facto）的测度。

5.2.1 法律意义的资本账户开放程度

要了解中国与其他国家资本账户的相对开放程度（或资本流动的相对自由度），我们可以参见图5.1。该图展示了7个国家的资本账户开放的Chinn-Ito指数（KAOPEN）。该指数被归一化至0到1之间。① 指数越高，说明该国的资本账户越开放。KAOPEN基于二进制虚拟变量（binary dummy variables），对国际货币基金组织的《外汇安排和外汇限制年报》（Annual Report on Exchange Arrangements and Exchange Restrictions，AREAER）中"成员国经常账户和资本账户交易的外汇安排和监管框架的主要特征"这一节的跨境金融交易的管制列表进行编码。根据这一指数，截至2017年，中国的资本账户非常封闭。与泰国、印度、印度尼西亚和韩国等新兴市场相比，中国的资本账户开放程度最低，其资本账户开放程度与印度和泰国相同，但低于韩国和印度尼西亚。②《外汇安排和外汇限制年报》逐一报告了一国是否对资本账户交易的一系列项目施加了限制。任何根据这种标准计算的资本账户开放度的测度都被称为法律上的资本账户开放度，因为它涉及法律规定的内容。

---

① 根据"'三元悖论'指数"下的"数据说明"链接 http://web.pdx.edu/~ito/trilemma_indexes.htm（这是文件"关于'三元悖论'措施的说明"的链接），将Chinn-Ito指数归一化至0和1之间。
② 参见国际货币基金组织外汇安排和外汇限制年报（AREAER）（2016）（www.imf.org/en/Publications/AnnualReport-on-Exchange-Arrangements-and-Exchange-Restrictions/Issues/2017/01/25/Annual-Report-on-Exchange-Arrangements-and-ExchangeRestrictions-2016-43741）。

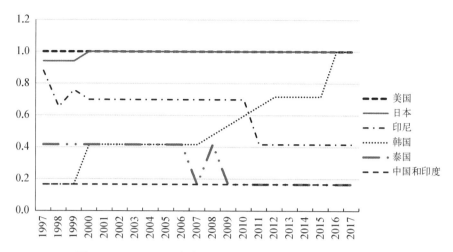

图 5.1 1997—2017 年归一化到 0 至 1 之间的 Chinn-Ito 指数

资料来源：Chinn，Menzie D. 和 Hiro Ito(2006)；http://web.pdx.edu/~ito/Chinn-Ito_website.htm。

表 5.2 展示了国际货币基金组织报告的中国资本账户被限制交易的项目。"是"表示对该项目被管制。表中还列出了 2018 年中国资本账户限制与美国和日本的对比。具体来说，2018 年，中国仍然对许多资本账户的交易类型实施限制。而在其他(如美国和日本等)国家，这些交易都被允许。按照这个标准，中国对资本流动的控制从 2013 年到 2018 年基本没有变化(除了资本交易"商业信贷")。截至 2018 年，资本账户只有两个项目是美国、日本和中国都实施了管制(即"资本市场证券"和"直接投资管制"两个资本账户交易)。但是有 6 个项目美国和日本都没有实施管制，而中国实施了管制。

表 5.2 2013—2018 年交易受管制的资本账户项目的比较

	美国	日本	中 国					
	2018	2018	2018	2017	2016	2015	2014	2013
对无形交易和经常性转账支付的管制	否	是	是	是	是	是	是	是
出口和/或隐形交易的收益								

续 表

	美国	日本	中国					
	2018	2018	2018	2017	2016	2015	2014	2013
归还要求	否	否	是	是	是	是	是	是
移交要求	否	否	否	否	否	否	否	否
资本交易								
资本市场证券	是	是	是	是	是	是	是	是
货币市场工具	是	否	是	是	是	是	是	是
集体投资证券	是	否	是	是	是	是	是	是
对衍生品和其他工具的管制	是	是	是	是	是	是	是	是
商业信贷	否	否	**是**	**是**	否	否	否	否
金融信贷	否	否	是	是	是	是	是	是
担保人、保证人和财务背书	是	否	是	是	是	是	是	是
直接投资管制	是	是	是	是	是	是	是	是
直接投资清算管制	否	否	是	是	是	是	是	是
不动产交易管制	是	是	是	是	是	是	是	是
个人资本交易管制	否	否	是	是	是	是	是	是
具体条款								
商业银行和其他信贷机构	否	否	是	是	是	是	是	是
机构投资者	是	否	是	是	是	是	是	是

资料来源：国际货币基金组织，《外汇安排和外汇限制年报》(www.imf.org/en/Publications/Annual-Report-on-Exchange-Arrangements-and-Exchange-Restrictions/Issues/2019/04/24/Annual-Report-on-Exchange-Arrangements-and-Exchange-Restrictions-2018-46162)。

然而，AREAER 报告的资本流入和流出一国的数量数据有时会与人们在现实中观察到的大相径庭。例如，2016 年，泰国的 KAOPEN 指数（基于 AREAER）是 0.18，而印度尼西亚的指数是 0.41。但泰国的国际资产和国际负债的总和（即所谓的国际投资头寸总额，IIP）占 GDP 的百分比是印度尼西亚的 2 倍（见图 5.1）。另一个例子是泰国的资本账户开放度随时间的变化：KAOPEN 指数显示其资本账户开放度从 1996 年到 2007 年持平，自 2007 年开始急剧下降，然后一直维持在这一低水平直至 2016 年。而国际投资头寸总额 IIP 的 GDP 占比却显示从 1997 年到 2017 年其资本账户开放度越来越大。由此可见，使用包含在 AREAER 中的数据对资本账户开放度进行法律意义上的测度是有局限性的。测度资本账户开放的另一个替代标准基于相对于经济规模的国际资产和负债的实际数量，这种测量方法被称为实际意义上的资本账户开放度。

5.2.2 实际意义的资本账户开放程度

图 5.2 展示了一些国家在一段时间的资本账户开放度，其衡量标准是国际投资总头寸，即外国资产和外国负债的绝对值之和除以该国的 GDP。有人认为实际意义的资本账户开放测度比法律意义的测度标准更为合理，因为后者未能反映法律的执行程度以及每项资本管制措施的相对重要性。不管怎样，基于实际意义的资本账户开放度的计算，再次显示中国的资本账户在 2004—2018 年相当封闭。2018 年中国的资本账户不仅比美国和日本等发达国家的资本账户开放程度低得多，甚至比泰国和韩国等其他一些新兴市场的资本账户开放程度还要低。中国的资本账户仅比印度尼西亚和印度更开放一些。

可以看到，在 2002—2007 年金融全球化增强时期，美国的金融开放度迅速提升。但 2008 年全球金融危机期间，资本流动的开放度就停了下来。2009—2016 年，美国的金融开放度几乎没有变化。日本的金融开放度在 2001—2007 年全球金融危机爆发的前几年也迅速上升。与美国不同，日本的金融开放度在 2012—2016 年迅速上升，并在 2016 年达到与美国相同的水平。中国的资本开放度在 2004—2018 年（数据可获的时间段）几乎没有变化。2018 年，中国的资本开放度只达到美国和日本的约三分之一。事实上，如果考

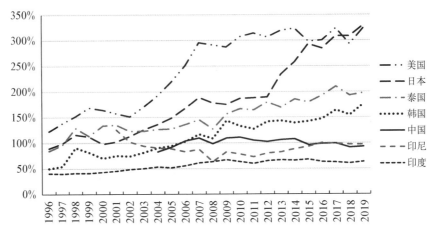

图 5.2　1996—2019 年国际投资总头寸的 GDP 占比
(实际意义资本账户开放度的衡量标准)

资料来源：国际货币基金组织的国际投资头寸（http：//data.imf.org/regular.aspx?key=61468209）；世界银行的数据银行（https：//data.worldbank.org/indicator/NY.GDP.MKTP.CD）。

虑中国大部分的外国资产是中央银行的外汇储备，可以说真实的中国资本账户开放程度甚至比通过国际投资总额所揭示的程度更低。原因是中国人民银行积累的外汇储备并未反映私营部门市场参与者的商业决策，而这正是实际资本账户开放度的测度应该捕捉的内容。①

5.2.3　为什么资本账户自由化是人民币国际化的必要条件？

如第 3 章所述，一种国际货币通常有三种功能：记账单位、交易媒介和价值储存。这三种功能是相互关联且相辅相成的。一种国际货币的交易媒介功能，即用于国际支付（如贸易结算和金融交易结算），是其国际使用的重要指标。从经验上看，当一种货币被广泛用作交易媒介时，它也被广泛地用作记账单位以及价值储存（如银行存款和中央银行储备）。因此，决定人民币用于国际支付的因素很大程度上也是决定人民币国际化的因素。下面我用贸易结算来佐证我的观点。

---

① He 和 Luk（2017）指出，截至 2011 年外汇储备占中国的外国资产的 2/3 以上。尽管这一比例在 2018 年已经迅速下降至约 41%，但仍然很高。

已经有大量经济学文献对使用一种货币进行贸易计价/结算的决定因素进行了研究。根据该理论,在控制了其他相关因素后,一种货币在某一部门的全球层面上的贸易计价/结算份额主要受两种因素影响:市场厚度的外部性和聚集效应。市场厚度的外部性,也称为网络外部性(network externalities),影响一种货币在所有部门或行业的计价份额。一种货币拥有厚的市场意味着该货币在国际上被大量持有且用于国际贸易的计价和结算。拥有一个更厚的市场意味着该货币更容易找到该货币的买家或卖家,因此更容易买入或卖出该货币。拥有厚市场的货币发行国其金融市场通常更宽、更深、流动性和开放度也更高(否则该货币不会被广泛持有和交易)。这将增加持有以该货币计价的资产的收益。聚集效应影响一种货币在某一部门的计价份额(因此,一种货币在一个部门的聚集效应可以很强,但在另一个部门的聚集效应可能很弱)。这取决于每个卖家与其同一部门或行业的大多数其他竞争者以相同货币计价的竞争压力。总的来说,一个国家的经济规模的提升往往会增加其货币在所有部门的聚集效应。这可能有两个原因:其一,由于该国市场庞大,外国生产商为了保持其市场竞争力就有动力以该国货币计价,以便汇率波动时能为当地客户维持价格稳定。其二,由于本地生产商具有市场竞争优势并且以本国货币计价,因此,向该国销售产品的外国生产商就希望限制其产品的价格相对于当地生产商的产品价格的波动。下面我们对上述两个因素以及其他决定货币在全球国际贸易的计价份额的各种因素进行更深入的探讨。

市场厚度的外部性: Matsuyama,Kiyotaki 和 Matsui(1993)以及 Rey(2001)分析了一种国际货币的交易媒介职能(即贸易结算),并指出市场厚度的外部性对于一种货币成为载体货币至关重要。[①] 其观点是,由于货币的网络外部性,各国趋向于使用单一货币进行贸易结算。理由是每个公司都有动力采用其他大多数公司所使用的货币,一旦货币得到充分而广泛的使用,其载体货币的作用就会自我强化。沿袭 Kindleberger(1981),Krugman(1984)将用货币进行贸易结算与用语言进行交流做了类比。他指出,使英语成为世界通用语言(lingua franca)的原因不是因为其简单或其内在美,而是因为其被广泛

---

① 载体货币定义为一种用于贸易计价但其发行国却不是交易双方之一的货币。

使用。随着一种语言被广泛使用,它对外来者也更有吸引力,因为可以用这种语言与世界上更多的人交流。类似地,如果其他公司已经在使用一种货币进行贸易结算,那么一家公司也更愿意使用这种货币。

当更多公司使用该货币计价时,网络外部性就会自我强化。换句话说,当更多公司使用该货币计价时,使用该货币的公司群体就会随之增加,因此对外界人士使用这种货币的吸引力也会增加。随着更多外界人士使用这种货币,使用该货币的公司群体也将进一步增加,滚雪球效应将应运而生。一个具有强大网络外部性的货币通常拥有比其他货币更大的竞争优势,包括交易成本更低、可兑换程度更高、金融资产交易更开放和金融服务更方便等。因此,一种货币市场厚度外部性的强度受到资本账户的开放程度、金融发展程度(即金融市场的深度、广度和流动性)以及发行国的经济规模的影响。

上述效应被称为外部性,因为当一个人使用一种货币作为交易媒介时,不仅自己从中受益,所有使用该货币的其他人也会因此受益,这是由于使用该货币的人员网络变得更大了。这就是所谓的"市场厚度的外部性",因为外部性源于货币的市场变得"更厚"的事实(即使用该货币的人数增加),因此也称为"网络外部性"。①

自我强化机制也适用于储备货币的采用。Chinn 和 Frankel(2007)发现官方储备货币的份额与发行国的 GDP 份额之间存在着统计学意义上的显著非线性正相关关系,亦称之为"临界点现象"。假设世界上有两种货币,领先(在位)货币(GDP 规模较大但保持不变)和挑战者货币(GDP 规模较小但持续增长)。临界点现象揭示,挑战者货币在官方储备中的份额是这种挑战者货币发行国 GDP 份额的凸函数。换句话说,由于自我强化机制(或者正反馈效应),挑战者货币发行国的 GDP 份额对其储备货币份额的正向影响随着 GDP 份额的增加而加速,并越来越接近并挑战领先货币,直至临界点出现。当挑战者货币发行国的 GDP 份额增加到超越临界点时,其储备货币份额将急剧增长,同时领先货币的份额则快速萎缩。

聚集效应: Bacchetta 和 van Wincoop(2005)以及 Goldberg 和 Tille(2008)分析了货币的"记账单位"职能(即贸易计价)。特别地,Goldberg 和

---

① 正(负)外部性是指一个人采取某种行动后溢出到社会其他地方的收益(成本)。

Tille 指出出口企业倾向于模仿在同一市场的竞争对手的计价货币选择，以便将其价格波动降到最低，从而实现利润最大化，这称为聚集效应，用于解释为什么全世界都用单一载体货币为石油等同质商品计价。Goldberg 和 Tille 指出，货币发行国的经济规模对货币的聚集效应非常重要，因为本地生产商在市场占主导地位，并且能以本国货币计价，因此，向该国销售商品的外国生产商希望限制其产品价格相对于当地生产商的产品价格的波动，外国生产商因此也倾向于使用该国货币作为计价货币。

其他因素：除了市场厚度的外部性和聚集效应外，其他学者，如 Swoboda（1968；1969）强调低交易成本的作用，指出一种货币的买卖价差是使用该货币进行金融交易的一个原因。

上述理论对人民币成为一种国际货币的前景有何启示？如上所述，国际货币的三种功能——记账单位、交易媒介和价值储存——是相互关联且相辅相成的。因此，决定人民币作为支付（即结算）货币使用的因素或多或少也将决定人民币在国际贸易和金融交易中作为计价货币以及在中央银行作为储备货币使用的因素。从上述理论中我们得知人民币国际化的前景主要取决于：(1) 中国资本账户的开放程度；(2) 中国金融的发展；(3) 中国 GDP 的世界占比；(4) 人民币汇率的稳定性。人们普遍预测中国的 GDP 份额将继续上升，甚至在未来某个时刻超越美国。过去二十多年的历史显示，人民币相对于美元和其他硬通货（如欧元、英镑和日元）的汇率一直保持着稳中有升的趋势。但是，中国的资本账户开放度和金融发展的进展却难以预测。本章的主题是讨论中国资本账户开放的历史、现状和未来，以及它如何影响人民币国际化的前景。第 6 章则讨论关于中国金融发展的类似话题。

直观地说，资本账户开放有利于货币国际化的原因是完全开放的资本账户意味着货币可以完全兑换，即资本可以在国际上自由流动。资本自由流动使本国和外国投资者能将资本自由地跨越国界以寻求更高的回报以及分散投资风险，这反过来会产生大量的外汇交易（即货币的市场厚度）从而降低货币买入和卖出的交易成本（买卖价差）。而交易成本的降低提升了该货币作为结算货币和计价货币的吸引力。资本流动的自由度也能增加该货币作为在岸和离岸价值储存的投资货币的吸引力。随着资本的自由流动，金融市场进一步发展(更广、更深和流动性更高的金融市场)将提升该货币作为投资货币的吸引力,这又进一步加强其作为计价货币和结算货币的吸引力。

中国更为开放和发达的金融市场相对于更大规模的 GDP 对人民币国际化的重要性多多少? 这个问题似乎难以回答。尽管如此,我们还是尝试用计量分析来定量地回答这个问题。第 8 章专门对这个问题进行详细的定量分析。我们的研究揭示,如果中国 2016 年的 GDP 规模增加到与美国相同的水平,而金融开放度和发展保持不变(其他国家的 GDP 和金融开放与发展程度以及其他一切条件都保持不变),人民币的国际支付份额仅从 1.6% 增加到 2.4% 左右。另外,如果中国 2016 年的金融开放和发展达到泰国的水平(中国应该可以达到)而其 GDP 保持不变,则人民币的国际支付份额将从1.6%增加到约4.2%。由此可见,2016 年将中国金融发展和开放程度提高到泰国的水平,其效果大约等同于 2016 年将中国的 GDP 规模提高到美国的 GDP 水平的 1.8 倍。尽管现实世界的情况要复杂得多,许多因素之间也存在相互影响,但这个粗略的假设性思想实验(counterfactual thought experiment)揭示,如果中国真的想让人民币成为国际货币或者甚至是东亚的区域货币,中国的金融发展和开放现状与发达国家相比还落后多少? 金融发展和开放比经济规模要重要多少? 无论理论上还是实证上都可以证明,资本账户开放和金融发展对人民币的国际化的作用是至关重要的。

本书涉及的一个重要问题是:中国是否应该仅仅因为想让人民币国际化就开放其资本账户? 这是一个有争议的议题。一些观察家、实践者和学者强烈主张推进人民币国际化,并将其作为推动资本账户开放和金融部门改革的工具,而人民币国际化成功必须要求资本账户开放和金融部门改革。他们认为,金融发展、资本账户开放、汇率自由化和利率市场化对中国下一阶段的发展至关重要,为此有必要利用人民币国际化来"倒逼"国内金融改革和开放。根据这一逻辑,他们进一步指出,中国不需要遵循市场化顺序的传统智慧,即金融部门改革要先于资本账户开放。相反,两套改革可以循序渐进、相互配合地同步推进,并以人民币国际化作为催化剂。[1] 同时,也有人认为人民币国际

---

[1] 参见 Ma, Jun, Xu Jiangang 等人 (2012)。

化不应成为中国追求的独立目标,而只应该被视为资本账户开放的自然结果,人民币国际化的程度应该放在中国经济发展的大背景下进行考量。① 后一类论者还指出正确的市场化顺序的重要性,即在金融部门发展成熟以前资本账户不应过度开放,中国的金融市场在达到与发达国家相似的发展水平以前还有很长的路要走。根据这一观点,人民币国际化以及与之相随的资本账户自由化应该从属于金融部门发展。尽管我对第二类论者的逻辑表示理解,但我实际上更倾向于第一类论者的观点,认为将人民币国际化作为推进国内资本账户开放和金融发展的工具更胜一筹。这是因为历史上外部承诺(即对世界其他地区更加开放的承诺)对促进中国开放非常有效,毫无疑问,中国在目前的发展阶段需要更加开放。

还有一个相关问题是,无论是否需要推进人民币国际化,资本账户开放对中国本身都有利吗? 为了回答这个问题,我接下来就要分析资本账户开放的好处和成本。

5.2.4 资本账户自由化的好处

资本账户开放相当于开放一个国家的金融资产的国际交易。广义的国际贸易对一个国家有很多好处。国家之间的贸易有三类收益。

1. 用一个国家的商品和服务换取另一个国家的商品和服务

这是同期交易。以比较优势和规模经济为基础,反映在经常账户的进口和出口的总量中。

2. 用一个国家的商品和服务换取另一个国家的金融资产(也就是未来支付的要求权)

这就是所谓的跨期交易。根据不同的收益投资到不同国家。投资收益的差异可能是由于跨期比较优势,也可能是由于跨期偏好产生的。在其他条件相同的情况下,那些具备相对于平均水平更高的生产投资机会(即其未来产出相对于当前产出更具比较优势)的国家,或者那些忍耐性相对于平均水平更低(即相对于未来消费更偏好于当前消费)的国家将成为净借款国,它们将是商品和服

---

① 参见 Yu(2012)。

务的净进口国以及金融资产的净出口国。这些国家的经常账户将出现逆差。

3. 用一个国家的金融资产换取另一个国家的金融资产

其动机是分散风险或分担风险。这类交易反映在一个国家资本账户资金流入和流出的总规模中。

资本账户自由化就是降低上述第二种和第三种交易的障碍。事实上，贸易收益超出了上述"静态"，而且贸易的"动态收益"比静态收益更为重要。贸易的动态收益可以有多种形式，但我在这里强调的是，今天面对外国企业或外国产品的竞争的国内企业是如何提高其明天的效率的？因为将国内企业置于外国竞争之下可以激励它们学习和创新以求得生存与获胜。原则上，这一原理对商品和服务的贸易以及金融资产的交易均适用。然而在现实中，一国开放其商品和服务贸易比开放其金融资产交易，尤其是短期资本流动的风险相对较小。换句话说，经常账户开放的风险比资本账户开放的风险小，原因是商品和服务市场与金融市场有天壤之别。我们接下来进一步对此做分析。

Kose，Prasad，Rogoff 和 Wei(2009)发现对外国公司开放金融市场有助于约束本国公司，并迫使它们通过竞争压力和模仿提高效率。首先，鉴于外国投资者有更多的经验和阅历，他们更善于挑选管理良好的公司、区分好公司和坏公司。因此，允许外国投资者进入本国能强化对好公司奖励和对差公司惩罚的市场机制。其次，银行等外国金融机构可以带来最先进的管理和技术，并提供最新的产品和服务——这将提高国内企业的效率，因为它们必须与外国企业竞争。同时，国内企业可以效仿和学习外国企业的做法。最后，引入外国公司持股可以使它们作为战略投资者提高公司的盈利能力，因为它们有动力提高公司的效率，比如管理、组织和公司治理。Prasad 和 Rajan(2008)发现，开放资本外流会给国内金融机构，如银行，带来竞争压力，因为这将促使它们提供与外国金融产品投资收益相当的金融产品以便吸引国内投资者留下来。

与资本账户开放相反的是资本管制，而资本管制可能带来许多问题。最主要的问题是，对国际交易施加苛刻的限制会导致资本的无效配置。这将降低 GDP 水平、GDP 增长和经济福利。此外，与任何政府干预的后果一样，资本管制可能滋生腐败。

应该指出的是，即使是那些主张资本账户开放的人也没有宣称向外国竞争者开放金融市场会自动改善金融部门的表现。首先,资本账户开放有利于经济发展需要某些先决条件,如良好的监管框架,包括一整套由有效执法部门和法院系统执行的法律,以及一整套有效的监管机构,如证券和期货委员会以及银行监管部门(参见 further, Prasad 和 Rajan, 2008)。其次,只有某些类型的资本流入是有建设性的。因此,发展中国家资本流入的构成影响资本账户开放的风险。例如,通过股权融资(即股权证券投资和股权直接投资)的资本流入的比例要足够地高于通过债务融资(即发行债券和银行贷款)的资本流入比例,从而降低违约的可能性。原因是股权融资的投资者在公司业绩出现波动时需要承担风险;而公司对债务融资投资者的支付承诺却不会因为公司业绩不佳而下降,这使得公司在业绩不佳时期会更加痛苦——痛苦到足以导致公司违约。因此,当一个国家开放资本流入时,有必要寻求债务融资与股权融资的最优比例,而这个最佳比例也许要经历试验和失败才能找到。

5.2.5 资本账户自由化的代价

即使在备受尊敬的经济学家中,资本账户开放也并非没有争议。例如,Dani Rodrik(1998),Jagdish Bhagwati(1998)和 Joseph Stiglitz(2000)都反对资本账户开放。他们认为发展中国家应该对资本流动保持或恢复管制,这样就能够在享受汇率稳定的同时保有行使货币政策的自主权。事实是,资本账户开放存在非同寻常的风险,特别是对于银行和金融部门不成熟的新兴经济体而言。1998年亚洲金融危机就是一个例证。一些亚洲经济体的资本账户开放使得外国资本由于这些经济体经济前景的变化而突然大规模撤出,引发对这些经济体货币的投机性攻击,触发国际收支危机和银行业危机,以及大面积的公司破产。事实上,中国为自己在亚洲金融危机中维持汇率稳定并成为危机期间的一股稳定力量感到骄傲。

Dani Rodrik(1998)在一篇题为"谁需要资本账户可兑换?"的论文中,以亚洲金融危机为例说明为什么资本账户开放对发展中国家弊大于利。他观察到,1996年五个亚洲经济体(韩国、印度尼西亚、马来西亚、泰国和菲律宾)收到了930亿美元的私人资本净流入。一年后的1997年,这些国家的资本净流出约为121亿美元。一年内发生1 050亿美元的反转,总量超过这些经济体

GDP总和的10%,给这些国家带来严重的经济灾难。即便像美国这样拥有强大金融机构的国家也未必能承受得住相对于其GDP如此大规模的冲击。

Rodrik(1998)认为,亚洲金融危机只是许多时不时袭击发展中国家的重大债务危机中的一个,如1982年的普遍发生于多个发展中国家的债务危机和1994—1995年的墨西哥危机。他指出,这些危机说明"有令人信服的案例证实维持对短期(国际)向外借款的控制或征税是合理的",并提出了支持对资本流动实施管制几个的论点:首先,资本账户开放会干扰控制通货膨胀和维持竞争性汇率水平的国内目标。其次,金融市场与商品和服务市场在几个维度上根本不同。例如:(1)信息不对称加上有道德风险(由于政府不明言的,但在需要时必会提供救助的保险效应),导致银行对高风险项目过度贷款;(2)短期负债和长期资产的错配使金融中介机构容易受到银行挤兑和金融恐慌的打击,这个问题在没有国际最后贷款人的跨境交易中尤为严重;(3)投资者都很短视,容易出现恐慌、羊群行为,并从一个市场传染到另一个市场。最后,Rodrik指出,他没有找到任何令人信服的证据表明资本账户开放与成功的经济表现之间存在关联。

Baghwati(1998)指出,国际货币基金组织在成立之初无意将资本账户可兑换作为会员国的一项义务,后来由于意识形态(即自由市场总是好的)和特殊利益(美国的金融机构和美国财政部),资本账户可兑换才朝着作为一项义务的方向发展。他认为短期资本流动是1994年墨西哥危机和1998年亚洲金融危机的罪魁祸首,总的来说资本账户开放的收益相当小。他指出,中国和日本均在没有资本账户可兑换的条件下实现了快速经济增长。此外,"二战"后西欧恢复繁荣也是在没有资本账户可兑换的情况下实现的。因此他得出结论,"证据的重量以及逻辑的力量都指向对资本流动实施限制"。

Stiglitz(2000年)发现,亚洲金融危机期间韩国和泰国的失业率增加了三到四倍,印度尼西亚甚至更多,韩国的实际工资下降了10%,泰国和印度尼西亚则下降了约四分之一。他将这些事情发生的原因归结为存在短期资本流动的负外部性,也就是短期资本持有者从短期资本流动中取得的个人益处远高于社会从短期资本流动中得到的益处。这个差别是因为短期资本流动潜在地造成整体经济不稳定效应,其对社会的损害远大于个人。短期资本流动负外部性的存在意味着一些形式的政府干预对其进行管制(如对短期资本流动征税)可以提升社会福利。因此,他反对全面资本账户开放。Stiglitz(2002)指出,鉴于东亚国家的高储蓄率,它们其实并不需要额外的外国资本,但资本账户自由化在20世纪80年代末和90年代初被硬推给这些国家。他认为这正是亚洲金融危机爆发最重要的原因。他指出,很少国家能够经受住投资者情绪化的突然变化所造成的、从大量资本流入突然逆转为大量资本流出。就泰国而言,1997年这种逆转的规模达到7.9%的GDP占比,1998年为GDP的12.3%,1999年上半年达到GDP的7%。

开放资本账户还有一个额外的代价就是汇率可能会变得更加不稳定,这是由于开放经济体"三元悖论"引起的。我们在第1章中提到了这个问题,但没有解释。本章将更详细地解释其理论基础。为了做到这一点,我们首先需要解释中央银行的资产负债表和无抛补利率平价。

5.3 开放型经济体"三元悖论"

5.3.1 简化的中央银行资产负债表

表5.3列出了简化的中央银行的资产负债表。

表5.3 简化的中央银行资产负债表

资 产	负 债
外汇储备 (例如,以外币计价的外国政府债券)	**流通中的货币(C)**
国内资产 (例如,以本币计价的本国政府债券)	**商业银行的存款准备金(R)**
其他资产 (例如,黄金与商业银行贷款)	**其他负债** (例如,其他政府部门的存款)

流通中的货币(C)与存入商业银行的存款准备金(R)之总和被称为货币基础。任何货币基础的增加都会提高经济中的货币供给量,因为银行系统中新创造的信贷量是货币基础增加的许多倍。假设资产和负债发生变化时中央银行的

净财富保持不变,资产负债表中资产方的任何变化必然伴随着负债方的等值变化。中央银行无论什么时候购买资产(或者是外汇储备或者是国内资产)都将通过发行货币来支付,因此向经济体注入了货币。被注入经济体的货币(通过增加流通中的货币量或者商业银行存款准备金)增加了货币基础。这一行为使中央银行资产负债表中的资产方和负债方等值增加,因此货币供给量也随之增加。反之,每当中央银行出售资产时,公众就会向中央银行支付资金,从而减少公众持有的货币量。这种行为使中央银行的资产负债表收缩,货币供给量因此减少。

5.3.2　无抛补利率平价

无抛补利率平价是指在资本自由流动下成立的市场均衡条件,因此,在资本管制较低的情况下,无抛补利率平价这个条件预期能够大致满足。该理论指出,在风险和流动性不变的情况下,当本币的定期存款和外币的定期存款两种投资的收益转换为同一种货币以后,本币的定期存款收益应该等于外币的定期存款预期收益。更确切地说,国内定期存款的利率等于国外定期存款的利率,加上外币相对于本币的预期升值率,再加上本币存款的风险兼流动性溢价(risk-cum-liquidity premium)。① 任何市场均衡条件的偏离都会导致套利,并将通过汇率调整恢复均衡市场条件。② 在上述讨论中,定期存款可以用任何安全的生息资产来代替,如政府债券。无抛补利率平价可以通过下列数学式来表达:

$$R = R^* + \hat{E^e} + \rho$$

其中,R 是国内定期存款(或政府债券)的利率;R^* 是国外定期存款(或政府债

---

① 由于不同货币的存款(或政府债券)其违约风险不同,因此存在风险溢价。例如,事实上发达国家的存款或政府债券的违约风险通常低于不发达国家。因为不同的货币具有不同的流动性,因此也存在流动性溢价。例如,人们通常认为美元是最具流动性的货币,因为很容易找到愿意用其他货币兑换美元的人。美元的流动性更强意味着即便以美元定价的定期存款(或政府债券)的预期回报率低于以其他货币定价的定期存款(或政府债券),如印度尼西亚卢比等,人们仍然更愿意持有美元。就我们目前的讨论而言,风险和流动性溢价可以假设为恒定的。
② 假设外汇风险(即汇率波动)在持有外汇中不发挥任何作用,我们隐含地假设持有外币的"投机动机"远比"对冲动机"重要,因为投机者被假设为风险中性(即外币持有人只关心预期价值而不关心汇率的方差),而套期保值者是风险厌恶者(即外币持有人尽量规避汇率波动)。可能还有其他因素会导致偏离无抛补利率平价条件。例如,Sarno,Valente 和 Leon(2006)认为,如果衡量单位超额风险回报的夏普比率(Sharpe ratio)太小就可能偏离无抛补利率平价条件,因为没有足够的套利激励使得套利行为的发生。如果夏普比率足够大,那么套利行为就开始发生,而无抛补利率平价条件就应该能够更好地解释现实。因此,夏普比率类似于反向交易成本。我们通过假设交易成本足够小来提取这个因素。

券)的利率;E^e 是外币相对于本币的预期升值率;ρ 是(不变的)本币存款的风险兼流动性溢价。①

简单地说,假设本币存款的风险与流动性溢价不仅是常数,而且是零(保持风险兼流动性溢价不变且不为零的假设不会改变分析结果,只会使分析更为复杂)。在固定汇率下,由于无抛补利率平价,外币存款的本币收益率(所有收益都兑换成本币)就只是外国利率,因为外币相对于本币的预期升值率为零(因为投资者预期未来的汇率不变)。因此,在固定汇率制度下中央银行的职责就是保持期限相同(即 1 年)的国内定期存款利率与国外定期存款利率相等。当国内存款利率低于国外存款利率时,本国中央银行就必须通过卖出外汇储备和买入本国货币来减少本国货币供给量,从而维持本国货币相对于外国货币的价值。货币供给量减少的同时也会使国内利率回升到对手国家的利率水平。

专栏 5.1 阐释了"三元悖论"的理论基础

专栏 5.1

开放型经济体"三元悖论"的理论基础

开放经济体的"三元悖论"指出货币政策自主权、汇率稳定和资本自由流动这三个"理想"的目标不可能同时实现,也就是说,任何时候三个目标只能同时实现两个(见图专栏 5.1A)。当然,不可能实现三个目标仅适用于每个目标都要求完美地实现的情形。事实上,如果其中一些目标

图专栏 **5.1A** 开放经济体的"三元悖论"

只是部分实现,那么三个目标分别都部分实现是可能的。另一种理解"三元悖论"的方式是,当保持其中一个目标(如汇率稳定)时,其他两个目标(即资本自由流动和货币政策自主权)之间就存在着权衡——如果你要更多地达到一个目标,那么你就不得不较少地达到另一个目标。

---

① 本方程是下列更为准确的方程的近似方程:$1+R=(1+R^*)(1+\hat{E}^e)(1+\rho)$,这里 R,R^*,$\hat{E}^e$ 和 ρ 全都很小(即小于 10%)。

现实世界中的一些例子可以清楚地说明"三元悖论"的有效性。中国香港采用货币局制度,这使得港币与美元挂钩,汇率固定在7.8港币＝1美元(允许汇率偏差为上下0.64%,即波动范围是7.75—7.85港币兑1美元)。同时,香港允许资本自由流动。根据"三元悖论",香港完全失去货币政策自主权,这确是事实。例如,在1997—1998年亚洲金融危机期间,香港金融管理局无法通过增加货币供给量来对抗经济衰退,因为履行固定汇率的承诺使香港金融管理局不能增加港币供给量,否则就相当于香港金融管理局在外汇市场上发行港币购买美元储备,这将导致港币相对于美元贬值。这将违背固定汇率制度的承诺。

理论基础

假设一个国家想保持固定汇率,现在有一个降低总需求的外生的负面需求冲击。通常这种冲击会降低GDP、降低利率、产生本币贬值的压力。为了稳定汇率,中央银行必须通过卖出外汇储备(中央银行自己拥有的外币资产)和买入本国货币来干预外汇市场。这样做的效果是减少流通中的本币数量或银行存放的储备数量。由于中央银行将本币撤出流通(或减少商业银行存放的储备金),其负债下降,因此货币供给量减少。减少货币供给量的目的是将利率保持在原有水平。如果中央银行要行使货币自主权,就必须在外汇干预后进行冲销干预(sterilized intervention),以保持货币供给量不变。为了进行冲销干预,央行必须购买国内资产(如政府债券)以增加货币供给量,使其恢复到以前的水平。然而这意味着国内利率会下降。如果资本自由流动使无抛补利率平价得到满足,鉴于固定汇率制度是所有参与者的共识且是市场信赖的,那么资本就会外流,因为外币存款的预期收益率高于本币存款。这种资本外流伴随着本国货币的卖出和外国货币的买入,会抵消中央银行对外汇市场的干预。为了遏制这种资本外流,政府必须做以下两件事中的其中一件:其一,是实行资本管制,使两种货币不能自由转换,因此资本就不能自由流动。在这种情况下,无抛补利率平价就不成立。其二,是放弃货币政策自主权,通过卖出国内资产(如政府债券)减少货币供给量,以便将利率恢复到原来水平。所以货币政策的自主权就不能实现。总而言之,为了在外生的负需求冲击下维持固定汇率,一国要么放弃资本自由流动,要么放弃货币政策自主权。

近年来,有一些实证研究对开放经济体的"三元悖论"的有效性提出了质疑。例如,Rey(2015)指出面对全球金融一体化,外围国家(美国以外的国家)面临的是二元悖论而非"三元悖论"。她指出,由于资产价格、资产总流量和杠杆率的跨国共同移动,形成了全球性的金融周期。基于她对全球金融周期的研究,她得到的结论是,当各国资本可以自由流动时,无论外围国家的汇率制度如何(固定汇率或浮动汇率),源自中心国家(即美国)的全球金融周期就会对外围国家的货币政策形成制约。因此,外围国家的政府面临着选择货币政策自主权和资本管制的二元悖论,而不是"三元悖论"。只有对资本账户实施直接或间接的管制时,独立的货币政策才有可能。Han 和 Wei(2018)发现了一些关于"2.5 元悖论"或介于二元悖论和"三元悖论"之间的实证证据。他们发现,外围国在没有资本管制的情况下,当中心国收紧货币政策时,灵活的汇率制度可以给货币政策提供一些自主性,但是当中心国放松其货币政策时,这一点却无法做到。另外,外围国在有资本管制的情况下,面对中心国家的货币政策冲击时,无论中心国家的货币政策冲击是紧缩性的还是放松性的,外围国都可以维持其自身货币政策的自主性。尽管有以上这些实证发现,我们仍然坚持认为"三元悖论"的基本思想在理论上是稳固的,也有充分的实证支持。"三元悖论"的一个含义是汇率比较灵活或资本流动有较强管制的国家,比汇率比较刚性和资本市场开放的国家有更大的空间去使用货币政策来应对来自外部的冲击。这一基本思想在经济学家中是没有很大争议的。

5.3.3 什么是冲销干预?

冲销干预是指中央银行在干预外汇市场以后买入或卖出国内资产。冲销干预改变了中央银行资产负债表资产方的规模,从而自动改变货币基础(资产负债表的负债方),乃至货币供给量。中央银行在外汇干预后进行冲销干预的目的是在不影响货币供给量的情况下影响汇率。然而实证证据揭示,当资本流动性比较高时,经过冲销干预后的外汇干预对汇率的影响通常不太有效,因为私营部门在外汇市场的套利活动会抵消中央银行外汇市场干预对汇率的影响。换句话说,当无抛补利率平价条件满足时(资本自由流动下套利是可能的),中央银行无法在不影响货币供给量的情况下影响汇率。相反,如果资本不能自由流动,中央银行就有可能在不影响货币供给量的前提下影响汇率。可见外汇市场冲销干预的无效性是证明开放经济体"三元悖论"的另一种方式,因为它揭示了当资本能自由流动和货币政策能自主的条件下汇率无法被控制(被固定)的事实。尽管如此,一些学者仍然认为经过冲销干预后的外汇干预仍然是有效的,因为它向市场发出了中央银行希望汇率朝哪个方向变动的信号,因此影响市场对汇率的未来预期。

5.3.4 为什么人民币国际化会使汇率波动性更高?

预期人民币汇率随着中国资本账户开放而更加不稳定是基于中国不会放弃任何货币政策自主权的假设,这个假设是非常合理的,因为中国是非常重视政策自主权的。根据开放经济体的"三元悖论",这就意味着只在资本自由流动性和汇率稳定之间产生权衡。当资本管制放松时,汇率将变得更加不稳定。

5.3.5 开放经济体"三元悖论"的证据

上述关于中央银行的资产负债表以及如何执行货币政策与冲销干预的描述是高度简化的,尤其是中国的例子。中国的货币政策执行很复杂,并且有很多种工具都能够影响货币供给。基于此,我们的简单模型是否能为中国的开放经济体"三元悖论"的有效性提供证据呢?答案是肯定的。事实上,Wu(2015)发现了相关证据,该证据基于这样的观察,即中国试图同时进行外汇市场干预和冲销干预来抵御资本流入对汇率稳定的影响,但却无法同时获得汇率稳定和货币政策自主权。换句话说,冲销干预不可能完全成功——资本流入后进行外汇市场干预以维持汇率稳定,即使进行冲销干预也将牺牲货币政策自主性。

除此以外,我们进行了简单的统计分析后发现,资本流动性在某个月的增加与该月、一个月以后和两个月以后汇率波动率的增加显著正相关。在每种情况下的相关系数都显著不等于零。这表明,如果在某个月资本管制放松,那么汇率就倾向于在该月、一个月以后和两个月以后变得更加波动。这与上述Wu(2015)的发现是一致的,即资本流动性增加导致中央银行进行干预,但并不能完全阻断资本流动对汇率波动产生的正向影响,因为央行试图控制货币供给量。我们运用的数据是2010年1月至2018年1月的月度资本流动总规模(测度资本流动性)和月度汇率波动率数据。月度资本流动总规模被定义为中国国际收支账户中金融账户在一个月内资产的绝对值变化和负债的绝对值变化之和。月度汇率波动率定义为一个月内每日汇率的自然对数的一阶差分的标准差。具体分析细节请读者参考本章附录。

如第 2 章的解释,中国担心汇率贬值的预期会导致资本外流,因此一直抗拒浮动汇率。正是这种对汇率不稳定性的恐惧导致了资本管制政策的摇摆:市场汇率相对稳定时,资本管制比较宽松;当市场汇率因人民币贬值预期而出现不稳定迹象时,资本管制又比较严格。这在 2015 年 8 月 11 日人民币汇率制度改革后发生的一系列事件中得到了印证,当时央行在面对人民币贬值的市场预期时加强资本管制。此类政策摇摆可以用开放经济体的"三元悖论"来解释:为了维持货币政策自主权,必须在汇率相对波动时加强资本管制以稳定汇率;但在汇率相对波动较小时,放松资本管制就没什么问题。

在第 4 章中,我们记录了中国随着时间推移而放松资本管制的各种方案。以下是放松资本管制的主要事件的时间表。

5.4　中国放松资本管制的时间表

1996 年 12 月 1 日,中国接受了国际货币基金组织协定条款中关于经常账户可兑换的第八条义务。

由于亚洲金融危机,中国从 2001 年开始与一些国家签订双边货币互换协议,包括泰国、日本、韩国和马来西亚。

2002 年,QFII 方案开始实施。

2003 年 10 月,中国共产党十六届三中全会作出深化经济体制改革的战略部署,明确提出完善人民币汇率形成机制,逐步实现资本项目可兑换。

2004 年 2 月,中银(香港)(BOCHK)作为中国香港唯一的离岸人民币业务清算行,开始为香港的一些参与行提供有关存款、兑换、汇款和银行卡的人民币清算服务。

2005 年 10 月,第一笔熊猫债券(panda bond)(即由非中国实体在岸发行的以人民币计价的债券)发行,这是国际机构首次被允许发行以人民币计价的在岸债务工具。

2006年,合格的境内机构投资者(QDII)方案开始实施。

2007年,第一只点心债券在香港发行,这是在中国内地以外发行的、以人民币计价的债券。

从2009年开始,为了推进人民币的国际化,中国与其他国家和地区的中央银行和货币当局签订了双边货币互换协议。

2009年7月1日,人民银行等六部门联合发布《跨境贸易人民币结算试点管理办法》,允许指定的、有条件的企业在自愿的基础上以人民币进行跨境贸易结算,支持商业银行为企业提供跨境贸易人民币结算服务。

2011年1月,获批的中国内地企业可以用人民币进行对外直接投资ODI。

2011年,RQFII方案开始实施。

2014年,推出沪港通。

2014年,中国政府正式宣布开始推动人民币国际化。

2016年10月1日,人民币被纳入SDR的货币篮子。

2016年,推出深港通。

2017年,债券通开始实施。

2018年5月1日,沪港通和深港通的北向和南向每日配额翻番。

2019年6月17日,沪伦通正式启动。

2020年9月25日,国家外汇管理局宣布将于2020年11月1日合并QFII和RQFII并提供更多投资选择,因为这些方案的优势已经被沪港通、深港通和债券通等方案的成功所削弱。

关于中国资本账户开放的一条令人鼓舞的消息是近年来外资已经加速持有中国的股票和债券所有权。根据Lardy和Huang(2020),"中国股票和债券的外资所有权稳步增加体现了中国正在深入融入全球金融市场。2013年底,外国人持有中国的股票和债券总额为7 440亿元人民币。到2020年第一季度末,这数字已经增长到4.2万亿元人民币"。

5.5 为什么现在要推进人民币国际化?

经济学家们普遍认为,金融市场开放应该先于资本账户开放,因为拥有较强金融体系的经济体比金融体系较薄弱的经济体更能较好地应对短期资本流动的突然逆转。有强大金融体系的经济体其银行有更好的风险管理，受到更完善的监管（比如有更高的资本要求），有更好的存款保险，国家也会有一套更好的破产法能以公平的方式处理破产的公司。由于中国没有强大的金融体系，所以在开放资本账户时应该非常谨慎。既然资本账户开放在中国现在的发展阶段有很多相关风险，为什么中国政府还要推动人民币国际化？这个问题的答案是：第一个原因是，人民币国际化是中国人民的共同目标，因为中国人民觉得像中国这样的伟大国家应该拥有一个国际认可的、用来进行贸易和投资的货币。第二个原因，就是利用获得国际认可所需的外部承诺作为迫使国内改革的压力。这一原理在当前案例的应用就是人民币国际化需要资本账户开放，这反过来对金融部门改革施加了压力（即"倒逼"）。在当前环境下意味着向外国提供承诺或寻求外部认可产生了压力，而这种压力又会迫使国内进行改革。对于第二个动机持有信念的人实际上对金融部门改革比对人民币国际化更感兴趣。根据这一思路，资本账户开放成为促进改革的必要工具。这种情况发生的机制是，资本账户开放将引进外国竞争，而外国竞争将带来约束国内银行、激励效率提升以及获得重视利润动机的外国公司和战略伙伴的技术溢出等一系列益处。第三个原因我们之前提过，是中国希望独立于美国和以美元为中心的国际货币体系以及美国主导的国际支付体系。我们将在第7章详细讨论国际支付系统。

为什么金融部门的市场化在这个时刻如此重要？这是因为资本错配是阻碍经济进一步快速增长的核心问题，而资本错配是由没有充分市场化的低效率金融体系造成的。贷款利率一直低于市场利率，而且存在偏向国有企业的信贷配给。国有企业获得资本优先权，而私营中小企业在目前发展阶段是中国经济增长和创新的主要动力。在金融抑制下，为保障大型国有银行的利润而压低存款利率，这会对中小企业造成伤害，因为国有银行因利润受保障而没有动力贷款给中小企业，即使它们可以向中小企业收取比国有企业或大型私人公司更高的利率以补偿它们的贷款风险。

从历史上看，中国使用"倒逼"来促进国内改革的做法非常普遍。我举几个例子。第一个例子是，一个国家或地区加入世贸组织就必须承诺遵守关税约束表(schedule of tariff bindings)(即承诺每个部门的关税率不高于某一水平),向世贸组织所有其他成员提供最惠国待遇(即给予全部成员相同的待遇),取消进口配额和出口补贴,并给予世贸组织所有成员国民待遇(即承诺给予其他成员方公司与本国公司相同的待遇)。自2001年加入世界贸易组织以来,中国为外国公司提供了进入国内市场的机遇,同时,这些公司也为中国企业带来了竞争压力,迫使它们为了生存而变得更加高效和创新。

"倒逼"的第二个例子是,为了被纳入特别提款权的货币篮子,人民币就必须可自由使用,其汇率也必须由市场决定。为了实现这一目标,中国逐步放开资本账户,鼓励人民币贸易结算,向外国投资者开放国内资本市场,并允许人民币汇率依据市场力量更自由地浮动。2016年10月1日,人民币被正式纳入SDR货币篮子。五种SDR货币篮子中的货币权重分别为美元41.7%、欧元30.9%、人民币10.9%、日元8.3%、英镑8.1%。周小川将人民币被纳入SDR篮子作为中国的一项成就。特别提款权是一种账面货币,用于暂时借给国际货币基金组织成员国以缓解其国际收支问题。被纳入SDR篮子并不意味着人民币更经常地被用于国际商务。然而人民币纳入SDR篮子的道路,迫使中国放开金融市场和资本账户,因为中国必须采取措施来满足国际货币基金组织的可自由使用标准。

然而使用"倒逼"来迫使国内金融部门改革必须谨慎行进,因为脆弱的金融系统无法应对大规模的短期资本流动,而在金融系统足够强大之前资本账户的过度开放可能会带来短期资本的大规模流动。资本账户和金融体系应该同步开放,但是要以渐进和互动的方式进行,以便发挥两种市场化之间的协同作用。事实上,这或多或少也是周小川的观点,他在2017年10月接受中国在线商业杂志《财经》的采访时指出:"对外开放、汇率制度改革和放松外汇管制要整体推进。不管这三项改革各自速度如何,总体方向是三项改革整体往前走。为了实施这一方法,必须注意机会窗口。当推进一项改革的机会窗口到来时,可以加快推进,而如果其他一项(或两项)改革的机会窗口尚未到来,就允许它们放慢速度。"

不难想象人民币国际化可以作为这一改革战略的催化剂。

渐进式推进方法的理论基础是资本账户开放和金融市场化之间存在正

反馈：更加开放的资本账户迫使金融部门更加市场化，而更加市场化的金融部门又使资本账户进一步开放变得更可行。此外，资本账户开放不能过于领先于金融部门市场化，否则金融系统就无法承受短期资本流动造成的利率和汇率波动。这也解释了为什么这两类改革应该以渐进和互动的方式同步进行。

资本账户开放如何能迫使金融部门市场化？其机制如下：资本账户开放意味着货币必须在资本账户下基本可兑换，资本账户可兑换就要求资本流动性足够高；资本流动性高就要求国内利率由市场决定；利率市场化就要求银行系统富有竞争力而且稳健；稳健而富有竞争力的银行系统要求：（1）银行系统必须有一整套类似于发达国家的监管和保障金融安全的措施；（2）不应该要求商业银行向国有企业提供政策性贷款。一整套银行的保障措施通常包括存款保险、准备金要求、资本金要求和资产限制、银行审查、中央银行作为最后的贷款人，可能还有一套宏观审慎措施来控制短期资本流动。

更加市场化的金融部门如何使资本账户进一步开放变得可实行？这仅仅是因为稳健的金融体系可以更好地承受短期资本流动，包括利率变动和汇率波动造成的影响。

因此，在上述两种效应的相互作用下，资本账户逐渐变得更开放，金融市场逐渐变得更成熟，这些都为人民币更加国际化创造了条件。

由于开放经济体的"三元悖论"，随着中国资本账户开放，如果想保留货币政策自主权就必须容忍更高的汇率波动。这意味着必须作出政策上的改变，允许汇率更加灵活，包括允许市场发挥更大作用以及减少中央银行干预。或者，如果想维持一定程度的汇率稳定，就可能要在牺牲一些货币政策的自主权或者采取酌情决定的措施来限制资本流动之间作出权衡。而后者将对人民币国际化带来伤害。

5.6 结论

中国资本账户开放会产生很多益处：静态收益包括参与国际借贷和让投资组合多元化；动态收益包括对外国参与者和竞争者开放金融市场以及允许

国内居民到国外投资而带来的经济效益。中国的资本账户过于封闭,正摸索着逐步开放。随着人民币资本账户开放,由于开放经济体"三元悖论",中国必须接受更高的汇率波动。金融部门应该通过建立稳健的银行和金融体系来为汇率波动做好准备。因此,原则上金融部门的改革应该在资本账户开放之前进行。然而正如周小川所建议的那样,中国的特殊情况证明金融部门市场化和资本账户开放有必要以渐进和互动的方式同步推进。在本章的前面我提出了一个问题:无论是否推动人民币国际化,资本账户开放本身是否有利于中国发展?我的答案是肯定的。中国的资本账户过于封闭,需要开放,但需要与进一步金融发展结合起来。在逐步开放资本账户的同时逐步改革金融部门,并利用两者之间的协同作用促进中国经济的发展,而无论是否需要推动人民币国际化。

所有关于资本账户开放的这些讨论的结论是什么?答案是资本账户应该进一步开放(与金融部门市场化同步进行),但是中国应该有一个最佳资本账户开放度,而且这个最佳程度应该随着金融市场成熟而提高。此外,即便金融市场变得更为成熟,短期资本流动仍应受到限制,资本账户仍不应该过分开放。然而对短期资本流动或任何其他形式的资本管制应该基于规则而不应该基于行政手段,并且规则及其执行都应该透明以便市场参与者可以在一套公平的法律和规则下制定其投资计划。例如,短期资本流入/流出可以通过"托宾税"(Tobin tax)(Tobin, 1982)来控制,这税项应通过法律而不是由行政措施制定的,而且要在一段时间内相对稳定,被公开宣布并被公开执行。

然而,中国资本账户开放的近期历史揭示一个经常出现的问题:主管部门在资本账户开放的每一步都会引入一些附带条件,以便为主管部门留出在它们认为有必要实施行政干预时的操作空间。这种做法的结果是资本流动不是受规则约束,而是受行政手段约束。行政手段容易滋生腐败,缺乏对资本流动的承诺损害了资本账户开放。这样推进资本账户开放的做法,其原因之一可能是货币当局担心汇率波动。开放经济体的"三元悖论"表明,一旦货币当局过度关注汇率稳定就必然很难摒弃用行政手段实施资本管制的做法。其后果是当市场汇率相对稳定时,资本管制就会变得宽松;当市场汇率出现不稳定的迹象时,资本管制就会变得严格。由于政策存在不确定性,政策摇摆阻碍了人民币国际化。

为了克服政府不能对资本自由流动作出承诺的问题,借助外部力量可能会有所帮助。在中国目前需要进一步推进资本账户开放和金融市场改革的发展阶段,人民币国际化有助于促进这两项改革,因为人民币国际化所需的外部承诺可以产生有助于推动这两项改革的压力。

第5章附录　中国的开放经济体"三元悖论"的证据

未经移动均值调整

未经移动均值调整,如表附录5.1和图附录5.1所示。

表附录5.1　"三元悖论"的验证:用未经移动均值调整算出来的结果

相 关 系 数	无滞后	1期滞后	2期滞后
2010年1月—2018年6月	0.306 9	0.296 8	0.343 5
p-值	0.001 7***	0.002 6***	0.000 5***

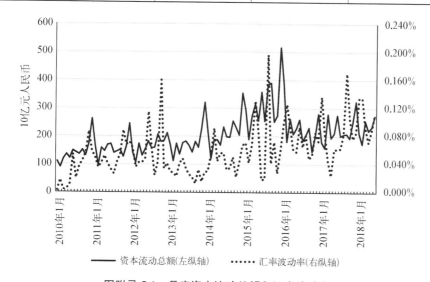

图附录5.1　月度资本流动总额和汇率波动率

三个月移动均值

三个月移动均值,如表附录5.2和图附录5.2所示。

表附录5.2 "三元悖论"的验证:用三个月移动均值算出来的结果

相 关 系 数	无滞后	1期滞后	2期滞后
2010年1月—2018年6月	0.465 6	0.483 1	0.506 3
p-值	0.000 0***	0.000 0***	0.000 0***

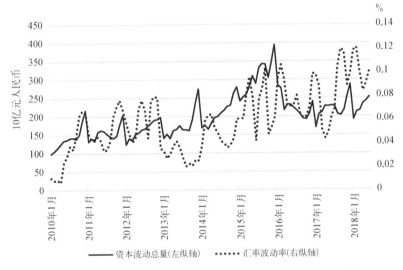

图附录5.2 月度资本流动总额和汇率波动率(三个月移动均值)

五个月移动均值

五个月移动均值,如表附录5.3和图附录5.3所示。

表附录5.3 "三元悖论"的验证:用五个月移动均值算出来的结果

相 关 系 数	无滞后	1期滞后	2期滞后
2010年1月—2018年6月	0.473 4	0.500 6	0.522 6
p-值	0.000 0***	0.000 0***	0.000 0***

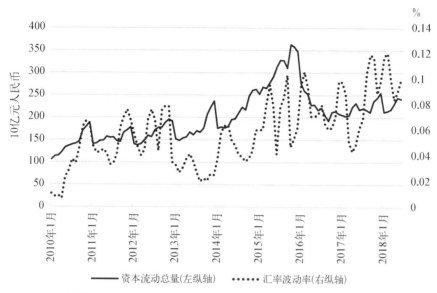

图附录 5.3　月度资本流动总额和汇率波动率（五个月移动均值）

变量的定义

资本流动性：中国国际收支账户金融账户中（依据国际货币基金组织的定义）一个月内资产的绝对变化和负债的绝对变化之和。汇率波动率：一个月内每日汇率的自然对数的一阶差分的标准差。

"滞后"的定义

我们将"滞后相关"解释为"资本流动率与滞后的汇率波动率之间的相关性"。因此，在上表中："1 期滞后"表示每个月的资本流动总量与下一个月的汇率波动率之间的相关系数（例如，2010 年 1 月的资本流动总额与 2010 年第 2 月的汇率波动率）。"2 期滞后"表示每个月的资本流动总量与两个月后的汇率波动率之间的相关系数（例如，2010 年 1 月的资本流动总额与 2010 年 3 月的汇率波动率）。

结果解读

从上表可以清楚地看出资本流动与同期、1 期滞后和 2 期滞后的汇率波动非常显著地相关。在每一种情况下相关系数都显著不为零（全部 p-值都小于 0.01）。我们把这个结果解释为中国存在开放经济体"三元悖论"的支持证据。

第 6 章
金融部门改革的重要性

　　金融市场可能是一个经济体最重要的市场，因为它负责配置资本，对整体经济的经济效率产生最重要的影响。金融市场的功能是将储蓄资金从储蓄盈余的经济单位有效地分配给最终用户，即储蓄赤字的经济单位，用于投资实物资产（也称为资本形成）或消费。储蓄盈余单位通常是家庭。而资金的最终使用者通常是公司（尽管在房地产抵押贷款的情况下也可以是家庭），它们将资金用于资本形成。储蓄盈余单位是最终贷款人，而最终使用者是最终借款人。金融市场由金融中介组成，他们从最终借款人那里购买直接债权，并将间接债权卖给最终贷款人。金融中介通过将直接债权转换为间接债权为社会提供多种服务，如降低最终借款人和最终贷款人之间的交易成本，为最终贷款人提供信息，将最终贷款人（通常是家庭）的短期或小面值贷款转化为最终借款人（通常是公司）的长期或大面值贷款。不同金融中介提供不同种类的金融产品，以适应不同类型最终贷款人和最终借款人的需求。金融中介包括商业银行、投资银行、保险公司、共同基金、养老基金以及其他资产管理公司等机构。根据期限划分，金融市场可以分为货币市场（短期金融工具——期限从隔夜到一年）和资本市场（长期金融工具——期限超过一年）。货币市场主要用于满足因不确定因素而产生的短期资金需求。而资本市场的产品期限较长，其借贷主要用于实际资产的投资（也就是资本形成）。金融市场包括债务工具（如不管企业财务状况如何都需要支付固定利息的债券和银行存款）和股权工具（如支付取决于企业的财务状况的股票）市场。

　　随着金融市场的成熟，更多金融产品被开发出来，以提供预期收益率、风险、到期期限和流动性的多样化选择。此外,随着金融市场的发展,更多类型的金融机构也将涌现出来。因此,金融市场越成熟,金融产品种类就越丰富,金融机构类型也越多。这反过来会促进该经济体形成更大规模的总储蓄和总资本,并且更有效地将资本从储蓄者配置给最终使用者。因此,成熟的金融市场更宽广(金融资产种类更多)、更深(每一类金融资产的交易量更大),流动性也更强(由于更容易找到买家,因此每一种金融资产更易于转换成现金)。此外,发达的金融市场应该始终为金融企业提供持续创新的激励,既能开发新的金融产品,又能产生新的金融中介机构,以满足储蓄者和借款人不断变化的需求。持续创新对于保持金融市场配置资源的效率至关重要。总而言之,在充分监管的情况下,金融市场越自由,在任何时候就能更有效地配置资源(这称之为"静态效率"),并为新金融产品和新金融机构的诞生提供激励,以满足不断变化的社会需求(这被称为"动态效率")。实证文献早已提供了相当有说服力的证据,证实金融发展对经济增长具有积极的正面影响(参见 King 和 Levine,1993)。

为了理解中国目前的金融发展水平,我们必须从历史的角度来看中国金融市场的状况:首先,中国仍然是一个发展中国家,其发展起步比发达国家晚。其次,1949—1978 年,中国基本上处于计划经济体制,国民经济由国有企业主导。最后,金融发展比经济中任何其他市场的发展更取决于合约的执行、法治、信息自由流动、自由市场和政府制衡机制等,这仅仅列举了几项。作为有多年计划经济体制历史的发展中国家,中国在金融发展方面有沉重的历史包袱。鉴于以上原因,中国的金融市场非常不发达。例如,上海证券交易所和深圳证券交易所 1990 年才成立,而东京证券交易所(Tokyo Stock Exchange)在第二次世界大战后的 1949 年就重新开放了。中国银行间债券市场到 1997 年才由中国人民银行启动,并且在 2015 年以前几乎没有什么重要发展。而日本债券市场大约在 20 世纪 80 年代中期就已经起飞了。中国人民保险公司直到 1980 年才成为第一家恢复营业的经营性保险公司。它最初作为中国人民银行的子公司在运营,直到 1984 年才转型为独立的国有企业,但依然保持向中国人民银行的汇报义务。

中国的金融发展水平如何? 回答这个问题可以参考图 6.1 由国际货币基金组织发布的 1996—2018 年各国金融发展指数。该图将中国的金融发展与其他国家进行比较。可以看到,截至2018年,中国的金融发展水平低于美国、日本,甚至泰国,但高于印度和印度尼西亚。考虑到上面讨论过的中国金融发展的历史,这在我们的意料之中。金融发展指数综合考虑了金融机构和金融市场的发展。其中,金融机构包括银行、保险公司、共同基金和养老基金等。而金融市场则包括股票市场和债券市场。根据构建该指数的国际货币基金组织定义,金融发展是指对金融机构和金融市场的"深度"(即市场的规模和流动性)、使用便利性(即个人和公司能获得金融服务的便利性)和效率(即金融机构提供低成本和可持续收入的金融服务的能力,以及资本市场的活动规模)的综合评估"。

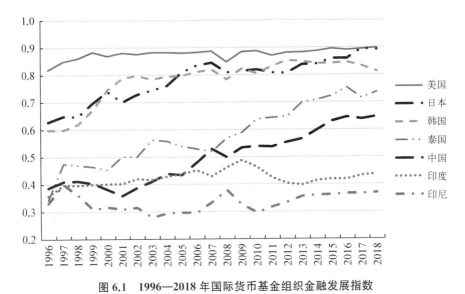

图6.1　1996—2018年国际货币基金组织金融发展指数

资料来源:国际货币基金组织金融发展指数的数据库,http://data.imf.org/?sk=F8032E80-B36C-43B1-AC26-493C5B1CD33B。

这种对金融发展实施宽泛而多维度的定义方法,沿袭了 Čihák 等人(2012)开发的金融系统特征矩阵(matrix of financial system characteristics),该指数的覆盖面非常全面。[①] 表6.1更详细地描述了用于计算金融机构和金融市场发展的子指数的变量,然后将其加总后生成金融发展指数。

---

① 另参见 Svirydzenka(2016)。

表 6.1 用于计算金融发展指数的变量

分类	指标
金融机构	
深度	私营部门的信贷占 GDP 的比例
	养老基金资产占 GDP 的比例
	共同基金资产占 GDP 的比例
	保险费（包括人寿保险和非人寿保险）占 GDP 的比例
使用便利性	银行网点数,每 10 万成年人
	自动取款机数量,每 10 万成年人
效率	净息差
	贷款-存款利差
	非利息收入占总收入的比例
	间接成本占总资产的比例
	资产收益率
	股权收益率
金融市场	
深度	股票市场市值占 GDP 比例
	股票交易量占与 GDP 比例
	政府发行的国际债务证券占 GDP 比例
	非金融公司发行的债务证券总额占 GDP 比例
	非金融公司发行的债务证券总额占 GDP 比例
使用便利性	除了排名前 10 的大公司以外的公司市值的百分比
	债务发行人总数（国内和国外,非金融和金融公司）
效率	股票市场交易率（股票交易总市值）

资料来源：Svirydzenka(2016)。

6.1　为什么金融发展是人民币国际化的必要条件？

中国的金融发展将带来更宽、更深、流动性更高的金融市场。正如更成熟的国内金融市场将提高通过金融机构作为中介的国内金融交易量一样，更发达的中国国际金融市场将增加流入流出中国的资金量。由于这些资金流涉及将人民币兑换成外币，或者将外币兑换成人民币，因此人民币的外汇交易份额会增加。一旦外汇市场上更多人民币买卖，找到人民币的买家或卖家就更容易（即更便宜和更快）。这又可以反过来增加人民币在外汇市场上的流动性、降低交易成本、提升人民币使用的便利性。使用人民币的人越多，就越容易找到人民币的买家和卖家，促进更多人使用人民币，从而更容易找到人民币的买家和卖家，因此存在正反馈（或滚雪球）效应，经济学称之为网络外部性效应，在国际贸易计价货币文献中也被称为市场厚度的外部性。需要强调的是，为了使中国金融发展有效地提高人民币市场厚度的外部性，资本账户的可兑换性也必须要随之提高。否则，外国人将不容易买卖中国的金融资产，货币也不方便进出中国。这意味着，如果缺乏资本流动自由度，人民币交易量的增加和人民币在外汇市场兑换便利性的提高也将受到限制。可见，在促进人民币国际化的问题上，金融市场发展和资本账户自由化是相辅相成的。

金融市场由许多参与者组成，包括商业银行、投资银行、保险公司、共同基金、养老基金以及其他资产管理公司等。从广义上说，经济单位可以通过贷款和债券进行借贷。贷款主要由银行系统提供中介；债券则由债券市场提供中介。发展中国家的债券市场通常不是很发达。股票市场则经常受到内幕交易、公司治理不善，甚至政府干预等问题的困扰。这些国家主要依靠银行系统来配置资本。然而金融市场要进一步发展，就必须发展债券市场以及运作良好的股票市场。只有健康发展的债券市场和股票市场才能为国内外投资者提供大量金融产品。只有当债券市场和股票市场是自由的、有效率的、监管到位的，并且合约执行有力的，众多投资者才会愿意在金融产品上投入大量资金。也只有这样，金融市场才有足够的广度、深度和流动性，吸引外国人大量持有以人民币计价的资产，从而支持人民币成为真正的国际货币。

在本章的余下部分，我将讨论中国的银行系统和金融抑制、金融部门市场化的风险、金融监管的重要性、债券市场、股票市场以及近年来金融市场对外国人的开放。我将讨论中国已经取得的成就以及需要继续努力做的工作。我还将解释为什么中国的金融部门改革会如此困难。

6.2 中国的银行体系和金融抑制

银行系统是中国发展过程中重要的金融机构，尤其在经济发展的初始阶段。在这个体系中，低存款利率，让信贷可以通过优惠贷款利率供应给国有企业用于投资。对于发展初期缺乏资本的国家而言，这可能是一个有利的经济政策。实际上，这也是一个金融抑制的经典例子（McKinnon，1973）。其理论基础是，金融抑制能带来快速工业化，从而实现更快经济增长。而政府在其目标函数中给经济增长赋予很高权重。金融抑制现象不仅发生在像中国这样的社会主义国家，也发生在像韩国那样的非社会主义国家的早期发展阶段。中国的金融抑制与向国有企业输送廉价信贷密切相关，因为国有企业在国民经济中占有特殊地位，中国取消金融抑制相比于其他国家更加困难。

然而，到经济发展后期，中国的金融抑制使静态和动态的资源配置都变得缺乏效率。金融抑制扭曲了金融市场利率。信贷分配优惠国有企业而不利于非国有企业，导致资本错配。由于缺乏竞争，金融部门效率低下。缺乏运作良好和经济高效的金融体，就无法形成深入、广泛和流动强的金融市场，从而不利于推进人民币国际化。同时，由于许多国有企业能够以低的利率获得信贷，因此缺乏追求最佳国际标准的动力，因此银行部门和国有部门需要同步改革。然而，淘汰效率低下的国有企业带来的不利影响，已经成为阻挠利率和银行部门改革的严重阻碍。无论如何，尽管有很多障碍，金融部门的改革仍在持续进行，因为政府意识到如果要保持高增长，除了改革别无选择。这些改革措施包括利率改革、继续发展在岸债券市场，以及逐步允许外国金融机构以多数所有权进行在岸经营。

银行部门的金融抑制包括利率管制、信贷分配控制、主要银行由国家拥有，以及准入壁垒。利率管制是金融抑制的第一个，也是最重要的特点，是1978年以前计划经济的遗留问题。1978年改革开放后，利率管制仍然存在。中华人民共和国成立后，在利率管制的第一阶段，即1949—1998年，中国人民银行要求银行严格遵守其制定的基准存款和贷款利率。1998年后，除了基准贷款利率，还设定了贷款利率的上限和下限。随后，贷款利率的上下限逐渐放宽，直到2004年取消上限，2013年取消下限。1998年以后，除了设定基准存款利率，还设定了存款利率的上限和下限，并且被逐渐放宽，直到2004年取消下限，2015年取消上限。然而，截至2020年8月，基准贷款和存款利率仍未取消。尽管如此，2019年8月推行了一项贷款利率市场化改革，要求所有贷款利率参考更为市场化的贷款市场报价利率（loan prime rate，LPR），而不是随市场情况缓慢变化的基准贷款利率，因而削弱了基准贷款利率的重要性。本章后面将详细讨论以市场为基础的贷款市场报价利率改革。然而，迄今银行在决定存款利率时的自律仍然主导着市场。简而言之，利率在很大程度上仍然不由市场决定。

金融抑制的第二个特点是国家所有权占主导地位和高准入壁垒的存在。中国最大的四家银行（即"四大行"）均为国有银行，它们是中国工商银行、中国银行、中国建设银行和中国农业银行。截至2017年12月，仅"四大行"就拥有35％左右的银行业总资产，并持有40％左右的全国总存款。[①]

金融抑制的第三个特点是控制信贷分配向国有企业倾斜。例如，在2012年，尽管国有企业（国家持有控股权的企业）经济附加值的份额只有35％左右，却获得了48％的银行信贷。事实上，这一比例并没有随时间的推移而下降。

---

① 资料来源：中国银监会，中国工商银行，中国银行，中国建设银行，中国农业银行（http://www.cbrc.gov.cn/chinese/home/docView/44E986F2C2344E508456A3D07BC885B6.html；http://v.icbc.com.cn/userfiles/Resources/ICBCLTD/download/2018/720180423.pdf；http://pic.bankofchina.com/bocappd/report/201803/P020180329593657417394.pdf；http://www.ccb.com/en/newinvestor/upload/20180817_1534487897/20180817143224827527.pdf；http://www.abchina.com/en/investor-relations/performance-reports/annual-reports/201803/P020180428379127252057.pdf）。

2016 年,国有企业获得的银行信贷上升至 54%。[①]

总的来说,金融抑制是指经济体中的某些群体或公司在国内信贷市场的借款处于严重不利地位的现象。一般是政府干预金融市场的资金分配以实现某些经济或非经济目标而导致的。这些政策可以包括利率管制、定向贷款、对银行存款的高准备金要求以及资本流动限制。金融抑制常常与政府和银行(比如国有银行)之间的紧密联系一同出现,并广泛存在于发展中国家和各转型经济体(McKinnon,1973)。金融抑制的后果之一就是产生特权部门和非特权部门,前者可以获得廉价信贷,而后者的信贷则配给不足(Lu 和 Yao,2009)。

在中华人民共和国成立的前三十年,即 1949—1978 年,金融抑制政策被用于促进计划经济下的重工业发展。有限的国内投资机会以及对资本外流的严格管制刺激消费者将储蓄存入国有银行。存款以较低的利率支付,然后再以较低的利率借给国有企业。官方(基准)存款利率和贷款利率持续保持在低于市场决定的水平,这导致了银行部门的信贷配给现象,也就是国有企业在信贷市场上享有配给优先权,而非国有企业则处于不利地位。1978 年改革开放后,信贷配给政策继续被执行,成为银行向国有企业输送便宜资金的主要渠道。

产生金融抑制的政策通常是低效率的,因为金融抑制政策会扭曲金融市场。然而,有一派经济学家认为政府干预金融系统(如信贷配给)实际上可能可以提高经济福利,因为金融市场可能由于信息不完全而存在严重市场失灵(Stiglitz 和 Weiss,1981;Stiglitz,1994)。另一学派却认为,随着国家发展,信息不完全造成的市场失灵可能会减小,而市场扭曲导致经济效率低落将取而代之成为主导因素。他们认为,导致金融抑制的政策对经济福利或经济增长的影响与经济发展阶段之间的关系可能是非单调的。即当国家相对不发达时,金融抑制可能是有益的;而当国家变得更发达时,金融抑制可能就成了绊

[①] 资料来源:Pei,Yang 和 Yang(2015)。据作者介绍,截至 2012 年底,中国经济中的生产性资产总额为 487.53 万亿元人民币,其中 258.39 万亿元(53%)属于公共部门(公有制经济)。在第一产业中,总资产为 37.27 万亿元,其中 32.26 万亿元(86.6%)隶属于公有制经济。在第二和第三产业中,公有制和非公有制经济的资产占比分别为 50.44% 和 49.56%。2012 年,在第二和第三产业中,估计非公有制经济和公有制经济的附加值比例分别为 67.59% 和 32.41%,提供就业机会分别为 75.20% 和 24.80%。据估计,2012 年第一产业对附加值的贡献率约为 10%。参见 Wang(2016)。

脚石,这正是 Huang 和 Wang(2011)的发现。他们研究了中国自 1978 年改革开放以来前三十年的经济发展,发现由于采取谨慎和渐进的市场化方式,政府对金融系统的干预在前二十年促进了中国的快速增长。但是到了 21 世纪,其净影响变成负面。显然政府对金融市场的干预有积极和消极的影响:当国家处于欠发达阶段,积极影响可以超过消极影响;但是当国家变得更发达时,情况则相反。正面影响来自政府干预纠正了由于金融市场信息不完善而产生的市场失灵;负面效应则来自市场价格(利率)扭曲以及为阻碍竞争而设置的银行部门的准入壁垒。金融抑制的净影响取决于哪一种影响占主导地位。

中华人民共和国成立初期,经济基础非常薄弱,因此采取以重工业为主导的发展战略。然而重工业是资本密集型产业,这与中国的经济现实是相矛盾的,因为中国的劳动力资源丰富,但却几乎没有资本。可见,中国在劳动密集型产业,如纺织业,具有比较优势。在开放和竞争的市场经济中,资本密集型产业在中国无利可图,因此不具备可行性。于是政府面临如何调动资源发展经济上不可行的产业的问题。

这种"进口替代"战略的结果就是实施鼓励重工业发展的资源分配政策措施,这意味着需要降低重工业的资本成本和提高政府配置资源的能力。相应地,一个抑制市场功能、人为扭曲要素投入和商品与服务相对价格的宏观政策环境因此应运而生。金融市场实施的两个主要金融抑制政策是:低利率政策和汇率高估政策。①

(1) 低利率政策。

中华人民共和国成立初期,政府采取低利率政策,以便将资金引导至几乎完全国有的重工业部门。历史数据揭示,1950 年以后工业部门信贷的月利率在很短时间内迅速降低:1950 年 7 月底,国有企业贷款的月利率首次从 3.0% 调整到 2.0%、1951 年 4 月降低到 1.5%—1.6%、1953 年 1 月进一步下降到 0.6%—0.9%、1954 年降至 0.46%。此后一直保持不变,直到 1960 年 6 月才提高到 0.6%,然而,1971 年 8 月又降至大约 0.42%。②

---

① 参见 Lin,Cai 和 Zhou(2003)。
② 同上。

(2) 汇率高估政策。

为了促进需要进口重要机器设备的资本密集型重工业发展,中国政府在 20 世纪 50 年代通过人为高估的汇率来干预外汇市场,因为高估的汇率可以让国内企业以较低的价格购买进口设备。

1950 年 3 月,全国金融工作会议开幕时,人民币兑美元汇率为 1 美元兑 4.2 元人民币。在随后 14 个月里,汇率迅速下调了 15 次,直到 1951 年 5 月变成 1 美元兑 2.23 元人民币。从 1952 年到 1972 年,人民币汇率不再挂牌,相反地由政府内部控制并维持在高估水平。从 1955 年 3 月 1 日至 1971 年 12 月,人民币汇率维持在 1 美元兑 2.46 元人民币。1978 年 12 月,人民币汇率随美元贬值而发生变化。1978 年人民币汇率为 1 美元兑 1.72 元人民币左右。

自 1978 年改革开放后,金融抑制政策仍然继续执行。金融抑制的主要作用是服务国有企业,因为国有企业不仅有经济功能,还有社会和政治功能。在这些政策下,人们不得不保持高储蓄率以应对薄弱的社会保障网和有限的国内外投资选择。资金被输送到由国有银行主导的银行系统对国有企业和地方政府进行补贴。为了保护国有银行资产负债表不受非营利贷款损失的拖累,中国人民银行继续维持低利率政策。[①]

6.2.1 利率管制与利率市场化

中国在 1978 年改革开放后仍然实行金融抑制,官方利率持续保持在较低水平。相比而言,非正规信贷市场上由市场决定的利率通常比官方利率高 50%—100%。由于信贷配给的结果,尽管 20 世纪 90 年代非国有部门占中国经济总附加值的份额的 60% 以上,但获得的银行信贷却不到 20%。此外,截至 1998 年,尽管三分之一的国有企业处于实际亏损状态,国有银行的 94% 贷款仍然配置给了国有企业。Lu 和 Yao(2009)列出了具体数据支持 2005—2009 年官方利率持续低于市场决定的利率的观点,这正是金融抑制的明确标志。而这又进一步推进了银行部门的大量信贷配给,意味着为了维持低效的国有企业的生存,非国有企业常常成为被牺牲的代价。在 2009 年,尽管银行

---

① 参见 Johansson(2012)。

可以将其贷款利率设定为超过官方基准利率的 50%,然而市场利率仍比这一放宽了的界限再高出约 50%。①

历史上,中国人民银行对商业银行的存款和贷款都设定基准利率。1949—1998 年,银行必须严格遵守这些基准利率。1998 年以后,尽管中国人民银行仍然制定了基准存款和贷款利率,但并不要求银行严格遵守。通常,基准存款利率显著低于基准贷款利率,表明银行利润得到央行的保护。图 6.2 展示了 1998—2020 年的基准贷款和存款利率。值得注意的是,1998—2020 年,基准贷款利率几乎一直比基准存款利率高出至少 3 个百分点。

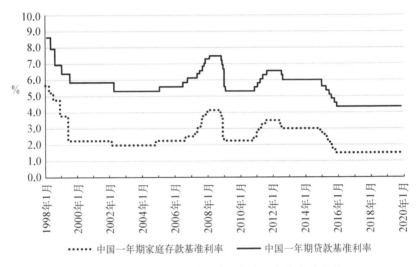

图 6.2　1998—2020 年中国人民银行一年期家庭存款
基准利率和一年期贷款基准利率

资料来源:彭博社。

6.2.1.1　贷款利率市场化

如上所述,1949—1998 年,银行必须严格遵守基准贷款利率。1998 年后,除基准贷款利率外,还设定了贷款利率的上限和下限。利率市场化进程从 1993 年开始推进,当时国务院签署了名为《国务院关于金融改革的决定》的文件。1996 年,利率市场化改革迈出了第一步,银行同业拆借利率首次被放开。

---

① 参见 Lu 和 Yao(2009)。

1998年,贷款利率管制开始放松。2004年10月,贷款利率上限限制被完全取消。2013年7月,贷款利率下限限制被取消。① 但是,中国人民银行继续制定基准贷款利率。实际上,在2013年,实际平均贷款利率仍然不是由市场决定的,原因是2013年9月引入了所谓的市场利率定价自律机制,也就是银行组成利率联盟以避免在制定贷款利率时相互竞争。图6.3显示了截至2013年7月贷款利率市场化的时间表。

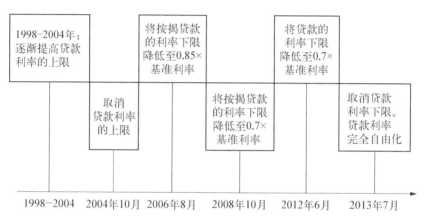

图6.3 贷款利率市场化的时间表

资料来源:Li和Liu(2019)。

6.2.1.2 市场化的贷款市场报价利率

2018年,易纲上任中国人民银行行长后进一步放松了贷款利率。2019年8月,中国人民银行宣布将贷款市场报价利率作为新的贷款参考利率,并对其计算方式进行改革。新框架实施的主要目标是改善货币政策传导、增加金融机构之间的竞争,并促使银行改善其对风险的定价。贷款市场报价利率是银行提供给最优质客户的最低利率。直到2019年8月,贷款市场报价利率以一

---

① 根据Li和Liu(2019),"贷款利率市场化最早开始于1998年。其目的是让商业银行在存款和贷款定价方面有更大的权力。在利率上限和下限最后被取消以前,两者之间的差距随着时间的推移逐渐扩大。最初,银行可以将大型企业的贷款利率设定在基准利率的90%—110%,而中小型企业的贷款利率可以设定在基准利率的90%—130%。5年后(2004年10月),零售贷款利率上限被取消,但贷款利率下限又被维持了大约8年的时间。2012年,贷款利率下限进一步降至基准利率的70%,1年后(2013年7月),贷款利率下限被完全取消,表明中国人民银行完全放开了零售贷款利率"。

组 10 家银行提交的平均报价计算,而每一家银行的报价实际上都是官方基准贷款利率的固定倍数;而且,贷款市场报价利率一般不用作银行其他客户贷款定价的参考利率。官方基准贷款利率变化需要经国务院批准,且变化非常缓慢(从 2015 年至 2019 年 8 月,基准贷款利率从未进行调整。因此,从 2015 年至 2019 年 8 月,贷款市场报价利率也没有发生过什么变化)。

在新制度框架下,中国人民银行选定的 18 家贷款人(报价的银行组合被扩大)每月向中央银行提交其 1 年期和 5 年期的优惠贷款利率。预计随着时间推移,这一银行组合将会增加。银行提交的优惠贷款利率必须表示为其从人民银行获得的一种名为中期借贷便利(medium-term lending facility, MLF)资金的利率加上某一数目的基点数。中期贷款便利利率由中国人民银行的公开市场操作决定。一家银行的优惠贷款利率和中期借贷便利利率之间的利差通常由一系列因素决定,包括银行融资成本、贷款需求,以及银行贷款给最优客户的相关信贷风险定价。因此,人民银行可以根据经济条件的变化更迅速地对中期借贷便利利率进行调整。中央银行通过 18 家银行的优惠贷款利率的平均值(剔除最高值和最低值)计算贷款市场报价利率,并在每月 20 日的上午 9:30 对外公布,以此作为整个银行业的参考利率。中国人民银行告诫各银行所有新增贷款协议都必须参考更加市场化的贷款市场报价利率——这与过去所有贷款合约都参考官方基准贷款利率的做法有很大不同。除了使贷款市场更加市场化以外,这些变化最终将使中国人民银行拥有更大权力通过中期借贷便利利率影响整个经济和金融市场利率。所有贷款合约都必须参照贷款市场报价利率,(18 家银行)的优惠贷款利率都必须参照中期借贷便利利率,而中期借贷便利利率由政府灵活控制。因此,新系统可以帮助货币政策框架从以货币供应量和银行信贷为目标,过渡到以利率为主要政策工具目标,从而与大多数发达经济体看齐,使中央银行能够通过政策性利率迅速影响经济以应对快速变化的经济状况。这项改革如果成功将使中国的货币政策框架向发达国家更靠近一步。

此外,新制度可以增加银行部门的竞争从而提高效率。中国人民银行一直担心大银行之间相互串通会导致隐形贷款利率下限的形成,这意味着即便融资成本降低和市场压力缓解,贷款利率仍然不会下降。新的制度安排可能有助于增加竞争,并打破隐形贷款利率下限。此外,由于新制度下的银行将被迫变得更有效率,可以促使银行提高对不同借款人风险实施独立定价的能力。这可能会增加银行为高风险借款人提供贷款的意愿。

图 6.4 显示,在 2010—2020 年,实际平均贷款利率相对于基准贷款利率表现出越来越强的独立性,证实贷款利率市场化取得的效果。更为重要的是,图 6.4 还揭示,2019 年 8 月后贷款市场报价利率确实立即下降,反过来又使实际平均贷款利率立即下降。似乎证实贷款市场确实变得更具竞争性,实现了改革的目标之一。然而只有时间才可以证明这种竞争效应是否将长期存在。此外,2019 年 8 月以后,中期借贷便利利率与贷款市场报价利率的关联相当密切,而贷款市场报价利率又与实际平均贷款利率相关。因此,新制度似乎确实发挥了预期效果,即通过中期借贷便利利率影响实际平均贷款利率,而中期借贷便利利率又是由央行通过公开市场操作控制的。这种新货币政策传导机制在长期内的一致性还有待观察。

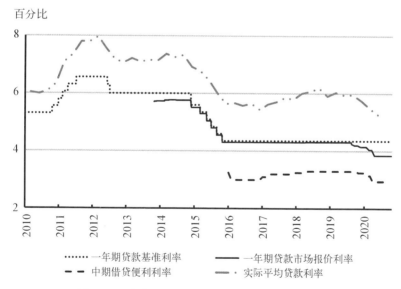

图 6.4　一年期实际平均贷款利率、贷款基准利率、
贷款市场报价利率和中期借贷便利利率

注:实际平均贷款利率是给非金融机构的实际平均贷款利率。
资料来源:环亚经济数据公司数据库,万得数据库(www.wind.com.cn)。

6.2.1.3 存款利率市场化

如上所述,1949—1998 年银行被要求严格遵守基准存款利率。1998 年后人民银行除了设定基准存款利率以外,还设定了存款利率的上限和下限。从 2004 年开始,存款利率管制逐步放松并取消了存款利率下限。2004—2012 年,人民银行设定的基准利率成为存款利率的上限。从 2012 年开始,存款利率上限逐渐上升到基准利率之上,直到 2015 年 10 月上限完全被取消。① 但是中国人民银行仍然继续制定基准存款利率。同样,由于市场利率定价自律机制的存在,即使没有明确的存款利率上限,银行在制定存款利率时仍然实行自律以避免相互竞争。图 6.5 显示,即使在 2015 年 1 月以后,平均存款利率的时间趋势仍然与中国人民银行制定的基准利率密切关联。与图 6.4 相比,我们

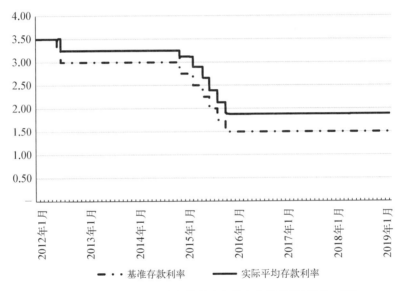

图 6.5 一年期实际平均存款利率和基准存款利率(单位:%)

资料来源:万得数据库(www.wind.com.cn);环亚经济数据公司数据库。

---

① 根据 Li 和 Liu(2019),"中国人民银行设定的基准利率作为存款利率的上限维持了约 8 年时间。从 2012 年 6 月起,银行可以向客户提供高达基准利率的 110% 的存款利率。两年后,存款利率上限被提高到基准利率的 120%。2015 年,中国人民银行加快了存款利率市场化的步伐。同年 3 月,存款利率上限提高到基准利率的 130%。5 月,进一步提高到 150%。10 月 23 日,中国人民银行取消了存款利率上限,标志着中国已经完成了零售存款和贷款利率的市场化。同时,中国推出了存款保险计划,每个账户的保险金额为 50 万元人民币,从而为中国的银行之间的竞争铺平了道路。"

可以看到,紧随基准存款利率走势的平均存款利率,相对更独立于基准贷款利率的平均贷款利率而言,其市场化速度更为缓慢一些。

实际平均存款利率由中国所有主要银行提供的存款利率的平均值计算(数据由万得数据库提供),其他指标由环亚经济数据公司提供。平均贷款利率按季度,而不是每天提供。

易纲表示,随着贷款市场报价利率的改革,基准贷款利率的重要性很可能会逐渐减弱。但基准存款利率的重要性很可能会在相对较长的时间内一直维持,"以避免银行在激烈的存款竞争中制定过高的(存款)利率"。此语或可以看成他预示存款利率上限的措施将继续维持,似乎也就是某种金融抑制形式的延续。总括来说,直到2023年,银行业的利率改革仍未完成。

6.2.2 国有银行的主导地位

银行系统在中国金融体系中占主导地位。2016年,银行业和金融机构向企业提供的未偿还贷款总额高达约62.58万亿元人民币,这一事实印证了银行系统的主导地位(此外,2016年的个人未偿还贷款总额为40.38万亿元人民币)。相比而言,2017年未偿还的公司债券总额约为3.35万亿美元,相当于约21.8万亿元人民币。[①] 换句话说,企业债券融资约占贷款融资的35%(=21.8/62.58),由此可见企业主要依靠银行贷款进行融资。

2015年,大约仅有20%的银行资产由非国有或部分非国有银行控制。其余银行资产被中央政府或地方政府直接或间接控制。中国的银行和金融机构分为政策性银行、大型商业银行、股份制商业银行、城市商业银行、城市信用社、中小型农村金融机构、邮政储蓄银行、外资银行和非银行金融机构。只有股份制商业银行和外国银行被视为非国家控制或部分非国家控制的银行。国有银行在银行部门的主导地位可能反映了私营企业进入该行业的高准入壁垒。我们把所有由国家控制的银行称为国有银行。

国有银行分为全资国有政策性银行(其中包括中国农业发展银行、国家开

---

① 资料来源:2016年未偿还贷款数据来源于环亚经济数据有限公司数据库(CEIC);2017年未偿还的公司债券数据来源于 http://www.chinabond.com.cn/Channel/147253508?BBND=2017&BBYF=12&sPageType=2#。

发银行和中国进出口银行)、大型商业银行(包括四大行和其他银行)、股份制商业银行(有私人资本参股)以及其他银行。

表 6.2 展示了截至 2017 年 12 月根据中国人民银行按所有权结构标准划分的不同类型银行的资产及其份额。政策性银行由国家全资拥有。四大商业银行全部在股票市场公开交易,但其主要股权由国家控制。在 12 家主要股份制商业银行中,有 8 家明确宣称是国有或者由国家控股的银行。总之,国有银行持有超过 160 万亿元人民币的资产,相当于 2017 年银行总资产的 63.5% 以上。如果把其他股份制商业银行的国有控股实体以及城市商业银行和农村商业银行的国有控股实体包括在内,国有控股银行持有的银行总资产可能高达 70%。①

表 6.2 截至 2017 年 12 月中国的银行资产分布情况

	数量	资产	
		总金额(万亿元人民币)	份额(%)
政策性银行(完全国有)	3	25.53	**10.11%**
大型商业银行(国有控股)	5	92.81	**36.77%**
股份制商业银行	12	44.96	17.81%
国有控股	8	32.84	**13.01%**
非国有控股	4	12.12	4.80%
民生银行		5.92	2.35%
平安银行		3.25	1.29%
浙商银行		1.54	0.61%
恒丰银行		1.42	0.56%
邮政储蓄银行(国有)	1	9.012	**3.57%**
外国银行	134	3.24	1.29%

---

① 参见 Johansson(2012);Walter 和 Howie(2011)。

续 表

	数　量	资　产	
		总金额(万亿元人民币)	份额(%)
城市商业银行	168	31.72	12.57%
城市信用合作社	—	—	0.00%
农村商业银行	976	23.70	9.39%
农村合作银行	48	0.36	0.14%
农村信用合作社	940	7.35	2.91%
新农村融资机构	1 381	1.39	0.55%
非银行融资机构	—	11.94	4.73%
总　　计		252.40	100.00%

注：国有银行以黑体字标示。国有银行总资产的下限约为160万亿元人民币(约占中国所有银行总资产的63.5%)，是本表中黑体字和下划线突出的所有项目的总和。①

资料来源：作者本人计算。原始数据来自原中国银监会、环亚经济数据有限公司数据库。

表6.2显示了按照银行的性质和职能划分的中国每一类银行机构的数量和资产。值得注意的是，所有政策性银行都是国有银行。尽管大型商业银行(工商银行、中国银行、建设银行、农业银行和交通银行)在过去20年均已上市，但其仍然处于国家控制之下。12家股份制商业银行中的8家是国有银行或由地方政府控制的银行。截至2017年底，国家控制的银行总资产至少达到63.5%(也可能高达70%)。2017年，中国GDP约为80万亿元人民币(约合12.2万亿美元)，同年中国所有银行机构的总资产约为252万亿元人民币(约合38.7万亿美元)，是GDP的3.2倍。而所有银行的存款总规模约为162万

---

① 这是一个下限，因为：首先，12家股份制商业银行中的8家明确宣称是国有或国家控股的。但由于我们不知道其他四家股份制商业银行的国有资产数额，所以我们没有把它们列为国有。其次，许多城市商业银行和农村商业银行是私人资本控制的，尽管其中许多是由地方政府控制的，它们之间很难区分。由于我们不知道城市商业银行和农村商业银行中由政府控制的确切资产，所以我们不把它们列为国有银行。

亿元人民币(约合 24.9 万亿美元),是 GDP 的 2.1 倍。

2016 年,中国的未偿还贷款总额占 GDP 的比例约为 140%。[1] 相比之下,同年日本商业银行的未偿还贷款占 GDP 的比例为 96.06%,英国为 124.1%,美国为 46.6%。从比例上看,与更加成熟的银行系统相比,中国的银行系统创造的贷款规模比例明显偏高。截至本书撰写之时,人们普遍认为中国的银行系统是全世界规模最大的。然而正如下文即将讨论的,中国的债券市场和股票市场的规模和成熟程度都不如较发达的国家,这表明中国的金融体系过度依赖银行系统。因此,有必要收缩银行部门,扩展债券市场和股票市场,以使金融系统能更有效地配置资本。

从历史上看,最大的四家国有商业银行,即中国工商银行、中国银行、中国建设银行和中国农业银行一直负责全国大部分的正规银行贷款(20 世纪 90 年代初为超过 90%,2005 年为 60%)。然而,这些国有银行并不总是表现良好。例如,由于规模庞大的不良贷款和运营的低效率,整个银行系统在 20 世纪 90 年代末几乎处于破产状态,因为银行系统的净财富是负值。[2] 在 20 世纪 90 年代末,银行系统未偿还的不良贷款规模高达 2.5 万亿元。2001 年,银行系统的不良贷款占总贷款的比例甚至几乎达到惊人的 30%。21 世纪初,国有银行公开上市后,其效率得以提高。此外,专门成立的几家资产管理公司接管了四大国有商业银行的不良贷款。2016 年,银行系统的不良贷款占总贷款的比例下降到可控的 1.75%,不良贷款情况得到极大改善。[3]

6.2.3 控制信贷配置以优惠国有企业

中国的银行系统一般被认为是向工业部门输送资金的工具,而经济学家普遍相信国有企业无论其盈利能力如何都会得到国有银行的支持。人们还怀疑在 2008 年全球金融危机期间,中国政府推出财政刺激计划导致定向贷款激增,从而使情况变得特别糟糕。尽管此后推出了许多金融系统改革措施,但人

---

[1] 银行和金融机构提供的未偿贷款总额为 102.96 万亿元人民币 2016 年[62.58 万亿元人民币(给企业)+40.38 万亿元人民币(给个人)],相当于约 15.84 万亿美元。2016 年,中国的 GDP 为 11.23 万亿美元,相当于约 73.00 万亿元人民币。因此,2016 年中国的未偿贷款总额占 GDP 的比例约为 140%。
[2] 参见 Lardy(1998)。
[3] 联邦储备银行 St. Louis 的经济研究部,https://fred.stlouisfed.org/tags/series?t=banks%3Bchina。

们仍然普遍认为中国的银行系统始终偏向给某些企业群体提供优惠待遇。2011年,国际货币基金组织在一份报告中指出,中国政府在信贷分配的角色是造成金融系统中或有负债(contingent liabilities)这个项目的增加的一个原因,而这增加使中国的金融体系改革变得更加困难(IMF,2011)。这种说法与外界认为信贷由中国政府控制和指导的观点是一致的。[1]

如上所述,2016年银行系统向所有企业提供的未偿还贷款总额为62.58万亿元人民币。表6.3揭示,2016年国有企业获得的贷款明显多于其他所有制类型的企业。如本章前文所述,2012年,尽管国有企业在经济附加值中的占比只有35%左右,却获得了48%的银行信贷。事实上这个比例并没有随着时间的推移而下降。如表6.3所示,2016年国有企业获得了54%的银行信贷,而其在经济增加值中的份额大约是28%—35%。[2]

表6.3　2016年按规模和所有权类型划分的不同类型企业的贷款分布

	国有	集体	私营	港澳台	外国	总贷款(万亿元)
所有规模的企业	53.93%	7.04%	34.32%	3.02%	2.01%	62.58
大型企业	72.72%	5.97%	17.26%	2.82%	2.14%	22.06
中型企业	49.58%	8.59%	35.94%	3.66%	2.23%	20.70
小型企业	37.79%	6.63%	51.35%	2.61%	1.62%	17.54
小微企业	35.89%	6.60%	53.59%	2.25%	1.67%	2.28

资料来源:万得数据库(wind.com.cn)。

6.2.4　金融抑制与资本错配

由于政府采用政策干预,而不是主要依靠市场来对企业进行信贷分配,因此金融市场被扭曲从而产生资本错配。例如,国内私营企业更多地只能依靠

---

[1] 参见 Johansson(2012);Walter 和 Howie(2011)。
[2] Zhang(2019)估计,2017年国有企业对中国GDP的贡献约为23%—28%,在就业中的份额约为5%—16%。

亲朋好友来获得营运资金和投资资金,而国有企业则更有可能从银行获得这些资金。[1] 诚然,国有企业所处的行业是比一般企业更资本密集的,这可以解释为什么国有企业每单位产出需要更多的金融资本投入。然而研究表明,中国国有企业的平均资本-劳动比率高于更先进的经济体同行业的外国公司。由于中国是一个资本稀缺国家,中国企业在生产中资本-劳动比率本应低于而不是高于资本充裕的先进国家的同行业企业。这表明可能存在资本错配,即国有企业容易从银行获得廉价信贷,因此可能使用超过资本的有效数量用于生产。[2]

6.3 金融部门市场化的风险

由于银行系统依赖于贷款人的信心,因此其本质上是脆弱的。此外,金融市场通常充斥着信息不完全、金融产品也充满风险。也就是说,金融市场存在市场失灵,意味着完全自由市场在金融部门不是最有经济效率的。实际上,政府以法规和安全保障措施的形式进行干预,对维护金融体系的稳定和效率至关重要。为此,在严肃地实施任何正式的金融部门市场化改革之前,构筑一套运作良好的法规和安全保障措施极其关键。因为只有这样才能将市场化给银行和金融系统带来的风险降到最低,同时也能使市场更有效地配置资源,并通过持续性创新来满足不断发展的社会需求。下面我们解释为什么银行系统需要监管?需要哪些安全保障措施?以及迄今为止中国在银行和金融监管方面做了哪些工作?

---

[1] 例如,Dollar 和 Wei(2007)报告,国有企业在获得营运资金时,对当地银行的依赖程度比国内私营企业高出 50%(占其总营运资金的 36.38%),而国内私营企业(占其总营运资金的 22%)则将亲朋好友视为营运资金的重要来源。当涉及投资融资时,私营企业主要依靠亲朋好友。

[2] 例如,Song, Storesletten 和 Zilibotti(2011)指出,国内私营企业的资本-产出比和资本-劳动比大大低于国有企业的事实,是对国内私营企业实施金融抑制的一个标志。他们观察到,根据《中国统计年鉴》(2007 年),国有企业的平均资本-产出比为 1.75,而国内私营企业为 0.67。考虑资本密集型和劳动密集型产业后,国有企业的平均资本-产出比和资本-劳动比仍然明显高于国内私营企业。与 Dollar 和 Wei(2007)一样,他们观察到国有企业通过银行贷款融资的比例大大高于国内私营企业(前者超过 30%,而后者不到 10%)。另见 Boyreau, Debray 和 Wei(2005)。

6.3.1 银行系统的脆弱性

当一家银行无法履行其对存款人和其他债权人的义务时,通常会发生银行破产。银行运用借来的资金发放贷款和购买其他资产,但是一些借款人可能无法偿还贷款,或者银行的资产价值可能因为其他原因而下降。当发生这些情况时,银行就可能无法偿还其短期负债,包括活期存款。而活期存款在很大程度上可以无须通知就必须立即偿还。

为了理解银行系统的内在脆弱性,我们首先看一下简化的银行资产负债表,如表 6.4 所示。

表 6.4 简化的银行资产负债表

资　　产	负　　债
贷款	活期存款
有价证券	短期批发负债
在中央银行的存款准备金	定期存款和长期债务
库存现金	资本金

在资产方,贷款平均而言是长期合约(如抵押贷款),其流动性不强。有价证券的价格可能因市场和经济状况而出现波动。如果要求在短时间内出售,银行就可能遭受价值损失。因此,有价证券可能相当缺乏流动性,特别是在宏观经济状况不佳的时候。在中央银行的存款准备金是商业银行在中央银行的存款,提取相对容易。库存现金是所有资产中最具流动性的资产,可以立即变现。在负债方,活期存款可以随时提取,因此银行必须备有足够现金以满足活期存款持有人的提款要求。如果出现银行挤兑,这部分负债就会很快枯竭。短期批发负债可以采取各种形式,包括来自其他银行(包括中央银行)的隔夜贷款或抵押回购协议(repurchase agreement,称为 repo),即银行将一项资产抵押给贷款人以换取现金,并承诺以后(通常是第二天)以稍高的价格买回该资产。在银行资金困难或宏观经济出现财务危机时,这种负债也会迅速枯竭。定期存款和长期债务不能立即提取,因此支付的利息较高。资本金是负债和资产之间的差额,当银行负债突然下降或贷款和债务违约时为银行提供缓冲

保障。资本金越大，银行就越能安全地避免破产。

因此，银行资产负债表的特点就是期限错配(maturity mismatch)。一方面，银行的大部分资产，如贷款和有价证券，要么是长期合约（如抵押贷款），要么在短期内缺乏流动性（如有价证券，如果在短期内出售，价格就会更低）；而另一方面，银行的大部分负债（如活期存款和短期批发负债）都是短期的。例如，活期存款几乎可以立即提现；如果其他银行不愿意提供贷款，短期批发负债就可能无法延期。如果其他所有银行都拒绝贷款，那么，银行为了给活期存款的持有人提供支付就可能不得不匆忙出售其有价证券，并可能出现亏损。

本质上，银行盈利来源于其长期资产和短期负债之间的利差，即通过承担资产价值可能因违约或流动性不足而波动的风险来获取利润。此外，银行还要承担其生存依赖于存款持有人信心的风险。正常情况下，如果存款人对一家财务健全的银行抱有信心，就会把大部分资金以存款的形式存放在银行，而银行也总能满足存款人的提款需求。然而，无论因为什么原因，如果足够多的存款（尤其是活期存款）持有人对银行失去信心，并同时要求提款，就可能会出现银行挤兑。如果银行不能变现足够的资产，或从其他银行借到足够的资金、或银行所有者不能注入足够的资本金，那么银行就会因无法履行其义务而破产。

即使一个经济体本质上是健康的，其银行系统仍然是脆弱的，因为它建立在信心之上。首先，即便一家银行其他方面都很健全，仍可能仅仅因为存款人怀疑它无法支付就倒闭。这就是银行和存款人之间的信息不对称。其次，当一家银行倒闭时，其他银行可能也会因此倒闭，因为银行之间通过共同贷款和衍生品合约而相互关联。由于这种关联，其他银行的存款持有人会怀疑他们的银行资产也将遭受损失，从而对自己的银行失去信心。因此，一家银行倒闭会给其他银行带来负外部性，这种情况一旦发生，就会产生全系统银行危机。

由于信息不对称和外部性问题，银行市场的特点是市场失灵。因此，政府采取一些干预措施为银行系统提供安全保障，对维护银行系统的稳定和效率至关重要。在世界大多数相对成熟的金融体系中，安全保障措施包括存款保险、准备金要求、资本金要求、银行审查、中央银行发挥最后贷款人的作用。如果所有这些措施都失败了，最后则由政府采取救助措施。

6.3.2 影子银行风险

除了传统银行业的监管需求外，近几十年来，由于影子银行系统问题的日益突出而产生一个重要的监管问题。许多金融，甚至非金融实体也扮演金融中介的角色，并同时提供信贷和支付服务。然而，与传统银行不同，影子银行系统因没有受到适当监管而带来系统性风险。因为影子银行系统通过相互借贷与传统银行系统紧密相连。为此，许多国家已经开始出手对影子银行进行监管。

6.4 中国的金融监管

6.4.1 中国的金融监管框架和安全保障措施

在过去的十年里，中国已经在金融体系中建立一套类似于较发达国家金融系统的监管框架和安全保障措施。这为金融部门，包括银行部门的市场化铺平了道路。金融体系的市场化反过来能推进人民币国际化的发展。

中国银行业和保险业的监管主体是中国银行保险监督管理委员会(简称中国银保监会)，于2018年4月取代原中国银行业监督管理委员会(简称中国银监会)。中国银保监会负责编撰规则和法规、对银行和保险公司进行检查、收集和公布银行系统的统计数据，并解决潜在的流动性和偿付问题以及其他监督活动。2023年，不再保留中国银行保险监督管理委员会，成立国家金融监督管理总局。国家金融监督管理总局负责贯彻落实党中央关于金融工作的方针政策和决策部署，把坚持和加强党中央对金融工作的集中统一领导落实到履行职责过程中。

2015年5月，中国的《存款保险条例》开始生效。如果银行无力偿债或破产，每位存款人将获得最高50万元人民币的损失赔偿。2012年6月7日，中国银监会颁布了一项旨在实施巴塞尔协议Ⅲ(Basel Ⅲ)的资本金要求的法规，这是中国银行业监管的标志性里程碑。

为了应对影子银行系统，自2016年8月开始，P2P借贷平台被施以更为严格的监管。根据新法规，P2P平台只能发挥信息中介职能，而不是信贷中介的职能。P2P平台的未偿还贷款和资金来源等被更加密切地监控。为了进一步应对影子银行系统的风险,2017年11月,中国政府起草了一系列法规要求金融机构为其发行的资产管理产品保留一定数额的准备金。这些法规还禁止企业提供不明言担保以及对其投资的产品进行掩盖其基础资产的包装。资产管理产品包括银行的财富管理产品、共同基金、私人基金、信托计划以及保险资产管理产品。用周小川的话来说,中国中央银行一直在引入法规,试图将"隐藏的、复杂和潜在突发的、传染的,以及有害的"风险降至最低。

6.4.2 监管整合

监管分散是中国金融发展的重要挑战。为了解决这个问题,2017年11月,国务院下属的金融稳定与发展委员会正式成立。其主要职责是审议金融部门的重大改革和发展方案,协调金融的改革、发展和监管,协调货币政策的相关问题,并协调金融政策与财政及产业相关政策的制定。金融稳定与发展委员会的成立被认为是国家为保障金融安全和防止金融风险所采取的关键措施。政策制定者已经把完善金融监管体系以遏制金融风险放在其议程的重要位置。①

监管整合的另一个重要举措是2018年4月将中国银行业和保险业的监管机构,即中国银监会和中国保险业监督管理委员会(简称中国保监会)合并为一个监管机构,即中国银保监会。与此同时,中国人民银行接管中国银监会和中国保监会的立法和制定规则职能。重组后的新机构精简了在金融稳定与发展委员会以下的机构的政策决策与执行工作。金融公司为逃避监管而试图把相同经济职能转移到不同类型公司的行为变得更为困难,因此减少金融风险的整体推进变得更加可期。② 两会合并堵塞了由于银行和保险公司相互勾结使中国银监会和中国保监会难以协调以综合打击过度冒险行为的漏洞,合并后的银行和保险监管机构将采取更为有效的措施监管此类活动。到了2023年,政府不再保留中国银行保险监督管理委员会,成立国家金融监督管理总局。国家金融监督管理总局负责贯彻落实党中央关于金融工作的方针政策和决策部署,把坚持和加强党中央对金融工作的集中统一领导落实到履行职责过程中。

---

① "中国成立金融稳定与发展委员会",中华人民共和国国务院,http://english.www.gov.cn/news/top_news/2017/11/08/content_281475936107760.htm。
② 参见 Chorzempa(2018)。

6.5 中国金融部门的改革为什么如此艰难？

金融部门可能是中国最难实施改革的部门。尽管金融市场化有风险,但通过引入设计精良的监管框架以及一系列安全保障措施,这些风险是可以缓解的。较发达的其他国家的经验也可以提供借鉴。事实上,如上文所述,中国已经引入了许多这样的措施。因此金融部门的改革风险不可能是改革步伐缓慢的主要原因。相反其主要原因在于中国的制度本身。

1978—2018 年,中国的金融改革长于数量而疏于质量(Huang 和 Wang,2018)。在这个意义上,中国的金融系统存在大量金融机构和巨额金融资产。但金融市场却存在严重而广泛的制约,从而造成资源配置不当、效率低下和缺乏创新等问题。为什么中国金融部门改革如此困难？根源在于国有企业及其相伴相生的既得利益集团。

Huang 和 Wang(2018)认为,1978—2018 年的中国金融改革是政府在经济改革中推行的三个双轨制战略的一部分:(1)国有部门与非国有部门;(2)要素市场与产品市场;(3)正规金融部门与非正规金融部门。这三个双轨制战略的采用,目的是支持国有企业在其中发挥核心作用的计划经济部门或国有控股的经济部门,即便许多国有企业是不盈利的。每个双轨制战略中的一个轨道是计划经济部分,另一个轨道是市场经济部分。Naughton(1995)称,这种增长模式为"从计划经济中找出增长来"(growing out of the plan)模式——在保护国有部门的同时实现快速增长。在第一个战略中,国有部门(国有企业)受到保护;而非国有部门(私营企业)则在市场体系下竞争。在第二个战略中,劳动力、资本和资源市场(即要素市场)由国有企业控制,或以有利于国有企业的方式运作;而商品和服务市场(即产品市场)则被放开。国有银行向国有企业提供信贷补贴就是很好的例子。在第三个战略中,正规金融部门以国有银行为主导,并为大企业提供服务,其定价和金融资源分配被严重扭曲;而非正规金融部门是为了满足中小企业的需求,如仅需要少量抵押品的高息"路边市场"和影子银行系统,它们主要以市场为导向,其价格是具有竞争性的。

因此,金融部门的改革如此之艰难的主要原因是,如果没有国有银行向其输送便捷的信贷，许多国有企业将在经济上难以为继。利率和金融部门改革之所以步履艰难，其背后的根本原因是银行要将贷款利率维持在市场利率以下，并将大部分资本份额配给国有企业以贴补他们维持生存。那么为什么不能让无利可图的国有企业破产呢？原因之一是国有企业不仅具有经济功能，还具有社会功能。要理解国有企业发挥的社会作用，可以参考为什么淘汰"僵尸"企业如此之困难。"僵尸"企业大多属于国家主导的重工业企业，如煤炭、钢铁、水泥和玻璃。它们破产就意味着地方 GDP 数字遭到严重打击，而且会出现大规模裁员从而引发潜在的社会稳定问题。2016 年，政府表示仍有 2 000 家国有"僵尸"企业在运营。人们相信直到 2019 年仍有许多"僵尸"企业存在。[①] 2016—2020 年，中国在清理"僵尸"企业方面取得了一些成果，但目前这一问题尚未完全解决。

6.6 债券市场

一种货币想要成为国际货币必须广泛应用于商品和服务的国际贸易计价与结算以及金融资产的交易。从投资者的视角来看，拥有各种不同期限、不同收益、不同流动性和不同风险的金融产品来储存价值是至关重要的。债券市场为他们提供了除银行存款以外各种相对安全的资金存放选择。从借款人的视角来看，债券市场提供了除银行贷款以外筹集资金的重要选择。事实上，相对于银行贷款等其他形式的杠杆资金而言，债券融资的成本更低，因而更受企业喜爱。由于上述诸多原因，债券是当今世界上使用最广泛的金融工具。因此，为了推进金融发展，中国必须构建宽广、深入和高流动性的债券市场。如果外国人可以自由地投资于中国的债券市场，人民币作为价值储存手段将更具吸引力。债券市场发展对资本市场的健康发展至关重要，而资本市场的健康发展对人民币成为真正的国际货币起到举足轻重的关键作用。

中国的债券市场面临着巨大的挑战，包括监管分散、道德风险、相对狭窄的投资者基础，以及较低的外资所有权。按照国际标准，中国债券市场的规模比例太小。中国需要建立一个规模大得多的固定收入部门，而银行部门则需

---

① 参见 Yang 和 Ke(2019)。

要逐步相对收缩。

中国的债券市场相对于股票市场发展更为缓慢。1978年,改革开放政策开始推行。1981年,中国重新推出国债。1982年,少数企业开始向企业内部,或者向公众募集有息资金。这些就是早期的企业债券。在1997年之前,债券市场有很长一段时间很不活跃。直到1997年,中国人民银行建立银行间债券市场,该市场主要由机构投资者通过中央国债登记结算有限责任公司的平台进行交易。中国债券市场的大多数重要发展都发生在2015年以后。

到2016年,中国的债券市场已经形成一个统一、多层次的市场体系。其中主要有四个子市场:银行间债券市场、交易所债券市场、商业银行场外交易市场和自贸区债券市场。银行间债券市场是四个市场中规模最大的,按未偿还债券总额计算,占整个市场的91%。其参与者是各种机构投资者,如商业银行、证券公司、保险公司等;交易所债券市场和商业银行场外交易市场是零售市场;自贸区债券市场被定义为国内离岸市场,它吸引外国投资者参与国内债券市场,其规模与其他债券市场相比非常小。表6.5展示了根据交易市场类型划分的债券存管金额。[1]

表6.5 2016年不同类型债券市场的债券存管金额

单位:万亿元

市场类型	银行间债券市场	交易所债券市场	商业银行场外交易市场	自贸区债券市场
存管金额	51.86	4.45	0.69	0.003

资料来源:中央结算公司。

图6.6—6.9比较了中国债券市场与其他主要国家的债券市场。2017年,中国未偿还债券总规模约为7.8万亿美元,约为美国(总规模为41.0万亿美元)的19%、日本(总规模为10.1万亿美元)的77%。然而,中国的债券周转率大大低于美国和日本,2017年约为美国的24%和日本的13%。这表明中国债券二级市场与较发达国家的二级债券市场相比并不成熟。2017年,中国未偿还

---

[1] 参见中央国债登记结算有限责任公司发布的"中国债券市场概览(2016版)"(https://www.scribd.com/document/423679426/China-s-Bond-Market-Overview-2016-2-pdf)。

债券总额的 24% 由中央政府发行、33% 由地方政府发行、43% 由企业发行。相比之下,美国对应的比例是 35%、36% 和 28%;而日本分别为 82%、7% 和 12%。

2017 年,中国、美国、日本和欧元区的未偿还债券总价值约为 71.0 万亿美元,而这四个经济体的股票总市值[欧元区只计算泛欧交易所(Euronext)的市值]约为 39.4 万亿美元,表明在全球范围内债券融资比股权融资更为重要。但中国的债券规模占 GDP 的比例远低于其他三个经济体。如图 6.6 所示,中国为 64%、美国为 211%、日本为 209%、欧元区为 158%。① 这表明中国的债券市场仍有很大发展空间。

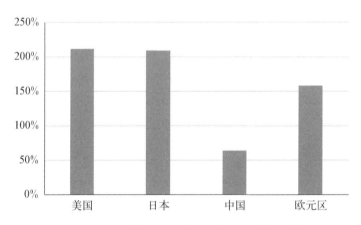

图 6.6 2017 年未偿还债券总额占 GDP 的百分比

资料来源:日本:日本证券交易商联合会,http://www.jsda.or.jp/en/statistics/bonds/。
中国:中央国债登记结算有限责任公司网站,http://www.chinabond.com.cn/Channel/147253508?BBND=2017&BBYF=12&sPageType=2#。
美国:证券业和金融市场协会,https://www.sifma.org/resources/research/us-bond-market-issuance-and-outstanding/; https://www.sifma.org/resources/research/us-bond-market-trading-volume/。
欧元区:欧洲中央银行,https://www.ecb.europa.eu/stats/financial_markets_and_interest_rates/securities_issues/debt_securities/html/index.en.html。
英国:英国债券管理办公室(英国政府债券),https://www.dmo.gov.uk/data/gilt-market/turnover-data/; https://www.dmo.gov.uk/data/gilt-market/gross-and-net-issuance-data/; https://www.dmo.gov.uk/data/gilt-market/。
公司债券数据来源于彭博终端。

---

① 欧元区的债券由各个成员国发行。因此,欧元区债券市场实际上是不同成员国发行的主权债券的集合。它们的利率和风险各不相同。未偿还债券总额占 GDP 的百分比应被视为欧元区成员国的平均百分比。

储备货币的中央政府债券被认为是全球最安全的资产,是全球基金经理用于存放资金的顶级资产类别,也是大多数持有安全资产以获得流动性的央行储备资产经理的首选。构筑一个外国人可以自由出入,且有深度和高度流动性的中央政府债券市场,对于推进货币成为其他国家的储备货币至关重要。因为外国中央银行需要确信,即便在危机时期该货币仍可以进行巨额交易,且价值不会下跌。美国国债市场就是具有深度和高流动性的中央政府债券市场的最好例子,可以同时容纳几百亿美元的交易而不引起价格的过度波动。因此,建设大型的、开放的、流动性高的中央政府债券市场对于人民币成为真正的国际货币至关重要。从图 6.7 我们看到,即便在 2017 年底,中国的中央政府债券(即中国财政部发行的政府债券)的市场规模也仅相当于英国的市场规模,约为日本的 25% 和美国的 14% 左右。换句话说,中央政府债券市场还有很大的扩展空间,才可达到成熟市场的规模。当中央政府债券市场规模足够大时,就会更具流动性,市场就能承受更大的外国人持有规模而不会产生更高的价格波动率。这将为中国中央政府债券发展成为自成一家的世界级资产类别铺平道路,能作为一种安全、稳健和高流动性的资产供外国人自由使用。

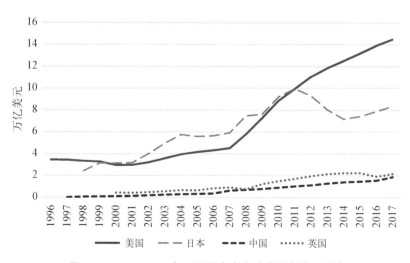

图 6.7　1996—2017 年不同国家中央政府的未偿还债券

注：美国只包括可交易的美国国库券。
资料来源：参考图 6.6 的资料来源。

中央政府债券市场的规模对于提供流动性很重要,但规模并不一定代表流动性。流动性通过资产的周转率来测度。图6.8显示中国的中央政府债券市场的流动性远远低于美国、日本和英国。中国的中央政府债券的流动性较低,其原因似乎并不仅仅是市场规模小。因为英国债券市场规模与中国相同,但是周转率却高很多。中国债券市场交易率低的原因是多方面的,如监管分散、相对狭窄的投资者群体基础以及资本管制。因此,除了规模小,中央政府债券市场的流动性也很低,这是中国金融市场存在很大提升空间的另一个领域。

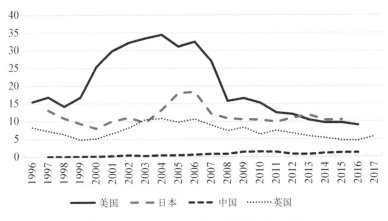

图 6.8　1996—2017 年中央政府债券周转率

注:美国只包括可交易的美国国库券。
资料来源:美国财政部;2018—2019 年英国皇家财政部债务管理报告(第 26 页);中国债券信息网(Chinabond.com.cn);富时罗素(FTSE Russell)中国债券研究报告 2018 年 4 月;日本财政部;Asia.nikkei.com。
美国:http://ticdata.treasury.gov/Publish/mfh.txt;https://www.treasurydirect.gov/govt/reports/pd/mspd/2018/opds112018.pdf。
英国:https://dmo.gov.uk/media/15381/drmr1819.pdf。
中国:https://www.chinabond.com.cn/jsp/include/CB_ENG/EJB_EN/document.jsp?sId=0300&sBbly=201712&sMimeType=4&sc=EN;https://www.ftserussell.com/sites/default/files/ftse_russell_china_bond_report_april_2018.pdf。
日本:https://www.mof.go.jp/english/jgbs/publication/newsletter/jgb2018_04e.pdf;https://asia.nikkei.com/Business/Markets/Capital-Markets/Foreign-investors-hold-more-JGBs-than-do-Japanese-banks。

外资持有国内债券的比例低,是中国资本账户开放程度较低的一个重要因素。如图 6.9 所示,截至 2017 年底,中国国内中央政府债券的外资持有率只有 4.8%,而美国是 42.9%、英国是 28.0%、日本是 11.2%。如前所述,为了使人民币成为真正的国际货币,中央国债市场应该放开让外国人自由出入。因此,中国应该大幅提高外国人进入中央政府债券市场交易的自由度。可喜的是,中国政府一直在采取措施提高外国人进入中国债券市场的机会。最新的措施是 2017 年推出的债券通。

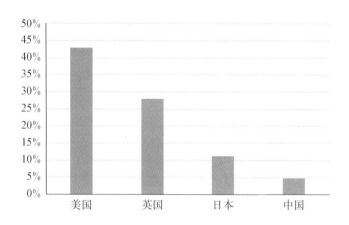

图 6.9　截至 2017 年底外资对国内中央政府债券的持有量

注:美国只包括可交易的美国国库券。
资料来源:参考图 6.6 的资料来源。

债券通的成功推出向全球其他国家发出了中国愿意向外国投资者开放其债券市场的积极信号。中国债券市场的巨大潜能绝不会被寻求资产多样化的国际投资者所忽视。由于中国已经完成由人民银行、财政部和国家税务总局推行的几项业务改进计划,364 只中国的在岸债券自 2019 年 4 月 1 日后的 20 个月内加入了彭博巴克莱全球综合指数(Bloomberg Barclays Global Aggregate Index)。这些债券 159 只来自中国政府;其余来自政策性银行:其中 102 只来自国家开发银行、58 只来自中国农业发展银行、45 只来自中国进出口银行。正如本章前面所述,中央政府债券和政策性银行债券被视为中国最安全的债券。据彭博(Bloomberg)报道,当这些债券被完全纳入彭博巴克莱全球综合指数时,中国在岸债券在该指数中的权重将增加到 6% 左右,从而使人民币将成为继美元、欧元和日元之后的第四大组成货币。纳入彭博巴克莱全球综合指数将提升外国人对中国安全资产的所有权,从而为人民币成为储备货币铺平道路。据分析师估计,人民币全面纳入彭博巴克莱全球综合指数将吸引约1 500亿美元的外资流入中国的债券市场。截至2019年4月,中国债券市场规模约为13万亿美元,是仅次于美国和日本的世界第三大债券市场。[①]

以下时间轴按时间顺序描述了为促进外资进入中国在岸债券市场所采取的政策措施。

6.6.1 鼓励外资进入中国债券市场的政府政策

2005年,中国人民银行批准进入中国银行间债券市场的第一个外国机构投资者——泛亚基金。

2005年,国际金融公司(International Finance Corporation,是世界银行的一部分)和亚洲开发银行在全国银行间债券市场分别发行了1.38亿美元和1.22亿美元的人民币计价债券,成为第一批发行熊猫债券的外国机构。

2010年,中国人民银行推出试点计划,允许外国机构投资者在中国银行间债券市场在中国人民银行授予的货币配额的限额以内进行交易。

2011年,中国人民银行进一步扩大外国机构投资者范围,允许所有QFII和RQFII通过中国的结算代理商申请批准和配额用于投资中国银行间债券市场(CIBM)。

2015年,中国人民银行豁免外国中央银行、货币当局、国际金融组织和主权财富基金在中国银行间债券市场投资人民币的批准和额度限制。2015年5月,32家QFII被允许进入银行间债券市场,其中许多是全球市场参与者。

2016年,中国人民银行允许大多数类型的外国机构投资者投资于中国银行间债券市场,包括商业银行、保险公司、证券公司、基金管理公司和其他资产管理机构、养老基金、慈善基金、捐赠基金,以及中国人民银行认可的其他中长期机构投资者(Foreign Institutional Financial Investors,外国机构金融投资者),其配额限制也被取消。

---

① 参见 https://www.cnbc.com/2019/04/01/china.bonds.debut.on.bloomberg.barclays.globalaggregate.index.html;彭博社,https://www.bloomberg.com/company/press/bloomberg.confirms.chinainclusion.bloomberg.barclays.global.aggregate.indices/。

2017年,债券通启动,此项目使海内外投资者能够通过内地和香港的金融基础设施机构之间的连通来交易获准在内地和香港债券市场交易的债券。在初始阶段,北向交易首先开始,即其他国家和地区的投资者(即海外投资者)投资于中国银行间债券市场。

2019年,债券通成为境外人士投资境内债券市场的主要渠道,其开放程度之高使之前的债券市场开放政策成为多余的政策。在2019年4月1日后的20个月内,中国政府和政策性银行发行的364只在岸中国债券被纳入彭博巴克莱全球综合指数。

2020年2月28日,摩根大通(J. P. Morgan Chase)宣布未来10个月内将9只中国政府债券加入其旗舰下的政府债券指数——新兴市场指数系列(Emerging Markets index series)。此举为中国的债务市场吸引至少200亿美元新进资本。9月24日,富时罗素宣布从2021年10月起将中国政府债券纳入其全球政府债券指数(World Government Bond Index,WGBI),预计这将在12个月内为中国的在岸政府债券市场带来约1 500亿美元的资金流入。

6.7 股票市场

如前所述,中国的金融系统由商业银行主导,债券和股票扮演次要角色。为了提高资本的配置效率,这种情形必须改变。一个规模庞大、深入和高效的股票市场对于中国正在进行的经济转型至关重要。市场化改革、法治、加强监管和进一步开放都将有助于提升中国的股票市场的全球资产级别。一个允许外国人投资、运行良好、深入、广泛和流动性高的中国股票市场将吸引外国人持有人民币作为价值储存手段。

中国股票市场的筹资能力很低。但中国需要一个筹资能力更强的股票市场以减少对银行贷款的依赖。筹资对于新公司、新兴产业以及产业升级尤为重要。股票市场有助于改善资本配置,并促进中国经济向着亟须的、更可持续的增长模式进行转型。

中国股票市场筹资能力差,其主要原因是政府在股票市场存在角色冲突。股票市场产生的初衷主要是改革及资助有财政困难的国有企业,政府在其中同时扮演控股权所有者、规则制定者,以及市场监管者的角色。

图 6.10 比较了中国内地股市的市值(包括上海证券交易所和深圳证券交易所)与世界其他主要股票市场的市值。截至 2018 年 12 月,世界各国(或地区)股票市场市值最高的分别为美国 30.4 万亿美元、中国内地 6.3 万亿美元、日本 5.3 万亿美元、中国香港 3.8 万亿美元、英国 3.0 万亿美元。① 2018 年,股票市场市值占 GDP 的比例美国为 148%,中国内地为 46%、日本为 107%、英国为 105%。可见,如果以更成熟的市场为标准,中国的股票市场还有很大扩展空间。

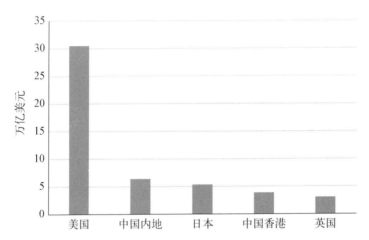

图 6.10　截至 2018 年 12 月按国家/地区划分的五个最大股票市场的市值

资料来源:全球交易所联合会,https://www.world.exchanges.org/。

虽然中国内地股市的市值已经位居全球第二,但政府过度干预使投资者对于股票价格是否真实反映经济基本面的信心产生负面影响。政府过度干预股票市场还有一个负面后果就是使投资者更倾向于关注政府政策而不是基本估值。这有违于股票市场作为资本配置机制的目标,即奖励经济表现良好和惩罚经济表现不佳的公司。

尽管 2015 年中国股市因政府过度干预而受挫,但摩根士丹利资本国际指数(Morgan Stanley Capital International, MSCI)经前几年数次拒绝后,终于在 2018 年 6 月首次将中国 A 股公司纳入其基准指数。A 股是在上海和深圳

---

① 资料来源:世界交易所联合会,https://www.world.exchanges.org/。

证券交易所交易的人民币计价股票。摩根士丹利资本国际基准指数被全球总共 11 万亿美元的机构基金追踪。被纳入的 222 家中国公司在摩根士丹利资本国际新兴市场指数(MSCI Emerging Market Index)的权重为 0.73％。大多数分析师们认为,纳入该指数可能不会给中国股市带来任何长期推动力,A 股任何显著的资金流入更多地与中国经济增长和金融改革的前景相关联。然而,纳入摩根士丹利资本国际指数是中国寻求外部认可,从而造成外部压力推动国内改革的另一个例子。许多观察家认为,中国政府提高 A 股市场的投资者准入性(如通过"股票通")是促使摩根士丹利资本国际指数批准其纳入的关键原因。事实上,摩根士丹利资本国际指数在前三次年度审查中否决了 A 股的纳入请求,理由是 A 股的全球投资者市场准入性有限、资本管制以及监管框架不透明。事实上,中国的股票市场确实需要增加透明度和减少政府干预。预计未来将 A 股股票进一步纳入摩根士丹利资本国际指数的任何行动,都需要中国在这些方面进行更多改革。

6.7.1 中国股票市场发展大事件记

1990 年,上海证券交易所和深圳证券交易所成立,目的是为企业提供筹集投资资金的渠道。

1991 年 11 月,中国证券市场的第一只 B 股在上海证券交易所上市。B 股是以人民币计价并在境内上市的股票,但由境外投资者以美元或港币认购和交易。

1993 年 6 月,青岛啤酒股份有限公司在香港上市,成为第一家发行 H 股的内地上市公司。

2000 年,中国期货业协会在北京成立,这是一个全国性的期货业自我监管机构。

2006 年,中国金融期货交易所在上海成立。

2014 年,推出沪港通,使海外投资者可以在中国内地市场交易在上海证券交易所上市的证券(即沪港通北向交易)、内地投资者可以在香港市场交易香港证券交易所上市的证券(即沪港通南向交易)。

2016 年,推出深港通——深圳和香港股票市场的相互准入。这是在一直成功运行的沪港通基础上,内地和香港之间相互市场准入试点项目的扩展版。

2018年6月,全球指数编制机构摩根士丹利资本国际指数(MSCI)将226只中国大盘A股纳入其摩根士丹利资本国际新兴市场指数及其他全球和区域综合指数。

6.8 近年来中国金融市场对境外公司准入的开放

尽管中国金融市场的发展水平相对较低,但开放步伐却相当快,尤其是在过去几年。2018年4月,易纲在中国海南岛的博鳌论坛上宣布,中国政府将在2018年以内允许外国证券公司、基金管理公司、期货公司和人寿保险公司拥有其中国子公司51%的所有权,到2021年这一上限将完全取消。目前,这些承诺已经兑现。例如,瑞银集团(UBS)在2018年底成为第一家在其证券合资公司中持有多数股权的外国银行。瑞银在与中国公司的合资企业瑞银证券(UBS securities)的持股比例达到51%。尽管中美之间存在贸易摩擦,摩根大通申请成立多数控股的合资企业仍于2019年获准启动。野村证券(Nomura)于2018年5月申请成立了一家合资证券公司。花旗集团(Citigroup)将结束其现有的合资企业,成立多数股权的合资企业。

至于保险业务,政府承诺允许合格的境外投资者在境内开展保险经纪和评估业务。外资保险经纪公司将享有与中国同行同样的业务经营范围。2018年11月,让市场感到惊喜的是,中国批准德国安联保险集团(Allianz)在上海设立第一家外国独资保险控股公司,比承诺的时间提早了三年。

股票通:正如承诺的那样,自2018年5月1日,内地和香港互联互通额度扩大,将把股市互联互通每日额度扩大四倍。北向的每日配额从沪港通和深港通各130亿元人民币增加到520亿元人民币。而南向的每日配额从沪港通和深港通各自105亿元人民币增加到420亿元人民币。此外,沪伦通(Shanghai-London Stock Connect)已于2019年6月17日启动。

2018年,中国政府还给出了其他承诺,比如取消银行和金融资产管理公司的外资股权限制、对内资和外资机构一视同仁。此外,还承诺允许外国银行在国内同时设立分行和支行。外国银行在这方面却没有任何重大举措,看来外资银行并不认为在中国经营银行业务有利可图。像汇丰银行(HSBC)和渣打银行(Standard Chartered Bank)等银行没有任何表示计划增加其各自在合资企业中的股份。事实上花旗集团和其他全球性银行近年来已经出售了其各自在中国合资企业的股份。

尽管特朗普政府竭力让中美"脱钩",然而,在近年外资所有权市场化的浪潮下,美国金融公司在中国金融市场获得了越来越多自主权和准入权。2019年,PayPal收购了中国公司国付宝(GoPay)70%的股份,使PayPal成为第一家在中国提供在线支付服务的外国公司。2020年3月,高盛集团(Goldman Sachs)在合资证券公司33%少数股权提升到51%多数股权的申请获得批准。摩根士丹利(Morgan Stanley)将其在合资证券公司的所有权从49%增加到51%。2020年6月,美国运通(American Express)获批成为首家通过与中国金融科技公司的合资企业在中国开展在岸业务的外国信用卡公司,允许其经营网络清算业务。维萨(Visa)和万事达卡(Mastercard)也已申请网络清算许可证。美国信用评级公司也在提升准入权限有所收获。2019年,标普国际(S&P Global)成立全资公司,这是第一张获准在中国国内债务市场开展信用评级服务的许可证。2020年5月,惠誉国际评级有限公司(Fitch)的全资子公司获准对中国的在岸发行者,包括银行、非银行金融机构和保险公司及其债券进行评级(Lardy和Huang,2020)。

6.9 结论

中国的金融体系仍然以金融抑制为特征,这不利于人民币国际化的发展。

金融体系的最大问题是银行业以及大量不盈利的国有企业。银行业的特点仍然是利率管制、国有银行占主导地位、高准入壁垒以及通过控制信贷分配来优惠国有企业。银行部门改革的主要障碍在于国有银行肩负向国有企业输送信贷的责任,因为国有企业处于关键部门。通过国有银行分配优惠信贷来补贴不盈利的国有企业成为银行业改革的主要障碍,进而也是金融市场改革的障碍。

如果银行系统的定价机制(即利率决定机制)被扭曲,那么该国其他金融市场的利率也会因此被扭曲,因为金融市场的各个部分是通过利率机制相互关联的。金融市场的利率扭曲会对金融系统的发展步伐产生负面影响,包括债券市场、保险市场、共同基金市场,甚至股票市场。它将阻碍有深度、广度和流动性的金融市场的形成与发展,减缓人民币国际化的步伐。

如果存款利率低于市场决定的水平,资本账户开放就会有更大风险,因为这将触发资本外流,民众会把国内银行存款转移投资于收益更高的国外资产。延迟开放资本账户可能会减缓人民币国际化的步伐。

就像任何政府干预资源分配一样,信贷配给将滋生腐败。这同样会阻碍形成运作良好的金融市场,因为法治是金融发展的支柱。

为了推进金融改革,中国政府应该:(1)让市场决定利率和金融市场的资源配置;(2)逐步取消通过干预金融市场来保护国有企业的做法;(3)在设计监管框架时应该考虑在确保金融稳定和允许金融创新之间取得适当平衡;(4)就外国投资者投资和外国公司准入方面,开放金融市场。

中国金融部门的结构是一边倒的,与债券市场和股票的市场规模相比,银行部门的规模不成比例地大。其原因是债券市场和股票市场不成熟。因此,银行业在资本配置中的相对重要性应该下降,而债券市场和股票市场的相对重要性应该提升,使中国的金融系统与更先进的国家保持一致。此外,银行系统的市场化程度仍不够高。债券市场规模太小、流动性差,而且缺乏外资参与。股票市场的发展仍然受到政府干预、缺乏透明度、外资准入受限制和资本管制等一系列缺陷的阻碍。债券和股票市场的进一步发展对人民币国际化至关重要。不发达的金融市场不可能是广泛的、深入的和流动性强的,也不可能是开放的。因为如果金融市场不以市场为导向、不具竞争力、管理不善和监管不力,那么向外国人开放金融市场的风险就太大了。

债券市场的发展,尤其是中央政府债券市场的发展,对于人民币成为真正的国际货币非常关键。目前还存在许多阻碍债券市场成为促进资本市场开放的有效工具,包括市场规模太小、缺乏流动性和外国所有权比例太低等。因此,它们都成为人民币国际化的障碍。

关于股票市场,尽管中国 A 股被纳入全球 MSCI 指数,但鉴于中国政府干预股市的历史事实、市场缺乏透明度、资本管制以及其他问题,外国人对 A 股的投资兴趣究竟有多大目前尚不清楚。如果外国人对 A 股的公平性缺乏信心,他们就不会有兴趣投资 A 股,资本账户开放也会因此受到影响,这将不利于人民币国际化的推进。

尽管如此,中国的金融体系改革已经取得了进展。例如,利率上限已经取消,外国银行拥有多数股权已经获批(但外国银行兴趣不大;事实上许多外国银行出售了他们的少数股份),债券市场发展迅速,监管力度提高以减少系统性风险(如监管机构的整合、对影子银行系统的监管等)。然而,仍然有许多问题需要解决。

好消息是,中国的金融市场市场化步伐并未放缓。近年来,中国金融市场开放和与世界其他国家的融合已经加快,这似乎是中央政府有意识的政策导向,对中国的经济增长与发展以及人民币国际化都是有利的信号。

第 7 章
离岸人民币市场的重要性

历史上当一个国家希望本国货币国际化时,应该允许其货币更充分地可兑换,尤其是在资本账户下可兑换,这意味着行政手段的资本管制应该基本被取消。"二战"后的美国、英国、德国和日本都是这方面的例子。由于人民币在资本账户下尚未完全可兑换,而中国希望以可控的方式开放其资本账户,因此在政府政策的支持下构建离岸人民币市场(其中人民币可以完全自由兑换)对于促进人民币的国际使用至关重要。中国采用"一种货币,两个市场"的战略推进人民币国际化,可能可以视为其无意很快取消在岸资本管制的信号。取而代之,中国想在离岸市场和在岸市场之间建立一道防火墙,并且持续很长一段时间。简而言之,中国似乎想在达到人民币国际化的同时保留在必要时候对在岸市场实施资本管制的自由裁量权。从这个角度来看,中国香港作为主要离岸人民币中心的地位可能将持续很长时间。

什么是离岸货币市场?简略地说,离岸货币市场是在货币发行国以外买卖以该货币计价的金融产品的金融市场。在离岸货币市场交易的金融产品可以是银行存款、债券或其他金融产品。离岸货币市场通常位于信誉良好的国际金融中心,该中心具有悠久的法治传统、稳固的金融基础设施、成熟的监管框架、强健的合约执行能力以及优惠的金融税收政策。

从历史上看,离岸货币市场的出现主要有三个原因:第一,存款人希望将国家风险(如被没收或限制资本流动)与非国家风险(如货币风险)分隔开。例如,"冷战"期间一些苏联公民希望持有美元存款,但不想把钱放在美国。离岸美元银行账户满足了这种需求,并因此推动了离岸美元银行业务的发展。随着离岸美元市场的扩张,海外美元广泛流通,并形成一个单独的、监管较少的市场,为海外美元资金提供存放地。第二,在岸银行与离岸银行存在监管不对称,这可能导致离岸银行业务比在岸银行业务具有更大优势。例如,由于在岸存款与离岸存款的法律或税收待遇不尽相同,离岸美元存款和在岸美元存款的收益可能存在差异。从历史上看,2008年10月3日之前,美国在岸银行的存款准备金是零利息,但离岸银行则没有任何准备金要求。这意味着离岸银行具有成本优势,因而能获得更多赢利。第三,便利因素。对某些投资者和融资者而言,离岸市场所在地的监管环境、会计标准、语言和时区使他们获得相比于在岸市场更多的便利。就美元而言,20世纪50年代,外国人持有美元的愿望非常强烈。因此,就在岸银行而言,当在岸市场对存款者的吸引力减弱或银行利润降低时,就已经存在对离岸美元银行业务和离岸美元交易的强烈需求,好让它们发展业务。然而,目前外国人对持有人民币并没有强烈愿望,因此必须创造离岸人民币银行业务和离岸人民币交易的需求。

利用离岸货币市场启动人民币国际化之所以至关重要,原因有几个:首先,成功的人民币国际化需要资本账户高度可兑换,但中国在短期内似乎无意开放其在岸市场的资本账户。然而中国却可以允许离岸人民币市场资本账户实现完全自由兑换。如果离岸人民币不能完全自由地流入在岸市场,而在岸人民币也不能完全自由地流入离岸市场,这个在岸和离岸市场同时存在的状况就可以维持。这也是"一种货币,两个市场"的理论依据。"一种货币,两个市场"政策能让中国内地按照自己的步伐开放资本账户,与此同时,将人民币打造成一种可以用于贸易计价、贸易结算以及中国企业在境外融资的国际货币。

其次,在离岸中心进行金融资产交易有利于将其货币风险与出售资产的机构(如银行)所在国的国家风险分隔开。相反,在岸市场的金融资产会将货币风险和国家风险捆绑在一起。货币风险主要与汇率波动率有关;而国家/地区风险与该国/地区的法律、政治、经济、社会和其他风险有关,如合约受到资产卖方机构所在国的法律管辖的风险,包括合约的执行力度和存款人的权益保护、资产被政府没收的风险,以及资本管制等。例如,当外国人将人民币存放在中国香港的银行时,其合约受香港地区法律的管辖。这里货币风险是人民币风险,但是其国家/地区风险是香港特别行政区离岸市场的风险,而不是货币发行国/地区，即中国内地的风险。由于中国香港是一个享有盛誉的国际金融中心，具有悠久的法治传统，司法独立，没有资本管制，合约执行力强。因此当存款存放在香港的银行时，人们对存款安全的信心会增强。香港银行的可靠性和高效率也使外国人有信心通过香港的银行系统使用人民币进行贸易和金融交易的计价和结算。从而增加香港离岸人民币市场上人民币作为价值储存和交易媒介的吸引力。正如我们下面将要看到的，股票通和债券通使外国人能够通过香港投资于中国内地的股票和债券。这正是将货币风险（人民币）与国家/地区风险（香港）分隔的典型范例。就交易和结算业务而言，经由香港证券交易所参与的"联通"项目（其中一些实体在中国内地注册）的香港投资者将受到香港《证券及期货条例》的保护。

最后，离岸人民币中心拥有国际公信力以及发达的金融基础设施。这些离岸中心连同新的国际支付系统人民币跨境支付系统 CIPS 一起，促进了资金在岸和离岸市场之间的有效流动，加强了在岸金融发展和资本账户开放对人民币国际化的影响，也促进了离岸金融市场的有效运作以及离岸人民币的第三方使用。

中国是否能在在岸地点建立一个完全可兑换的人民币市场（在岸的离岸人民币市场）在可预见的未来似乎很难找到合适的地方。目前根本没有一个具备国际社会认可的制度环境和信誉的在岸地点可以让相当规模完全可兑换的人民币市场进行运作。鉴于中国内地的金融和法律基础设施不成熟以及监管制度不完善，同样也很难找到任何一个在岸地点能够有效地将在岸的离岸人民币市场和在岸的金融交易隔离开。此外，在岸的离岸人民币市场仍然具有中国的国家风险，因此不能将货币风险与人民币资产的国家风险分隔开。上海自贸区和深圳前海自贸区都曾尝试过创建在岸的离岸人民币市场，但这些尝试都没有取得任何效果。美国确实在 1981 年 12 月建立了一个名为国际银行设施（International Banking Facilities，IBF）的在岸的离岸美元市场，并要求银行在处理离岸和在岸金融交易时使用分离账户且遵循不同法规，但中国很难模仿。这使得利用完全可兑换的离岸人民币市场成为人民币国际化的唯一选择。

为了理解人民币国际化所处的国际经济环境以及中国香港、新加坡和伦敦等地被选为第一批主要离岸人民币中心的原因,我们需要掌握一些关于国际资本市场、离岸银行业务、离岸货币交易和国际金融中心的基本知识。

7.1　国际资本市场与离岸银行业务

国际资本市场的主要参与者包括商业银行、非银行金融机构、跨国公司以及中央银行。商业银行是国际资本市场中最重要的参与者,因为国际支付系统由商业银行负责运行,它们还提供大量的金融服务业务。银行是国际金融中介的核心。银行负债主要包括各种期限的存款,以及从其他金融机构借入的债务和短期借款。银行资产主要包括贷款(给公司和政府)、在其他银行的存款(银行同业存款)以及包括债券在内的各种证券。非银行金融机构,如保险公司、养老基金、共同基金和对冲基金是国际资本市场的净贷款人。非银行金融机构由于其越来越多地持有外国资产以实现投资组合多样化,因此已经成为国际资本市场的重要参与者。跨国公司是国际资本市场上的净借款人,他们经常借用外国资金来筹集投资资金。这些外国资金可能来自外国银行或机构贷款人的贷款,或者来自外国投资者购买的公司股票或债券。跨国公司常常发行用金融中心所在国的货币计价的债券,甚至在同一金融中心发行以不同货币计价的债券。中央银行是国际金融市场上的净贷款人,因为其持有外国政府债券作为外汇储备,并通过购买和出售外国政府债券进行外汇市场干预来参与国际金融市场。

自 20 世纪 70 年代初以来,国际资本市场交易规模的增长速度比全球 GDP 增速快得多。一个主要原因是各国逐渐剔除了私人资本跨境流动的障碍。这一发展的重要原因与汇率制度有关。即自 20 世纪 70 年代初布雷顿森林体系停止运行以来,大多数发达国家采用了浮动汇率制度。这使各国能够根据开放经济体的"三元悖论"原理,同时拥有资本市场开放与国内货币政策自主权。

与奉行固定汇率制度的布雷顿森林体系时代相比,当今商业银行业的一个显著特点是银行业务随着银行从本国延伸到外国金融中心而逐渐全球化。离岸银行业务这一术语的含义是银行的国外办事处在本国以外开展的业务。

银行可以通过位于国外的代理办事处、国外子银行或国外分行开展其国际业务。离岸银行业务和离岸货币交易已经同步发展。离岸存款是指那些以不是银行所在国的货币计价的银行存款。在外汇市场交易的存款许多都是离岸存款。

在过去的三四十年里，离岸银行业务和离岸货币交易快速增长的原因有几个：首先是国际贸易和国际公司业务的快速增长。例如，从事国际贸易和直接投资的国内公司需要国外金融服务，国内银行理所当然地会与这些公司一同把国内业务扩展到国外。位于国外的国内银行通过提供更快捷的支付清算服务以及在过去交易中建立起来的灵活度和可信度，与同样可以为国内客户提供服务的外国银行之间展开竞争。离岸货币交易是全球商品和服务贸易扩展的另一个自然结果。国内商品的外国进口商经常需要持有国内货币存款，因此设在外国的银行就顺理成章地向这些进口商提供相关服务。

离岸银行业务在过去几十年迅速增长的第二个原因是母国和离岸银行中心所在国的监管不对称。为了规避国内政府对金融活动的监管（有时还包括税收），国内银行常常将部分业务转移到国外并且兼营外币业务。离岸银行中心的政府对外币银行业务的监管不如国内银行业务监管那么严格，进一步助长了金融监管的不对称。例如，为了维持对国内货币供应量的控制，国内货币存款往往受到更为严格的监管，而对于银行用外币来进行的交易则给予更多自由。

离岸银行业务增长的第三个原因是一些存款者希望将其存款的货币风险与在货币发行国境内持有的账户的国家风险分隔开。国家风险包括政治等因素导致的银行账户资金被没收或冻结的风险。[①]

7.2 中国香港、新加坡和伦敦

中国香港、新加坡和伦敦等国际金融中心是离岸银行和离岸货币交易中心。监管的不对称性解释了为什么历史上那些政府对外币银行业务管制最少

---

① 历史学家指出，苏联在伦敦的美元存款是欧洲美元市场的兴起的原因之一。参见 Einzig 和 Scott-Quinn(1977)。

的金融中心往往最后发展成为主要离岸货币中心。伦敦是这方面的领头羊，紧随其后是中国香港、新加坡、卢森堡和其他国家或地区，它们通过降低对境内的外国银行业务的限制和税收展开国际银行业务竞争。作为中国的一部分和成熟的国际金融中心，香港必然成为离岸人民币中心的首选。新加坡是中国密切的经济伙伴，位于东南亚——对中国具有重大政治和经济意义的地区，显而易见是大中华区以外离岸人民币中心的选择。英国是中国在欧洲最密切的经济伙伴之一，因此伦敦可以为人民币银行业务和人民币业务在世界经济的战略区域提供立足点。在本书的余下部分，当我讨论离岸人民币中心时，大多以中国香港为例。因为香港是最重要的离岸人民币中心，香港的许多经验与其他离岸人民币中心是共有的。

7.3 中国政府促进离岸人民币市场形成的政策

中国政府促进离岸人民币市场发展的第一项政策措施是在 2004 年 2 月指定中国银行（香港）为香港离岸人民币业务的唯一的清算行。清算服务包括一些与香港的参与银行的存款、兑换、汇款和银行卡相关服务。2007 年，国家开发银行在香港发行第一只价值 50 亿元人民币的点心债券，即在中国内地以外发行的、以人民币计价的债券。也是香港首只公开上市的以人民币进行交易和结算的债券。截至 2007 年底，中国内地银行发行的点心债券总额为 200 亿元人民币。2009 年，内地与香港及其他地区的货币当局签订了双边货币互换协议。然而，2009 年 7 月 6 日推出的人民币跨境贸易结算试点项目，才真正使香港人民币业务起飞，香港成为首个离岸人民币中心。在此项目下，当上海、广州、深圳、东莞和珠海的指定企业与中国香港、中国澳门和东盟成员国指定的非内地企业进行贸易时，可以使用人民币作为结算货币。2010 年，人民币贸易结算扩展到内地的 20 个省市，而海外贸易结算也扩展到世界其他地区。2010 年中期以来，人民币贸易结算试点扩大到中国与世界其他国家和地区之间的所有贸易。启动中国与全世界其他国家和地区的人民币贸易结算项目是人民币国际化的重要里程碑。因为大量在岸人民币第一次从中国流出到世界其他国家和地区进行支付，即作为国际交易媒介。这是国际货币的一项重要职能。考虑到中国与世界其他国家和地区的巨额国际贸易量，人民币流出的数量可能是巨大的。因此香港离岸人民币业务从 2010 年开始起飞。今天，香港已成为世界上最重要的离岸人民币中心。2011 年 1 月，中国政府允许某些获批的内地公司用人民币进行对外直接投资（RMB outward direct investment，RODI）。同年又推出人民币外商直接投资（RMB foreign direct investment，RFDI）的试点方案。此外，2011 年还推出人民币 QFII 方案、2014 年推出沪港通方案、2016 年推出深港通和 2017 年推出债券通。而在 2021 年，则推出了港澳大湾区跨境理财通。所有这些政策都为人民币从境内流向境外成为离岸人民币以及离岸人民币回流境内再次成为在岸人民币提供渠道。换句话说，人民币确实在境外被大量地用作交换媒介（如贸易结算）和价值储存（如银行存款和债券）。

接下来，我们将说明"一种货币，两个市场"是如何运作的。之后我们将讨论香港离岸市场的运作以及离岸市场的问题和议题。

7.4 一种货币，两个市场

两个市场是指在岸人民币市场和离岸人民币市场，它们各自分别有自己的外汇市场和金融市场。外汇市场包括即期市场和衍生品市场，如期货、期权、远期和掉期。离岸外汇市场的运作与在岸外汇市场不同。在岸人民币只在经常账户下可自由兑换，在资本账户下则不能自由兑换。而离岸人民币在经常项目和资本项目中都可以自由兑换。此外在岸人民币向离岸市场流动和离岸人民币向在岸市场流动都受到资本管制的限制。然而资本管制并非绝对的。人们可以用不同的渠道，把资金向两个方向转移。这种不完全的资本管制意味着在岸人民币和离岸人民币汇率不会偏离太多，否则就会出现缩小两种汇率差异的套利活动。平均而言，两种汇率的差距不到 0.5%。

金融市场提供由银行和其他金融机构（如资产管理公司）做中介的金融产品和服务。在岸市场上以人民币计价的金融产品和服务包括债券、银行存款、银行服务、资产管理产品、A 股股票（主要对国内投资者开放）、使用在岸人民币通过债券通购买的离岸债券，以及使用在岸人民币通过股票通购买的香港股票。离岸市场上以人民币计价的金融产品和服务包括离岸人民币存款、离岸人民币债券(点心债券)、使用离岸人民币通过债券通购买的在岸债券、使用离岸人民币通过股票通购买的中国内地 A 股市场的股票、通过 RQFII 购买的在岸金融产品以及一系列银行服务,如人民币贸易结算和人民币直接投资结算。

7.4.1　在岸人民币外汇市场

在岸人民币外汇市场分为两个层次:第一层是零售市场,其参与者是银行及其客户。零售市场是分散市场,公司和个人及银行在此进行外汇交易。第二层是银行的批发市场,各银行通过中国外汇交易中心的平台相互进行外汇交易。银行的批发市场是集中市场。银行间外汇市场规模比零售市场大得多。2018 年,在岸银行间外汇市场的交易量达到 24.8 万亿美元,大约是零售外汇市场交易量(4.2 万亿美元)的 6 倍。

银行间外汇市场的主要参与者是银行和非银行金融机构,包括商业银行、政策性银行、外资银行、农村信用社和财务公司。一些从事外国业务的企业集团也进入银行间外汇市场。参与即期外汇交易的机构数量明显高于参与外汇衍生品交易的机构数量。截至 2020 年 10 月 26 日,银行间外汇市场上拥有即期外汇交易资格的成员共有 708 位,拥有远期交易资格的成员共有 249 位,拥有掉期交易资格的成员共有 245 位,拥有货币掉期交易资格的成员共有 200 位,拥有期权交易资格的成员共有 153 位。[①] 中国人民银行也积极参与外汇市场。在一定时期内,中国人民银行的外汇储备变化基本上反映了该时期其外国资产的净买入/卖出。

从 2015 年 9 月 30 日开始,中国银行间外汇市场已经对外国中央银行和其他官方储备管理机构、国际金融机构和主权财富基金开放。这些类型的机构可以通过中国人民银行作为代理行,或通过银行间外汇市场成员作为代理人,或通过成为银行间外汇市场的外国成员进入银行间外汇市场。这些机构在银行间外汇市场的交易没有配额的限制。

---

① 资料来源:http://116.236.198.44/english/mdtmmbfmm/。

2018年,在岸银行间外汇市场已经覆盖27种外币。人民币兑美元的交易占即期交易的96.8%,随后是人民币兑日元、人民币兑欧元和人民币兑其他外币的交易,它们的交易比例比人民币兑美元小很多。此外,银行间外汇市场协助11对外国货币(包括美元兑9种外国货币和欧元兑2种外国货币)的即期、远期和掉期交易。银行间外汇市场在每个交易日的上午9:30开盘,晚上11:30收盘。与其他主要国际货币的外汇市场相比,中国的在岸人民币外汇市场的跨境交易比较少,远期和期权交易也比较少。

在岸人民币外汇市场的关键即期汇率包括汇率中间价和市场汇率。人民币中间价在每一个交易日上午9:15由中国外汇交易中心发布。人民币市场汇率是银行间外汇市场上的人民币实际交易汇率。2015年8月11日,中国人民银行改革了人民币汇率中间价形成机制,缩小了其与市场汇率的偏差。在每个交易日早上,做市商向中国外汇交易系统(China Foreign Exchange Trade System,CFETS)提供报价,然后系统会将这些报价输入一个公式(剔除最高和最低报价后的加权平均报价)并计算汇率中间价。新的人民币汇率中间价形成机制与之前的汇率形成机制相比,最大区别是要求做市商参考前一个交易日的汇率收盘价。由于这个原因,2015年8月11日之后人民币汇率中间价非常接近银行间外汇市场前一个交易日的收盘价。

银行间市场的人民币交易价受到人民币中间价和交易区间的制约。1994年,汇率制度改革要求银行间市场的人民币交易价格不得超过中国人民银行规定的区间。截至2005年7月,交易区间设定为人民币汇率中间价的±0.3%。此后中国人民银行多次扩大交易区间,2007年5月21日扩大到±0.5%,2012年4月16日扩大到±1%,2014年3月17日扩大到±2%。[①] 2015年8月11日以后,人民币汇率制度转为以市场供求为基础的、参考一篮子外币的有管理的浮动汇率制度。中国宣布篮子货币以美元、欧元、日元和韩元为主,还有一些小比例的英镑、泰铢、俄罗斯卢布、澳大利亚元、加拿大元和新加坡元。[②]

---

① 交易区间为市场提供了货币当局能容忍多大幅度汇率波动的信号。实践中交易区间的界限很少被打破。
② 参见 Cheung, Chow 和 Qin(2017)第3章。

1994年后,人民币汇率由反映外汇供求关系的市场决定。然而这并不意味着汇率由市场自由地决定。1994—2005年,市场仍然受到中国人民银行干预。其干预是通过在岸银行间市场买入或卖出人民币以交换外币来达到的。1994—2005年,人民币兑美元(RMB/USD)汇率在中国人民银行的干预下维持在8.28的水平(受限于一个狭窄的交易区间)。2005年以后,人民币实行有管理的浮动汇率制度,因此汇率能更自由地浮动。外汇的供求受到多种因素的影响,如中国的进口和出口、人民币的升值或贬值预期,以及中国和其他国家的利率。尽管如此,中国人民银行一直,而且仍然是影响人民币汇率最重要的力量。中国人民银行影响市场汇率的方式有两种:(1)通过中间价和交易区间限制市场汇率;(2)在市场上买入或出售外汇。2015年8月11日人民币汇率中间价形成机制改革后,人民币汇率中间价由前一个交易日的收盘价主导,但中国人民银行仍然可以通过在市场上买卖外汇来影响市场汇率。

7.4.2 离岸人民币外汇市场

2010年中期,人民币跨境贸易结算试点扩大到中国与世界其他国家和地区之间的所有贸易后,离岸人民币外汇市场迅速扩大。2014年,中国香港、新加坡和伦敦的离岸人民币外汇市场的日总交易量合计达到2 300多亿美元,是在岸人民币外汇市场的4倍。绝大部分离岸人民币外汇交易都发生在中国香港、中国台湾、英国、新加坡和美国。直到2022年,中国香港地区的人民币交易量仍然超过内地水平。

离岸人民币外汇远期交易可分为两种类型:可交割外汇远期(deliverable forward, DF)和无本金交割外汇远期(non-deliverable forward, NDF)。无本金交割外汇远期交易通常在离岸金融中心进行,这些中心不受货币发行国或地区的外汇交易限制。人民币无本金交割外汇远期市场首先在新加坡启动,其交易量逐渐被后来者中国香港超越。与可交割远期合约相比,无本金交割外汇远期合约不涉及实物交割,只要求合约参与者以外币(通常为美元)对结算价和合约价之间的差额进行结算。

然而,离岸人民币无本金交割外汇远期市场已经逐渐被可交割离岸人民币市场所取代。采用无本金交割外汇远期交易的货币,大多是其发行国或地区参与全球经济,但其资本账户却只有限地开放。随着离岸人民币市场的进一步发展,无本金交割外汇远期进一步被可交割离岸人民币市场所取代。

离岸人民币外汇市场的形成与离岸人民币业务的发展密切相关。2003年底,中国香港推出个人人民币业务,标志着离岸人民币业务的启动。自2009年7月,有公司开始使用人民币进行跨境贸易结算。2010年7月,由于所有类型的公司和机构都被允许开设人民币账户,银行之间也被允许进行人民币交易,中国香港的人民币业务范围扩大。离岸人民币市场开始形成。

人民币在离岸市场主要对美元进行交易。在香港地区,2018年人民币兑美元的交易占人民币外汇交易量的95%,其次是人民币兑港币和人民币兑其他货币。离岸人民币外汇市场的衍生品交易量比在岸市场多。

离岸人民币即期汇率从2010年7月开始形成。2010年7月以前,只有当其人民币业务产生人民币资金的供求时,离岸银行才能通过清算银行兑换和借用人民币。因此,香港市场并没有自己的人民币汇率。2010年7月以后,新的清算协议允许离岸银行之间进行人民币交易,因此离岸人民币银行间外汇市场和离岸人民币汇率得以形成。

2011年6月27日,香港财资市场公会(Treasury Markets Association,TMA)推出了香港离岸人民币即期汇率定盘价,该汇率是剔除两个最高和两个最低银行报价以后的平均值。不同于在岸人民币中间价,离岸人民币定盘价对离岸市场汇率没有制约作用。

由于资本在离岸和在岸人民币市场之间不能自由流动,离岸人民币和在岸人民币的汇率之间存在差异。然而,由于在岸和离岸市场之间的不完全资本管制,每当离岸人民币和在岸人民币的汇率差异过大时,从事跨境贸易的公司就会通过跨境贸易人民币结算进行套利,从而缩小汇率差异。

离岸人民币相比于在岸人民币的汇率波动性更大,这是因为与在岸人民币不同,离岸人民币既不受到汇率中间价和交易区间的限制,也不受中国人民银行的直接干预。当国内外经济状况的变化导致人民币汇率波动时,离岸人民币汇率变化往往比在岸人民币汇率变化大。一般来说,人民币升值通常伴随着离岸人民币的溢价,而人民币贬值则通常伴随着离岸人民币汇率的折价。

7.5 人民币支付的结算与清算

中国香港的人民币交易通过实时全额结算系统(Real Time Gross Settlement, RTGS),也叫作清算所自动转账系统(Clearing House Automated Transfer System, CHATS)进行结算。该系统由香港银行同业清算有限公司(Hong Kong Interbank Clearing Limited, HKICL)负责运营。[①] 实时全额结算系统对以港币、美元、人民币和欧元的支付进行结算。因此,人民币只是通过实时全额结算系统进行结算的货币之一。中银(香港)作为香港的清算行在中国人民银行拥有结算账户,并且是中国现代化支付系统(China's National Advanced Payment System, CNAPS)的成员。香港的人民币实时全额结算系统可以看作中国现代化支付系统的技术延伸,但是受香港地区法律的管辖。截至2019年9月,通过实时全额结算系统进行人民币结算的日资金规模(每天超过1万亿元人民币)已经超过港币的结算规模(每天约9 400亿港币,相当于约8 400万亿元人民币),成为香港实时全额结算系统中结算量最大的货币。[②]

关于在岸市场的人民币跨境支付,中国自2015年以来在在岸市场建立了跨境支付系统,并有可能极大提高全球银行间人民币支付的效率。该系统被称为CIPS,其第一阶段和第二阶段分别于2015年和2018年开始运行。

如前所述,中国已经在世界各地设立了一些离岸人民币清算银行参与人民币支付的清算和结算。在CIPS开始运行之前,离岸外国实体可以通过以下两种方式与中国进行人民币支付的跨境清算与结算。

第一种方式是离岸公司在一家离岸官方人民币清算银行开设账户,并通过该清算行进行人民币支付的跨境清算与结算。这一渠道可以利用中国现代化支付系统的大额实时支付系统(High Value Payment System, HVPS)。[③]

[①] 香港银行同业清算有限公司是一家由香港金融管理局(HKMA)和香港银行公会(HKAB)共同拥有的私营公司。
[②] 参见香港银行同业清算有限公司,www. hkicl. com. hk/eng/information _ centre/statistics _ of _ clearing_ transaction_volume_and_value.php。
[③] 离岸公司还可以在"参与银行"开立账户,即与离岸清算银行签署清算协议的离岸商业银行。然后,离岸公司可以通过"参与银行"间接地由清算银行实现跨境人民币支付。

第二种方式是离岸公司在一间离岸商业银行开设一个户口,然后离岸商业银行通过一间在岸商业银行作为其代理银行(correspondent bank),进行人民币支付的跨境清算与结算。这一渠道利用 SWIFT 来传输支付信息。

CIPS 全面运行后,所有跨境支付预期都将使用 CIPS 或中国现代化支付系统。而中国人民银行则较希望各方使用 CIPS 进行跨境支付。

7.6 人民币跨境支付系统

CIPS 是由中国人民银行支持的现代大额支付系统(large-value payments system,LVPS)。第一阶段 CIPS 于 2015 年 10 月 8 日启动,第二阶段于 2018 年 5 月 2 日启动。其主要目的是通过减少成本和压缩处理时间以及允许更多全球机构的参与来促进人民币的全球使用。① CIPS 为那些期待更有效率的人民币支付的客户提供了新渠道。除了降低直接成本和提高速度以外,客户还受益于更高的直通式处理(straight-through processing,STP)速度。② 中国人民银行将其描述为人民币国际化的"高速公路"。

CIPS 有两类指定参与者。系统的直接参与者是各类国际银行和国内银行。直接参与者(如外国银行的中国分行)必须在 CIPS 的上海公司开设往账(nostro)账户。③ 间接参与者(如外国银行的离岸分行)可以通过直接参与者的其中之一来使用 CIPS。截至 2018 年 3 月底,共有 31 个国内外直接参与者,以及 695 个国内外间接参与者加入 CIPS,其实际业务范围扩展到 148 个国家和地区。人们普遍预期使用 CIPS 的参与者数量将随着时间的推移而增加。

广泛用于全球支付的 SWIFT 报文系统(messaging system)不支持中文字符,从而产生与中国现代化支付系统的连接问题。相比之下,CIPS 同时支持中文和英文的传输,因此与现有 SWIFT 的 MT 报文系统兼容。如上所述,CIPS 全面运作之前,外国企业出入中国的跨境人民币清算和结算通常由离岸

---

① 参见 https://securities.bnpparibas.com/insights/what-is-it-cips.html。
② 直通式处理(STP)是企业和银行使用的一种自动电子支付程序,它允许整个支付过程从启动到最终结算没有人工干预。
③ 往账(Nostro)是银行术语,用于描述一家国内银行在外国银行持有的经常账户。

中心的清算银行来运营。清算银行被分配获得外汇市场的人民币买卖配额，以便为向离岸市场提供足够的人民币流动性。此外，清算银行还获得在岸银行间贷款市场的配额，以便为离岸市场提供额外的人民币流动性。当资本账户变得更加开放、CIPS无须经过清算银行就被外国银行自由使用时，这些措施就不再需要了，清算银行也将不再是跨境人民币清算和结算的主渠道。

中国现代化支付系统和CIPS之间的竞争有望提高中国国际支付系统的效率。目前，CIPS采用非国有股份制治理结构，以便其公司治理和市场化属性更有利于效率与创新。CIPS在中国人民银行的监督和管理之下，由一个不属于政府的实体运营，其成员是全球主要商业银行。① 希望这有助于CIPS在其具有丰富国际交易经验的全球性成员银行帮助下迅速发展成为世界级的专业系统。中国人民银行强烈建议银行在所有人民币跨境交易中使用CIPS。目前，银行仍然可以在CIPS和中国现代化支付系统这两个选项中自由选择。中国监管当局正在制定一系列准入机制以促进和监督CIPS的顺利运行。

CIPS的运行时间已经延长到5×24+4小时，基本上涵盖了全球各时区所有金融市场的工作时间。它既有实时全额结算，也有延迟净额结算(deferred net settlement，DNS)，以满足CIPS的参与者的多样化需求和促进跨境电子商务的发展。② 因此CIPS是一个混合系统。本章后面将更多地讨论延迟净额结算和实时全额结算的区别。与旧系统相比，CIPS已有能力支持更多的外国直接参与者，并随时准备接纳更多符合条件的外国机构。

中国人民银行将CIPS的推出视为中国金融市场基础设施建设的里程碑，标志着中国在建设支持国内和跨境人民币支付的现代支付体系方面取得了显著进展。预计CIPS将根据市场需求和人民币国际化的要求继续升级其服务

---

① 根据跨境银行间支付清算有限责任公司的网站，"跨境银行间支付清算有限责任公司接受中国人民银行的监督、管理和指导，根据《人民币跨境支付系统业务规则》《人民币跨境支付系统业务操作指引》以及《人民币跨境支付系统参与者服务协议》等相关制度规则，负责人民币跨境支付系统(CIPS系统)的开发运行维护……中国人民银行于2018年3月批复同意跨境清算公司开展增资扩股工作，并引入境外投资者。2018年7月，36家中外机构签署共同增资协议。2019年12月3日，跨境清算公司在上海召开第一次股东会和董事会会议"。
② 延迟净额结算系统是指在某一递延时间(如当一天结束时)对交易各方之间的债务或转账实施净额结算，而不是立刻结算。参见国际清算银行(2003)。

和功能。① CIPS 的运营商表示，2019 年 CIPS 每天处理 1 357 亿元人民币（194 亿美元），其参与者来自全世界 96 个国家和地区。相比而言，SWIFT 每天处理约 5 万亿—6 万亿美元。可见，CIPS 处理的支付金额仍只占全球支付金额的极小份额，仍有很大发展空间。

在了解人民币跨境支付系统和中国现代化支付系统之间的关系之前，先了解美国的清算所银行间支付系统和联邦电子资金转账系统是很有意义的。概括而言，CIPS 以美国联邦电子资金转账系统为模板，而中国现代化支付系统则类似于美国的联邦电子资金转账系统。中国现代化支付系统的大额实时支付系统是一个实时全额结算系统，自 2005 年 6 月开始在全国范围内运行。大额实时支付系统主要处理超过一定价值的城际和本地信用转账以及紧急的低值电子转账，实时发送支付指令并逐一进行交易清算。中国现代化支付系统主要是在岸交易的支付系统。相比之下，CIPS 是一个混合系统。它既处理延迟净额结算，也处理实时全额结算。其构建的主要目的是处理跨境人民币支付。CIPS 在中国人民银行的监管下，由跨境银行间支付清算（上海）有限责任公司负责运营。

联邦电子资金转账系统是由美国政府的联邦储备系统拥有和运营的大额支付系统。它是实时全额结算，意味着其支付结算是实时的，并要求对任何一方的全额支付进行结算，而不是对任何双方之间的净余额在交易日结束时进行支付。联邦电子资金转账系统主要用于美国境内的美元支付，但也部分地用于跨境美元支付。

美国联邦电子资金转账系统也是一个大额支付系统，但它是私营的。② 它是一个混合系统，结合了净延迟净额结算和实时全额结算两部分。有些支付可以像实时全额结算那样单独结算，而不太紧急的支付则可以汇集在一起进行净额结算（使用净延迟净额结算）。截至 2012 年，美国与其他国家之间约 95% 的跨境美元支付由美国联邦电子资金转账系统负责处理。③

---

① 资料来源：中国人民银行网站，www.pbc.gov.cn/english/130721/3533376/index.html。
② （纽约）清算所银行同业支付系统由清算所支付公司运营，它是美国用于处理国际银行美元资金转账的主要电子资金转账系统。
③ 参见美国联邦金融机构审查委员会，http://www.ffiec.gov/bsa_aml_infobase/pages_manual/olm_057.htm；美国财政部，www.fincen.gov/sites/default/files/shared/Appendix_D.pdf。

联邦电子资金转账系统和美国联邦电子资金转账系统各自的优点和缺点是什么？第一，联邦电子资金转账系统比美国联邦电子资金转账系统的延迟净额(DNS)结算快，因为联邦电子资金转账系统是实时结算。但由于大多数跨境交易不需要立即结算——通常在当天结束时结算就已足够，因此就结算速度而言，美国联邦电子资金转账系统的延迟净额结算并不比联邦电子资金转账系统差很多。第二，97%的美国联邦电子资金转账系统的结算指令是自动发送的(相比而言，联邦电子资金转账系统约为50%)。其结算采用直通式处理，处理时间大多在20分钟以内。[①] 因此，美国联邦电子资金转账系统与联邦电子资金转账系统的时间效率相差无几。第三，也是最重要的，由于联邦电子资金转账系统是实时全额结算，需要更高的日内流动性来完成结算。因此，与美国联邦电子资金转账系统这样的混合系统相比，联邦电子资金转账系统的流动性成本更加昂贵。相比之下，美国联邦电子资金转账系统中的延迟净额结算以净值为基础对双边支付进行清算，意味着双方之间的双边支付只需在一天结束时进行净额结算即可。因此，美国联邦电子资金转账系统对流动性的要求要低得多，而且也更便宜。例如，假设银行 A 要向银行 B 转账 100 000 美元，银行 B 要向银行 A 转账 40 000 美元，在联邦电子资金转账系统下每笔交易将被单独实时执行，因此就会有两笔交易。银行 A 所需的日内流动性为 100 000 美元，银行 B 所需的日内流动性为 40 000 美元，因此两家银行所需的日内流动性总额为 140 000 美元。同理，如果 A 银行需要向 B 银行转账 100 000 美元，B 银行需要向 A 银行转账 40 000 美元，在美国联邦电子资金转账系统的延迟净额结算下，根据净额结算原理，当天结束时只需要从 A 银行向 B 银行转账净值 60 000 美元即可。因此，一天结束时只有一笔交易。美国联邦电子资金转账系统的延迟净额结算比实时全额结算慢，但是对流动资金的要求却低得多。银行 A 所需的日内流动性为 60 000 美元，银行 B 的日内流动性为零，所需的日内流动性总额只有 60 000 美元。在流动性成本方面，中国现代化支付系统相对于 CIPS 的比较，可以作类似联邦电子资金转账系统相对于美国联邦电子资金转账系统的比较。

---

① 作者根据 Habib(2010)建议的方法计算。

7.7 人民币跨境支付系统能使中国的国际支付不受外国法律的影响吗？

从结构上看，资金转移包括两个组成部分，即指令包括资金发送者和接受者的信息，以及资金的实际移动或者资金转移。指令可以通过各种方式发送：通过电子方式进入支付系统运营的网络，如联邦电子资金转账系统或美国联邦电子资金转账系统或 CIPS；通过进入金融电信系统，如 SWIFT；或者通过电子邮件、传真、电话或电传。联邦电子资金转账系统和美国联邦电子资金转账系统用于促进两个国内终端之间或者国际交易的美元端口的美元转账。SWIFT 是一种国际报文服务，用于传输绝大多数国际银行间交易的支付指令，这些交易可以用多种货币计价。

SWIFT 网络是报文基础设施而不是支付系统，并为其用户提供私人之间的国际通信链接。对于美元的转移，实际资金流动（支付）经由代理银行关系、联邦电子资金转账系统或者美国联邦电子资金转账系统来完成。更为广泛的是以不同货币计价的支付流通过代理银行关系或者相关国家的资金转移系统（如中国的 CIPS、欧盟的 TARGET2、英国的 CHAPS 和日本的 BOJNET）来进行。在美国国内的美元的转移中，联邦电子资金转账系统和美国联邦电子资金转账系统也有自己的报文。与联邦电子资金转账系统的报文和美国联邦电子资金转账系统的报文不同的是，SWIFT 的报文在美元的国际支付中可以直接从美国的金融机构传送到外国机构，或直接从外国机构传送到美国的金融机构。

目前，SWIFT 是最被广泛使用的国际资金转移的报文系统。国内和国外之间的资金转移往往涉及 SWIFT 的报文与国家支付系统（如联邦电子资金转账系统或美国联邦电子资金转账系统）或者同一交易中其他国内机构报文之间的组合。例如，一家美国机构收到来自外国机构的 SWIFT 的报文，便将该报文映射为联邦电子资金转账系统或美国联邦电子资金转账系统的报文，然后再将其传递给作为代理行的其他美国金融机构。当一项资金转移需要多个代理参与并涉及一个以上的报文系统时，一个或多个机构就会将数据从一种报文格式翻译或映射到另一种报文格式。大约70%的美国联邦电子资金转账系统的报文流量来自SWIFT的报文流量。

SWIFT的竞争优势在于其通过标准化报文提供自动传输过程，同时确保报文传输的安全。标准化和自动化使支付过程更具效率。SWIFT的成功可能与网络外部性有关——它在庞大的银行网络中构建了报文标准，当现有大多数银行都使用既定标准来相互通信时，SWIFT的标准就很难被其他替代标准所挑战。

根据比利时法律，SWIFT是一个合作协会，由其会员金融机构拥有，办事处遍布全球。然而有许多报道称美国如何利用自己的影响或技术阻止外国使用SWIFT的支付报文系统来制裁他国，或者为自己的国家利益而收集其他国家的国际银行间支付信息。例如，2012年3月，国际社会因德黑兰（Tehran）有争议的核计划而加强对其制裁。伊朗的银行被切断与SWIFT的连接。直到2016年，伊朗作为名为JCPOA的伊朗核协议的一部分，其银行不再被列入国际制裁名单后才得以重新与SWIFT连接。[①] 然而，即便资金可以自由地往来伊朗的银行，但是外国银行仍然对于与伊朗做生意保持谨慎。由于伊朗被处一级制裁（primary sanctions），美国的银行仍然被禁止与伊朗进行交易或者与伊朗进行美元交易。德国《明镜周刊》（Der Spiegel）在2013年9月报道，美国国家安全局监控各国的信用卡交易，和通过SWIFT广泛监控各国的银行交易。[②] 根据该报告，美国国家安全局拦截并保留了数千家银行用于发送交易信息的（被假设是安全和不受监控的）SWIFT的网络数据。根据爱德华·斯诺登（Edward Snowden）泄露的文件，SWIFT被视为目标。这些文件揭示美国国家安全局采用各种方法对SWIFT进行监视，包括读取"来自众多银行的SWIFT的打印机印出的内容"。

---

① 参见2016年1月17日环球银行金融电信协会网站"伊朗制裁协议"（www.swift.com/insights/press-releases/update_iran-sanctionsagreement）；2016年2月17日路透社报道"伊朗银行中断四年后重新连接环球银行金融电信协会网络"（www.reuters.com/article/us-iran-banks-swift/iranian-banks-reconnected-to-swiftnetwork-after-four-year-hiatus-idUSKCN0VQ1FD）。
② 参见《明镜周刊》2013年9月15日的报道"美国国家安全局（NSA）的'跟踪资金'项目监视国际银行业务"（www.spiegel.de/international/world/spiegel-exclusive-nsa-spies-on-international-banktransactions-a-922276.html）。

如前一章所述，人民币国际化的目标之一是独立于外国、外国货币以及被外国控制的支付系统，如美国、美元和受美国控制或强烈影响的支付系统。为了独立于外国控制的支付系统，中国不仅鼓励使用人民币进行国际支付，而且还要建立自己的人民币国际支付系统和国际支付报文系统。预期CIPS可以担此重任。然而，鉴于中国的绝大多数国际支付都以美元计价，而且这种情况在可预见的未来不会改变，实现这种独立性可能需要很长时间。

CIPS和SWIFT之间的关系是一个有趣的话题。作为资金转移的报文系统，SWIFT是全球支付基础设施的重要组成部分。作为全球最大的银行间支付报文系统，SWIFT仍然是全球金融支付基础设施的中心。CIPS看来可以提供与SWIFT互补的功能，因为其使用相同标准的报文语法（standard messaging syntax）进行运作以方便使用。CIPS使用SWIFT的银行间报文以及SWIFT的BIC代码作为其路径代码（routing code）。但人们相信未来CIPS将最终独立运行，并将在金融组织之间建立自己的直接通信线路。因此从长远看CIPS可能会让中国的国际支付不受外国法律的管辖和制裁。

7.8 香港离岸市场的运行

7.8.1 离岸人民币的供给

离岸人民币主要有以下几个供给来源。

离岸人民币供给的第一个来源是中国进口商品和服务的人民币结算——中国企业用人民币支付其进口商品从而使人民币流出。

离岸人民币供给的第二个来源是在中国境内工作的外国人将其以人民币计价的工资收入汇款到其他国家或地区，这相当于中国以人民币支付进口劳务服务。上述两个来源是基于中国国际收支账户中经常账户交易的人民币结算。离岸人民币供给的第三个来源是人民币对外直接投资。例如，当中国企业在外国建立生产设施时，可能会用人民币支付建筑物、机器和设备的费用。或者当他们收购外国公司时用人民币支付这些款项。

离岸人民币的第四个供应来源是中国金融机构通过人民币合格境内机构

投资者项目使用人民币进行的海外投资。以上两个来源均基于国际收支账户中资本账户交易的人民币结算。

第五个人民币流动性来源，就香港地区而言，是香港金融管理局的人民币流动性融资机制。该融资机制旨在确保金融机构对香港离岸市场的信心。香港金融管理局提供的人民币流动性来源于其自己的人民币资金以及香港金融管理局和中国人民银行之间的双边货币互换协议（互换额度为 4 000 亿元人民币，但很少使用）。通过人民币流动性融资机制，金融机构（也叫作授权机构）可以使用某些获批的资产类型作为抵押品向香港金融管理局借款。截至 2018 年 12 月，人民币流动性融资机制的配额为：日内配额 100 亿元、隔夜配额 100 亿元、9 家银行每家配额 20 亿元（每天共计配额 180 亿元），每天共计配额 380 亿元。

在其他离岸中心，人民币流动性的第五个来源是通过中国人民银行与离岸中心所在国中央银行之间的双边货币互换协议获得的人民币。

7.8.2 离岸人民币的回流渠道

离岸人民币回流的主要渠道如下。

离岸市场人民币回流在岸市场的第一个渠道是以人民币结算的中国商品和服务的出口。境外公司使用离岸人民币支付其进口的中国商品和服务，从而使人民币回流到境内。

第二个渠道是国内外的公司或中国政府机构等实体发行点心债券（即在离岸市场发行以人民币计价的债券），随后点心债券的收入回流境内用于投资或政府使用。点心债券的发行者有许多类型，包括中国的公司和银行、在中国做生意的外国公司、中国国家财政部，甚至是中国人民银行。通过在香港地区发行点心债券，发行者从离岸市场借入人民币资金到在岸市场使用。

第三个渠道是离岸银行向在岸实体提供跨境人民币贷款。

第四个渠道是通过人民币外商直接投资计划，用离岸人民币对境内进行直接投资。

第五种渠道是由 RQFII 通过 RQFII，使用离岸人民币对在岸金融市场，比如股票市场或债券市场，进行投资。

最后，离岸人民币可以通过沪港通、深港通和债券通等项目回流境内。若要通过股票通投资于境内，必须使用离岸人民币，但若要通过债券通投资于境内，则离岸人民币和外币都可以使用。债券通的投资本金和收益都可以作为离岸人民币返回香港，因为其投资的来源地是离岸市场。然而，如果投资者是通过境内的银行投资债券基金（而不是通过债券通），其本金和收益都不能作为离岸人民币返回离岸市场，因为投资的来源地是在岸市场。

7.8.3 离岸金融市场

衡量金融市场规模的最常见的标准之一是银行的存款规模。2020年4月末，香港的人民币存款总规模（不包括定期存单）为6 540亿元人民币。相比之下，同一存款池的规模从2014年12月的1万多亿元下降到2016年12月的5 470亿元，这是2015年8月人民币汇率中间价形成机制改革触发离岸市场受挫的后果。

然而存款池并不能完全反映人民币离岸市场的业务规模。有证据表明，由于香港实时全额结算系统可以显示香港的银行系统结算的人民币支付数量，因此能更好地刻画离岸市场的业务规模。2019年，香港实时全额结算系统平均每天记录了超过1万亿元的人民币支付。

香港离岸人民币市场的另一个重要金融产品是点心债券。然而在过去几年，点心债券的发行规模有所下降。2017年，点心债券的发行金额共计562亿元人民币（87.4亿美元），相对于2014年的峰值2 885亿元人民币已经大幅下降。据《南华早报》报道，2014—2017年，80.5％的降幅"与中国在岸债券市场的较低融资成本，以及竞争性市场准入渠道使外国投资者更容易直接进入52.3万亿元人民币的在岸银行间债券市场相吻合"。[1] 2014年底，点心债券的未偿还金额达到3 805亿元的峰值，随后逐年下降。

过去许多点心债券的发行者都是中国境内的公司或中央政府，但境外发行的点心债券也在增加。2018年11月7日，中国人民银行开始在香港出售中国人民银行票据，这是一种点心债券。值得注意的是，中国人民银行通过发行

---

[1] 参见2018年6月18日《南华早报》。

票据在香港吸纳人民币将提高香港离岸市场的人民币利率以及做空人民币的成本。然而,中国人民银行和香港金融管理局并没有提及这一影响,而是强调中国人民银行票据的发行可以促进构建离岸人民币计价的政府债券市场的收益曲线。事实上,中国人民银行票据确实是短期债券,其中 100 亿元为 1 年期,100 亿元的期限为 3 个月。而中国财政部在香港地区发行的债券期限均为 2—30 年。

银行和非银行金融机构在离岸人民币市场提供的其他金融产品和服务有:人民币外汇即期和外汇衍生品交易、人民币计价的基金(包括上市的和未上市的基金和交易所交易基金)、人民币离岸贷款和跨境贷款、跨境人民币股票和债券投资(通过股票通和债券通)、人民币跨境贸易和直接投资结算,以及其他人民币支付服务。这些业务的细节已经在前面章节讨论过。

专栏 7.1

香港离岸市场运作背后的经济学原理

离岸市场利率和汇率的决定因素

鉴于离岸市场的规模相对于在岸市场而言很小,离岸市场业务不太可能对在岸市场的货币供应量、利率和汇率等变量产生任何实质性的影响。因此,假设在岸汇率和利率由在岸外汇市场、货币政策和金融市场决定是合理的。由于在岸市场的不完全资本管制,因此离岸市场汇率主要由在岸市场汇率通过跨境套利来决定。又因为离岸市场上的离岸人民币可以自由流动,因此离岸人民币利率由无抛补利率平价条件决定。

以下模型可以帮助我们理解在岸市场变量如何决定离岸市场汇率和利率。然后我们利用该模型进行在岸市场人民币贬值预期如何影响离岸市场利率的思想实验,该模型和思想实验可以帮助我们更好地理解在岸利率和离岸利率之间的关系以及资本管制程度如何影响这种关系。

让我们考虑以下三种资产:离岸人民币市场 1 年期银行同业贷款、在岸市场 1 年期银行同业贷款,以及离岸美元市场 1 年期银行同业贷款。这三种资产的收益率分别是离岸人民币市场 1 年期离岸人民币香港银行同业拆借利率(CNH Hong Kong Inter-Bank Offered Rate,CNH HIBOR)、在岸人民币市场

1年期在岸人民币上海银行同业拆借利率(Shanghai Inter-Bank Offered Rate, CNY SHIBOR)和离岸美元市场1年期美元伦敦银行同业拆借利率(USD London Inter-Bank Offered Rate, USD LIBOR)。HIBOR是香港银行同业拆借利率;SHIBOR是上海银行同业拆借利率;LIBOR是伦敦银行同业拆借利率。我们定义以下变量:

R_{CNH} = 1年期离岸人民币的香港银行同业拆借利率

R_{CNY} = 1年期在岸人民币的上海银行同业拆借利率

R_{USD} = 1年期美元的伦敦银行同业拆借利率

E_{CNH}和E_{CNY}分别是离岸人民币和在岸人民币汇率,以1美元兑换人民币的金额计算。因此,汇率较高意味着人民币对美元贬值。$(E_{CNH})^e$和$(E_{CNY})^e$分别是离岸人民币汇率E_{CNH}和在岸人民币汇率E_{CNY}的预期值。

离岸人民币利率和汇率的决定因素取决于如下条件:

因为离岸市场资本可以自由流动,无抛补利率平价条件成立:

$$R_{CNH} = R_{USD} + [(E_{CNH})^e - E_{CNH}]/E_{CNH} \tag{7.1}$$

由于资本管制不完全,当离岸市场和在岸市场两种人民币汇率差异过大时,从事跨境贸易的公司将通过人民币跨境贸易结算进行套利:

$$E_{CNH} \approx E_{CNY} \tag{7.2}$$

从式(7.2)导出:

$$(E_{CNY})^e \approx (E_{CNH})^e \tag{7.3}$$

考虑在岸市场资本管制,修正在岸市场的无抛补利率平价条件:

$$R_{CNY} = R_{USD} + [(E_{CNY})^e - E_{CNY}]/E_{CNY} - \delta \tag{7.4}$$

其中,δ的大小反映交易成本,它与资本流动管制程度正相关;如果资本流出(流入)存在管制,则δ取值为正(负)。

$[(E_{CNH})^e - E_{CNH}]/E_{CNH}$ = 离岸人民币的预期贬值率;

$[(E_{CNY})^e - E_{CNY}]/E_{CNY}$ = 在岸人民币的预期贬值率。

假设R_{CNY}、R_{USD}、$(E_{CNY})^e$和δ是外生的,而R_{CNH}、E_{CNY}、E_{CNH}和$(E_{CNH})^e$是内生的。

存在四个方程式(7.1)、式(7.2)、式(7.3)和式(7.4),以及四个未知数(即内生变量)。

当一些外生变量变化时,内生变量也会随之变化。例如,当一些冲击引起在岸人民币的贬值预期时,即便在岸人民币利率保持不变,离岸人民币利率也将上升。其原因如下:在岸市场存在资本管制,而离岸市场没有资本管制。因此,外币的银行同业贷款预期收益率(折合成人民币时)可能与在岸人民币的银行同业贷款的收益率不同,因为在岸市场存在资本管制。相比而言,外币的银行同业贷款预期收益率(折合成人民币时)一定与离岸人民币的银行同业贷款收益率相等,因为离岸市场没有资本管制。这两个收益率之间一旦出现任何差异就会引起离岸市场人民币的买入或卖出,从而引起离岸人民币利率R_{CNH}变化直到两个收益率相等。

假设最初没有资本流入或流出。由于政府认为没有必要控制资本流入或流出,最初设定$\delta=0$。此时一定是$E_{CNH}=E_{CNY}$,否则由于不完全资本管制,套利者会将人民币从在岸市场转移到离岸市场或从离岸市场转移到在岸市场。当冲击到来时,市场预期在岸人民币的未来价值将下跌,因此$(E_{CNY})^e$上升。根据修正后的无抛补利率平价条件方程(式7.4),这将导致E_{CNY}上升。因为投资者(银行)将在在岸市场卖出人民币并买入美元,然后在美元银行同业贷/借市场上将美元借给其他银行。E_{CNY}上升意味着最初$E_{CNY} > E_{CNH}$,这将刺激在岸人民币的持有者通过将人民币从在岸市场转移到离岸市场进行套利,因此资本将从在岸市场流出并进入离岸市场。为了遏制资本外流,中国人民银行通常会加强资本管制,这将导致δ增加至正值。根据式(7.4),当δ增加足够大,E_{CNY}将回落到原来水平,因此恢复$E_{CNH}=E_{CNY}$,资本不再外流。根据式(7.3),$(E_{CNY})^e$上升同时引起$(E_{CNH})^e$上升,根据式(7.1),R_{CNH}也上升。这解释了为什么当一些冲击引起人民币贬值预期时,我们常常会看到离岸人民币利率上升,而在岸人民币利率却保持不变。这也可以解释为什么离岸市场利率,例如离岸人民币的香港银行同业拆借利率,比在岸市场波动性更大——中国人民银行将在岸人民币利率维持得更加稳定,而离岸市场的人民币利率则可以随市场行情而自由波动。

图专栏7.1A显示,在岸人民币汇率与离岸人民币汇率略有不同,但通常差异不大。平均而言,这两种汇率的差异小于0.5%。这是因为不完全资本管制,当两种汇率相差太大时就会出现套利活动。这也证明 $E_{CNH} \approx E_{CNY}$ 的假设是合理的。然而当市场预期在岸人民币将出现大幅贬值(或升值)时,离岸人民币价值将显著小于(或大于)在岸人民币的价值,即离岸人民币相对于在岸人民币存在负(或正)溢价。这种情况发生在2015年8月12日,离岸人民币相对于在岸人民币的溢价为1.66%。更大的离岸-在岸差异发生在2016年1月6日,当时离岸人民币溢价达到2.23%,表明离岸汇率波动性更大,因为它是由市场决定的。

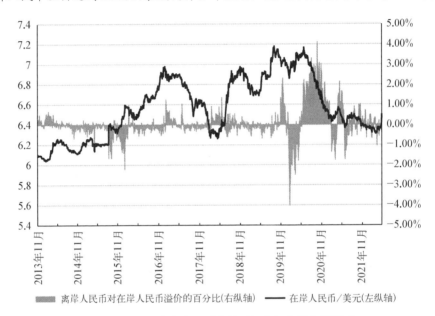

图专栏 7.1A　在岸人民币兑美元汇率与离岸人民币对在岸人民币溢价的百分比(2013—2021年)

注:离岸人民币汇率比在岸人民币汇率波动更大,因为前者受政府干预少。人民币大幅升值通常伴随着离岸人民币溢价,而人民币大幅贬值则通常伴随着离岸人民币折价。平均而言,由于存在套利(由不完全资本管制引起),百分比差异不会太大。

图专栏7.1B显示,离岸人民币利率(即香港银行同业拆借利率)的波动性明显高于在岸人民币利率(即上海银行同业拆借利率),为上述模型的预测提供了支持证据。上海银行同业拆借利率相当稳定,因为该利率通常由政府干预来决定。相比之下,离岸人民币的香港银行同业拆借利率很大程度上由市场决定,对在岸人民币贬值/升值预期的变化非常敏感,正如上述模型解释的那样。值得注意的是,在岸市场和离岸市场汇率的平均差异很小(以百分比计算)。而在岸市场和离岸市场利率的平均差异则相当大(以百分比计算)。这表明资本管制实际上对人民币在岸和离岸市场之间的转换施加了不可忽视的交易成本,因此可以维持在岸市场和离岸市场之间的巨大利差。于是我们可以更清楚地看到"一种货币,两个市场"发挥的作用。同样有趣的是,2015年中期之前,离岸人民币的香港银行同业拆借利率通常低于在岸人民币的上海银行同业拆借利率。而在2015年中期之后,情况正好相反。确实有证据表明在2015年中期之前,中国政府试图遏制资本的流入,而2015年中期之后则试图遏制资本的流出。这支持了我们通过上述模型表达的观点,即当中国政府试图遏制资本流入(或流出)时,在岸人民币的上海银行同业拆借利率大于(或小)离岸人民币的香港银行同业拆借利率。

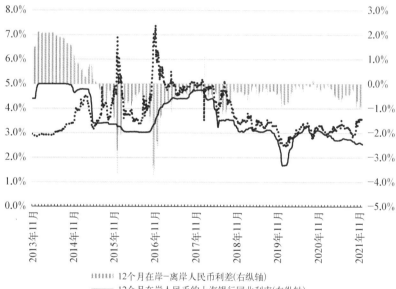

图专栏 7.1B　12 个月在岸人民币的上海银行同业利率(CNY SHIBOR 12M)与 12 个月离岸人民币的香港银行同业拆借利率(CNH HIBOR 12M),以及两者的利差(CNY-CNH 12M interest rate differential)(2013—2021 年)

注:在岸人民币与离岸人民币的利差请参见右侧刻度。请注意,离岸人民币利率比在岸人民币利率波动更大。因为前者受政府干预少,对在岸人民币贬值/升值预期更敏感。资本管制使人民币与在岸人民币与离岸人民币的利差不可忽视。

如图专栏 7.1C 所示,正常情况下人民币在岸-离岸利差非常大。相比而言,美元在岸-离岸利差小得多。在 2007 年中期之前,美元的在岸-离岸利差微乎其微,一直低于 0.1 个百分点。从 2007 年 8 月全球金融危机酝酿开始,在岸-离岸利差逐渐扩大。2008 年 10 月,也就是雷曼兄弟公司倒闭后一个月的全球金融危机期间,离岸美元利率达到峰值,比在岸美元利率高出约 1 个百分点。很显然投资者相信在岸市场的美元存款会得到美国货币当局的支持,而离岸市场的美元存款则不会得到太多保护。离岸和在岸存款利差是一种风险溢价。2010 年中期后,离岸市场或多或少地回归常态,离岸-在岸利差的幅度也回落到 0.2 个百分点以下。从 1990 年 1 月到 2016 年底,除去 2008 年和 2009 年的非正常时段,美元在岸-离岸的平均利差幅度不到 0.1 个百分点。这远小于人民币离岸-在岸平均利差幅度。从 2013 年 7 月 1 日至 2019 年 7 月 1 日,

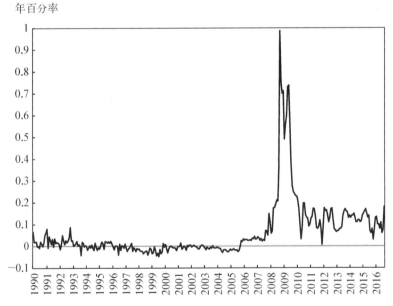

**图专栏 7.1C 三个月伦敦欧洲美元利率减去 3 个月
美国货币市场利率(1990—2016 年)**

注:如图专栏 7.1B 所示,美元的在岸-离岸平均利差远低于人民币的在岸-离岸平均利差。伦敦和美国的美元存款利差通常非常接近于零。2008 年秋天,由于投资银行雷曼兄弟公司倒闭,这一差值急剧上升。
资料来源:Krugman, Obstfeld 和 Melitz (2018);原始数据来源:美国联邦储备体系理事会和经济合作组织(Board of Governors of the Federal Reserve System and OECD),月度数据。

人民币离岸-在岸利差幅度约为 0.94 个百分点。产生这两种离岸-在岸利差差异的原因,显然是美国的资本可以自由流动,而中国资本的自由流动性小得多。

抛补利率平价(Covered Interest Parity, CIP)

抛补利率平价条件是一种市场均衡条件,它是指投资于任意两种货币的存款收益,在未来某一天按照当天远期汇率兑换成同一种货币时,其收益率应该相等。

理论上,如果两种货币均可以完全自由兑换,且两种存款均存于同一个国家,抛补利率平价条件就应该成立。如果两种存款存于不同国家,并且其中一个国家的政府实施阻碍外国资金自由跨境流动的法规,就可能导致偏离抛补利率平价的情况。这正是我们预期在岸人民币存款和美元存款相互转换时发生的情况,因为在岸人民币市场实施资本管制。

抛补利率平价条件指出,当投资者对持有本币存款和外币存款不置可否时,下列等式应该成立:

$$1+R = \frac{F}{E}(1+R^*) \tag{7.5}$$

这里,R 和 R^* 分别是本国货币和外国货币的存款利率,E 和 F 分别是即期汇率和远期汇率(即每单位外国货币的本国货币单位数量)。式(7.5)的左边是本国货币定期存款的投资总收益,右边是(期限相同)外国货币定期存款到期后折合本国货币的投资总收益。如果左边大于右边,投资者就没有动力持有任何外币存款,因为持有本币存款的收益高于持有外币存款的收益。因此投资者会卖出外币买入本国货币,这将使外币贬值至抛补利率平价成立。图专栏 7.1D 展示了抛补利率平价与现实情况的吻合情况。

将美元视为本币、人民币为外币,图专栏 7.1D 揭示了投资于 1 年期美元定期存款(黑色曲线)、离岸人民币定期存款(虚线曲线)和在岸人民币定期存款(灰色曲线)到期后折合成美元的预期总收益。沿袭惯例(Du, Tepper 和 Verdelhan, 2018),我们用银行同业拆借利率作为定期存款利率的代理变量,即美元的伦敦银行同业拆借利率代表 R,离岸人民币的香港银行同业拆借利

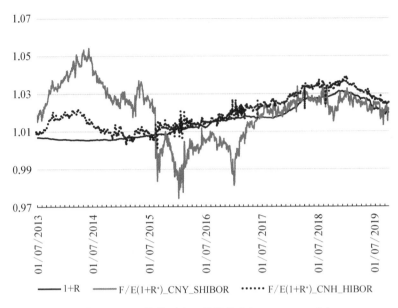

图专栏 7.1D　抛补利率平价的偏离(2013—2019 年)

注：灰色曲线相对于黑色实心曲线的偏离,表示在岸人民币利率相对于抛补利率平价(CIP)的偏离。黑色虚线曲线相对于黑色实心曲线的偏离,表示离岸人民币利率相对于抛补利率平价的偏离。在岸人民币利率相对于抛补利率平价较大偏离反映了在岸人民币市场的资本管制情况。$R=1$ 年期伦敦银行同业拆借利率(美元利率);$R^*=1$ 年期香港银行同业拆借利率(CNH_HIBOR,离岸人民币利率)或上海银行同业拆借利率(CNY_SHIBOR,在岸人民币利率);$F=1$ 年期离岸人民币兑美元的可交割远期汇率(1-year deliverable forward exchange rate of CNH/USD)或在岸人民币兑美元的无本金交割远期外汇交易汇率(1-year non-deliverable forward exchange rate of CNY/USD);E 是离岸人民币兑美元或在岸人民币兑美元的即期汇率。

率或者在岸人民币的上海银行同业拆借利率代表 R^*。[1]

当本币是美元、外币是人民币时,由于中国存在资本管制,我们可以预期抛补利率平价将发生偏离。当中国试图遏制资本流入时,式(7.5)的左边预计将会小于右边。因为如果没有资本管制,为了获取在岸人民币存款的较高收益,资本将从离岸市场流向在岸市场。相反,当中国试图遏制资本外流时,式(7.5)的左边预期将会大于右边。对比图专栏 7.1D 的灰色曲线(式7.5 的右侧)与黑色曲线(式 7.5 的左侧),可以看到 2015 年年中期之前,式(7.5)的左侧小于右侧,说明中国对资本流入实施了管制。图专栏 7.1D 还揭示 2015 年中期以后至 2017 年中期,中国对资本流出实施管制。而 2017 年中期以后,式(7.5)的左边和右边基本相等,表明这一时期中国没有对资本流入或流出实施重大管制。虚线曲线显示离岸人民币和美元相对于抛补利率平价的偏离要小得多,表明在香港离岸市场离岸人民币可自由兑换和资本可自由流动。从2013年中期到2014年底,离岸人民币与美元相比似乎存在风险溢价,因为离岸人民币存款收益比美元略高一点。

[1] SHIBOR(上海银行同业拆借利率)每天根据18家银行的平均银行同业拆借利率设定,期限从隔夜到1年不等。全国银行同业拆借中心被授权计算和发布上海银行同业拆借利率。

7.9 香港离岸市场的问题和议题

离岸市场的发展取决于在岸金融的发展,以及通过资本账户自由化实现的在岸与离岸市场的融合。香港离岸市场只有与在岸市场更深入地融合,也就是北向和南向资金更自由地跨境流动以后,才能更快地发展、更好地运作,以及提供日益多样化的金融服务。这是因为只有当外国人能够在有深度和流动性高的在岸金融市场进行投资并且能够随时自由地将资本转移出境时,他们才会愿意在中国境外持有大量以人民币计价的资产。这些跨境投资和国际支付业务大多数都发生在离岸市场。因此离岸市场的规模取决于在岸金融市场的深度、广度和流动性,以及在岸市场资本账户的开放程度。遗憾的是,在岸金融市场的进一步发展仍然存在许多障碍,我们在第6章已经讨论过这些问题。

我们在第6章中还没有详细讨论的一个问题,是中国金融市场深化发展的一个障碍就是其薄弱的制度框架。不健全的破产法无法给债券持有人提供足够保护就是一个例子。破产法不健全使公司债券的潜在买家望而却步,这给债券发行者带来不确定性,从而阻碍了在岸债券市场的发展。例如,当一个公司破产时,其索赔程序可能在清偿顺序、资产保全等环节存在模糊地带,所以有的时候那些行动迅速的人会得到更多赔偿。另外,投资者保护机制、契约履行保障体系也存在短板。总之,还需要更加完善的法律和司法基础设施来支持金融市场的深化发展。

由于香港离岸人民币市场对中国内地的政策变化非常敏感,其市场波动性可能相当大。例如,2015年8月11日后,人民币在一周内贬值了5%—

7%。中国政府迅速加强资本管制,市场对人民币的预期也从升值快速地转为贬值。结果就是香港的人民币银行存款骤然下降,流入香港的跨境资金迅速枯竭。离岸市场竟然会因为单个事件而迅速失去活力,表明离岸市场的波动性可以有多么巨大。

开放经济体的"三元悖论"可能制约了资本账户的开放程度——给定必须维持货币政策的自主权,为了稳定汇率,资本流动性就无法保持在高水平。2015 年 8 月 11 日后不久,中国国有银行香港分行对香港离岸市场进行干预,以保持离岸人民币汇率与在岸人民币汇率的一致。这意味着收紧人民币流动性以提高银行同业借款利率(即离岸人民币的香港银行同业拆借利率)从而遏制人民币在离岸外汇市场的快速贬值。人民币流动性短缺极大地伤害了离岸市场。在岸市场上人民币的贬值预期引起大量资本外流。政府采取更为严厉的资本管制来应对这一难题。周小川认为过快开放资本账户不可取,而使用行政措施遏制资本外流以防止人民币进一步贬值是合理的。简而言之,中国还没有作好进一步开放资本账户的准备,因为资本账户开放可能会导致汇率过度波动,从而引起金融市场的不稳定。这也解释了为什么中国几乎所有资本账户开放的政策措施都伴随着一些限额,或者一些条件,换句话说,中国资本账户开放仍在摸索中前行。

离岸市场的发展还取决于在岸市场的政治和经济体制,这一点可以通过离岸人民币市场和离岸美元市场的比较来证实。中国政府倾向于使用行政手段而不是立法来管理资本账户开放。此外,在岸金融市场的法律既不总是健全,也不总能得到执行。这给通过离岸市场对在岸市场进行投资的投资者和企业带来不确定性,也伤害了香港离岸市场。相比之下,美国政府主要通过立法对资本流动和金融市场进行管理,并且只要市场参与者遵守法律就允许市场继续运作。法律经由适当的立法程序来制定,并由执法机构负责执行。这给投资者和公司带来确定性和信心,有助于离岸美元市场的发展。

7.10 人民币离岸市场与美元离岸市场的比较

欧洲美元(离岸美元)的使用可以追溯到二战后,当时欧洲大部分地区被战争摧毁，美国则通过马歇尔计划（Marshall Plan）为欧洲大陆的战后重建提供资金。结果美元在海外广泛流通，从而形成分散的、较少监管的市场以存放这些资金。与美国国内存款不同，离岸存款不受美国联邦储备体系存款准备金要求的约束，银行去除准备金成本后就可以支付更高的利息。

当美元离岸市场（欧洲美元市场）在 20 世纪 50 年代开始发展时，美元已经是一种被广泛接受的国际储备货币。美元的国际需求早已非常大。事实上美国政府曾经试图控制美元离岸市场的发展。例如利息平衡税（Interest Equalization Tax）(1963 年)缩减了美国国内市场和离岸市场债券发行者美元融资成本的差异、自愿限制对外信贷计划（1964 年）限制在岸银行对非居民的贷款、D 条例（1969 年）对美国银行从离岸美元市场借款实施边际准备金制度。

然而人民币离岸市场产生的环境与美元离岸市场大相径庭。人民币面临的国内和国外条件与美元当时的情况不同。中国正在努力推进金融市场化和货币国际化，其目的是扩大离岸市场。相比之下，美国却试图限制离岸市场对其国内经济的影响。两种货币的全球地位以及离岸美元和离岸人民币市场的范围与规模不同解释了两国政府采取的迥异的政策措施。

中国齐心协力将人民币推向全球舞台，并试图说服世界其他国家在国际贸易中采用其货币进行交易。然而不成熟的金融市场和中国的资本管制制约了人民币国际化的发展。因此，尽管中国的经济增长迅速，但离岸人民币市场与在岸市场相比仍然相当渺小。巨大的规模差异限制了离岸市场对在岸市场发展的潜在影响力。通过离岸美元市场和离岸人民币市场相对规模的比较可以清楚地看到这一点。根据 He 和 McCauley（2012），截至 2010 年 6 月，美国境内银行的美元存款规模为 8.27 万亿美元（即在岸美元的存款总规模），而美国境外银行的美元存款规模为 2.59 万亿美元（即离岸美元的存款总规模）。换句话说，离岸美元存款约占在岸美元存款的 31%。相比之下，2016 年底，在岸人民币存款总规模约为 151 万亿元人民币（21.8 万亿美元），而同时期在中国香港、中国台湾、新加坡、英国和韩国的离岸人民币存款总规模约为 1.05 万亿元人民币。换句话说，离岸人民币存款占在岸人民币存款的 0.7%。[①] 这也意

---

① 在岸人民币银行存款的数据来源于环亚经济数据公司（CEIC）（www.ceicdata.com/en/indicator/china/total-deposits）。离岸人民币存款数据来源于香港金融管理局。

味着离岸美元市场相对于在岸美元市场的规模,是离岸人民币市场相对于在岸人民币市场规模的44倍。

离岸美元市场和离岸人民币市场除了存在数量上的差异外,质量上也存在巨大差异。理论上离岸货币中心应该可以为不同国家的贷款人和借款人提供中介服务。根据资金从贷款人所在地(即资金的来源地)到借款人所在地(即资金的最终使用地)的流动方向,总共可以分为四种可能的模式:(1)在岸→在岸;(2)在岸→离岸;(3)离岸→在岸;(4)离岸→离岸。He 和 McCauley(2012)所指出这四种模式在美元市场都存在。然而他们也观察到历史上的美元离岸中心,如伦敦,主要在美国的非居民实体中扮演金融中介角色,即通过伦敦将离岸美元存款输送给离岸借款人(即离岸→离岸模式)。这与香港等离岸人民币中心截然不同,后者的中介业务绝大部分以离岸→在岸为特征。也就是说绝大部分香港银行成为将人民币贷款从世界其他地方输送到中国内地的渠道。然而人们一般认为一种货币的国际化程度越高,其离岸中心的离岸→离岸类中介业务就应该越普遍。因为这标志着该货币是发行国以外的居民用于融资的载体货币,这也是人民币离岸市场还有很大发展空间的另一个标志。

7.11 结论

离岸人民币市场让中国得以在其货币未完全可兑换的条件下实现国际化,因为有一道防火墙将在岸和离岸市场的资本流动分隔开。离岸市场还可以通过分离货币风险和国家风险来促进在中国境外持有人民币计价的资产。离岸中心的可信性及其成熟的金融基础设施能够促进国际支付资金流和离岸金融市场发展,从而加强在岸金融发展和资本账户开放对人民币国际使用的影响。分布在不同时区和全球不同地理位置的人民币离岸中心网络确保人民币可以24小时进行交易以及全球人民币流动性和人民币金融服务24小时不间断地供给。所有这些都有利于人民币在全球市场被广为接纳。离岸市场还促进了中国以外的其他各方使用人民币作为交易的载体货币。

通过比较在岸和离岸人民币外汇市场的交易量可以了解离岸市场对人民

币国际使用的影响。可以看到,如果没有离岸人民币市场,人民币的外汇交易量会小得多。离岸人民币市场 2010 年 7 月才开始形成。而 2013 年,在中国香港的离岸人民币外汇交易量(每天约 490 亿美元)已经超过中国内地的交易量(每天约 340 亿美元)。2014 年,所有离岸市场(超过 2 300 亿美元,包括中国香港、中国台湾、新加坡、英国等)人民币外汇日交易量之和是在岸市场的 4 倍。换句话说,2014 年,离岸市场占全球人民币外汇交易总量的 80%。尽管这一占比在 2016 年 4 月下降到 73%(全球 2 050 亿美元的日总交易量中,中国香港的日交易量为 771 亿美元)。2019 年 4 月进一步下降到 64%(全球约 2 850 亿美元的日总交易量中,中国香港的日交易量为 1 076 亿美元)。直至 2022 年,香港的人民币外汇市场仍然比在岸市场规模大。①

然而必须牢记,仅仅有离岸市场的存在不能成为人民币国际化的主要推动力。人民币国际化的主要驱动力仍然来源于在岸金融的发展和资本账户开放。在这一点上必须注意离岸人民币市场与其他发达离岸货币市场,如离岸美元市场之间的重要区别。不同之处在于,离岸美元市场的发展主要由市场驱动,并通过高度的资本流动性、成熟的国内金融市场以及货币的完全可兑换性来加速发展。相比之下,离岸人民币市场的发展主要由政府政策驱动,其发展受到资本管制、不成熟的金融市场以及货币不完全可兑换性等因素的制约。由于这些因素,与离岸美元市场相比,离岸人民币市场的规模相对于在岸人民币市场非常渺小。换句话说,离岸人民币市场的发展仍有很长的路要走。离岸市场发展的制约因素反过来也会限制人民币国际化的进程。

离岸货币交易和离岸银行业务促进了国际贸易、外国直接投资和国内企业的跨国公司业务的发展。因此离岸货币市场在过去几十年的扩张是贸易全球化的结果,也是金融全球化的结果——随着资本流动壁垒的降低,不同国家的国际贷款人和国际借款人之间对金融中介服务的需求增加,这加速了离岸银行业务的发展。然而金融全球化并非没有代价。国际银行之间因为相互持有对方的离岸货币存款而联系越来越紧密,从而成为彼此的对手方。一家大型银行破产就会危及全球银行的资产负债表以及其稳定。2007—2009 年的全

---

① 资料来源:国际清算银行 2013、2016、2019 和 2022 年三年一次的中央银行调查(https://www.bis.org/statistics/rpfx22.htm)。以"净额-净额"为基础,当年 4 月日均交易量的百分比份额。

球金融危机清晰地展示了这种危险。这场危机表明金融全球化可能已经走得太远了。1998—1999年的亚洲金融危机和2007—2009年的全球金融危机使中国对金融全球化持怀疑态度，因此对于完全开放资本账户犹豫不决。为此，中国希望采取的策略是在相当长的一段时间内保留酌情行事的在岸资本管制，同时允许完全可兑换的离岸人民币市场与国际资本市场充分融合，使中国能够以可控的方式参与金融全球化。这也是"一种货币，两个市场"人民币国际化路径的理论依据。

人们常说当中国的资本账户足够开放时，香港等离岸人民币中心在人民币国际化中的重要性将逐渐消失，并且将被上海等在岸金融中心取而代之。那么香港离岸人民币市场能在人民币国际化进程中发挥多久的关键作用，才被上海取而代之呢？基于上述论证，我们推测香港人民币离岸中心将继续在相当长时间内对人民币国际化发挥重要作用，同时上海将继续成为中国首要的在岸金融中心。

第 8 章
人民币作为支付货币的潜力

国际货币的一项重要功能是作为国际交换媒介，也就是支付货币，迄今为止人民币作为支付货币的表现如何？其未来的潜力有多大？我将在本章探讨这一议题。在本章后半部分我将讨论"一带一路"倡议对于人民币作为支付货币以及国际债务证券计价货币的潜力所产生的影响。

8.1 货币的支付份额

表 8.1 展示了 2016 年六种货币支付份额的比较（不包括通过全球市场基础设施和欧元区内部支付的交易。全球市场基础设施是指为某种类型的支付提供便利的支付中介，包括 CLS 和 TARGET2 等机构。CLS 和 TARGET2 的解释请参见专栏 8.1 的脚注）。六种货币分别是美元、欧元、日元、英镑、加拿大元和人民币。从表 8.1 可以看到，2016 年人民币支付份额为 1.62%，与中国 GDP 全球占比 14.74% 相比，人民币的支付份额小得不成比例。比较而言，2016 年美国 GDP 全球占比为 24.53%，而美元支付份额为 55.31%，相比其发行国的 GDP 占比，美元的支付份额则大得不成比例。

我在第 5 章描述了一个理论，该理论认为一种货币用于国际支付取决于四个关键因素：货币发行国的 GDP、其汇率的稳定性、发行国的金融发展及其资本账户开放程度。鉴于 2016 年中国 GDP 规模已经位居全球第二，人民币汇率也相当稳定，根据该理论，人民币支付份额较低的主要原因是中国的金融发展水平和资本账户开放程度低。我在本章提出一个更为严谨的实证分析，用以支持金融发展和资本账户开放是决定人民币支付份额的两个关键因素这一论点。我首先估算一个被称为"引力模型"的实证模型,该模型相当成功地解释了用各种不同货币结算的国家和地区间双边支付流。接着我用估算的模型对包括人民币在内的不同货币的支付份额进行样本内预测。随后我继续使用该模型对未来人民币作为重要国际支付货币的前景进行样本外预测。

表 8.1　2016 年的支付份额和 GDP 份额,不包括通过全球市场基础设施和欧元区内的支付

货　币	2016 年的支付份额(%)	2016 年支付货币发行国的 GDP 份额(%)	支付货币发行国
美元	**55.31**	24.53	美国
欧元	20.52	15.72	欧元区
日元	5.86	6.52	日本
英镑	5.28	3.49	英国
加元	3.23	2.02	加拿大
人民币	**1.62**	14.74	中国

注:客户发起以及机构的付款。不包括发往/收自全球市场基础设施和欧元区内部支付的款项。在 SWIFT 交换报文。根据价值计算。
资料来源:SWIFT 以及作者本人计算。

8.1.1　基于"引力模型"的思想实验(Thought Experiments)

我们基于专栏 8.1 的式(8.3)进行一些思想实验,旨在亮出几个问题的答案。例如,我们可以评估一个国家和地区的经济规模(用 GDP 刻画)及其金融发展和开放程度(其代理变量为货币发行国/地区的份额比率,定义为货币的外汇交易占全球的份额及其发行国/地区 GDP 占全球份额的比例)对其货币占全球的支付份额的相对重要性。我们还可以基于对世界各国(地区)GDP 的增长率及其未来金融发展和金融开放水平的假设来预测各种货币未来的支付份额。当我们使用该模型进行这些思想实验时,我们实施的是样本外预测。鉴于模型的样本内的预测相当准确,我们对样本外的预测结果报有信心。

专栏 8.1

利用"引力模型"来解释用各种不同货币结算的国家和地区间双边支付流

我利用以下被称为引力模型的数学模型解释用各种不同货币结算的国家和地区间双边支付流模式。根据该模型,以从 i 国(地区)到 j 国(地区)以货币"cur"计价的双边支付流的总量由式(8.1)给出:

$$M_{ijt}^{cur} = \mu_0 + \mu_1 Y_{it} + \mu_2 Y_{jt} + \mu_3 \delta_i + \mu_4 \delta_j' + \mu_5 \overline{d_{ij}} + \mu_6 \theta_{cur,t}^{shareratio} + \mu_7 \theta_{it}^{tradeshare} + \mu_8 \theta_{jt}^{tradeshare} + \mu_9 \theta_{it}^{co\text{-}m} + \mu_{10} \theta_{jt}^{co\text{-}m} + \mu_{11} cur_{cur} + \mu_{12} time_t + \varepsilon_{ijt} \tag{8.1}$$

其中:

ln 表示自然对数。

M_{ijt}^{cur} 表示在 t 年从 i 国(地区)到 j 国(地区)以货币"cur"计价的总支付量的自然对数,以万亿美元计。

Y_{it} 表示在 t 年 i 国(地区)GDP 的自然对数,以万亿美元计(随时间变化)。

Y_{jt} 表示在 t 年 j 国(地区)GDP 的自然对数,以万亿美元计(随时间变化)。

δ_i 表示 i 国(地区)作为来源国(地区)的固定效应(fixed effect)[即来源国/地区的国家/地区哑变量(dummy)](不随时间变化)。

δ_j' 表示 j 国(地区)作为目的地国(地区)(destination country)的固定效应(即目的地国/地区的国家/地区哑变量)(不随时间变化)。

$\overline{d_{ij}}$ 是刻画 i 国(地区)和 j 国(地区)之间所有支付阻力(payment frictions)的来源国(地区)-目的地国(地区)(origin-destination)的固定效应。

$\theta_{cur,t}^{shareratio}$ 是在 t 年发行国(地区)的外汇交易份额与 GDP 份额的比例的自然对数(随时间变化)。

$\theta_{it}^{tradeshare}$ 是在 t 年支付货币发行国(地区)占 i 国(地区)贸易的贸易份额的自然对数(随时间变化)。

$\theta_{jt}^{tradeshare}$ 是在 t 年支付货币发行国(地区)占 j 国(地区)贸易的贸易份额的自然对数(随时间变化)。

θ_{it}^{com} 是在 t 年 i 国（地区）货币与结算货币（即支付货币）之间的联动（随时间变化）。

θ_{jt}^{com} 是在 t 年 j 国（地区）货币与结算货币之间的联动（随时间变化）。

cur_{cur} 是刻画结算货币以及其发行国（地区）的所有其他特性的固定效应（不随时间变化）。

$time_t$ 是刻画商业周期（即景气）效应的年度哑变量（或时间的固定效应）

ε_{ijt} 是针对 i, j 和 t 的误差项。

本模型由 Lai 和 Yan(2020) 导出。式(8.1)的基本原理是，国家和地区间的双边支付流是由广义贸易或投资的结算驱动的。理论上这些活动与来源国（地区）和目的地国（地区）的经济规模正相关，与两个国家和地区之间的"支付阻力"负相关。这也是为什么该模型被命名为"引力"的原因——根据牛顿(Isaac Newton)的万有引力定律(universal law of gravity)，两个物体之间的吸引力与它们各自的质量正相关，与它们之间的距离负相关。在"引力模型"中，支付阻力代表牛顿引力定律中的距离。关于贸易结算流，支付阻力受到双边贸易成本的影响，包括距离、共同语言、共同边境、共同殖民传统和共同法律制度。这些影响有些是积极的、有些是消极的。关于投资流，支付阻力也受到一系列相似因素的影响。贸易支付（即贸易结算）货币的选择受一系列货币特定因素的影响，包括支付货币发行国（地区）占来源国（地区）（目的地国/地区）贸易的贸易份额、货币的市场厚度的外部性（由支付货币发行国的资本账户开放度和金融发展水平来刻画），以及支付货币与来源国（地区）（目的地国/地区）货币的汇率之间的联动。投资流支付货币（即结算货币）的选择也受到一系列类似的货币特定因素的影响。

所有用于回归的金额均以名义美元计算。根据我们理论的预测，在其他因素不变的条件下，某一年 i 国（地区）和 j 国（地区）之间以美元计算的名义双边支付流由该年 i 国（地区）和 j 国（地区）以美元计算的名义 GDP 决定。这是因为如果一个国家或地区更多地拥有美元购买力，那么这个国家或地区就能够更多地向其他国家或地区用美元来购买商品、服务和资产。同理，如果一个国家或地区能够生产更多美元价值的商品和服务，那么这个国家或地区就能向其他国家或地区出售更多美元价值的商品、服务和资产。

份额比率（等于货币的外汇交易份额与其发行国/地区的 GDP 份额的比

例)$\theta_{cur,t}^{shareratio}$、贸易份额($\theta_{it}^{tradeshare}$ 及 $\theta_{jt}^{tradeshare}$)和汇率联动($\theta_{it}^{co\text{-}m}$)都没有单位。尽管来源国(地区)的固定效应、目的地国(地区)的固定效应、来源国(地区)-目的地国(地区)的固定效应以及货币的固定效应均不随时间变化,但时间的固定效应仍然随年份不同而发生变化。

延续 Lai 和 Yu(2015)的研究,我发现一个国家或地区的 GDP,连同其份额比率($\theta_{cur,t}^{shareratio}$)可以刻画该国或地区货币的市场厚度的外部性。货币的外汇交易份额由国际清算银行根据其三年一次的调查,每三年公布一次。在表专栏 8.1A 的上半部分,我们列出了国际清算银行在 1995—2022 年每三年报告一次的一些货币的外汇交易份额。国际清算银行报告的货币的外汇交易份额测量了涉及该货币的外汇交易的百分比。由于每笔外汇交易都涉及两种货币,所有份额的总和为 200%。表中列出的数值是经过归一化将国际清算银行报告的每个数值除以 2 得到的,其份额总和为 100%。表专栏 8.1A 的中间部分列出了各货币发行国在 BIS 报告的年份的 GDP 份额。表专栏 8.1A 的底部列出了份额比率。从表中看到,成熟的主要货币,如美元、英镑和欧元的份额比率随时间的推移变化得很缓慢。而新兴经济体货币的份额比率,如人民币、墨西哥比索和新加坡元则上升比较迅速。这一现象与我们的预感是一致的,即发达经济体在很久以前就已经建立了成熟和开放的金融市场,因此,其份额比率即使上升也只是由于金融全球化导致的。而新兴经济体除了受到金融全球化的影响外,其金融发展和资本账户开放也在迎头赶上,因此份额比率随时间推移迅速提高。

表专栏 8.1A　全球外汇交易份额和 GDP 份额及两者比率(1995—2022 年)

外汇市场交易份额(百分比)										
货币名称	1995	1998	2001	2004	2007	2010	2013	2016	2019	2022
美元	41.51	43.40	44.93	44.00	42.8	42.43	43.52	43.79	44.15	44.22
欧元	—	—	18.96	18.70	18.52	19.52	16.70	15.70	16.14	15.27
人民币	—	0.007	0.004	0.048	0.23	0.43	1.12	1.99	2.16	3.50
日元	12.3	10.86	11.77	10.42	8.62	9.49	11.52	10.81	8.40	8.34
英镑	4.63	5.51	6.52	8.25	7.43	6.44	5.91	6.40	6.40	6.45

续 表

外汇市场交易份额（百分比）										
货币名称	1995	1998	2001	2004	2007	2010	2013	2016	2019	2022
加元	1.71	1.76	2.24	2.10	2.14	2.64	2.28	2.57	2.52	3.10
泰铢		0.07	0.08	0.10	0.10	0.10	0.16	0.18	0.24	0.21
墨西哥比索	—	0.23	0.41	0.55	0.66	0.63	1.26	0.96	0.86	0.76
新元	0.23	0.55	0.53	0.45	0.58	0.71	0.70	0.90	0.90	1.22

资料来源：1989—2019年国际清算银行每三年一度的中央银行调查，https://www.bis.org/statistics/rpfx22.htm。以净值为基础，当年4月日均交易额的百分比份额。这些份额被归一化后加总等于100%。

GDP份额（百分比）										
国家名称	1995	1998	2001	2004	2007	2010	2013	2016	2019	2022
美国	24.84	29.00	31.83	28.03	25.03	22.69	21.66	24.53	24.40	25.51
欧元区	24.35	22.79	19.74	23.17	22.26	19.17	17.12	15.72	15.21	14.07
中国	2.38	3.28	4.01	4.47	6.14	9.25	12.47	14.74	16.31	18.00
日本	17.66	12.86	12.9	11.00	7.81	8.64	6.69	6.52	5.79	4.24
英国	4.33	5.23	4.86	5.48	5.32	3.70	3.56	3.49	3.23	3.08
加拿大	1.96	2.02	2.21	2.34	2.53	2.45	2.39	2.02	1.98	2.14
泰国	0.55	0.36	0.36	0.39	0.45	0.52	0.55	0.54	0.62	0.50
墨西哥	1.17	1.68	2.27	1.79	1.82	1.60	1.65	1.42	1.44	1.42
新加坡	0.28	0.27	0.27	0.26	0.31	0.36	0.40	0.41	0.42	0.47

资料来源：世界银行。

续 表

货币名称	份额比率（＝外汇交易份额/GDP份额）									
	1995	1998	2001	2004	2007	2010	2013	2016	2019	2022
美元	1.67	1.50	1.41	1.57	1.71	1.87	2.01	1.79	1.81	1.73
欧元	—	—	0.96	0.81	0.83	1.02	0.98	1.00	1.06	1.09
人民币	—	0.002	0.001	0.011	0.037	0.047	0.090	0.135	0.132	0.19
日元	0.70	0.84	0.91	0.95	1.10	1.10	1.72	1.66	1.45	1.97
英镑	1.07	1.05	1.34	1.51	1.40	1.74	1.66	1.83	1.98	2.10
加元	0.87	0.87	1.02	0.90	0.85	1.08	0.95	1.27	1.27	1.45
泰铢	—	0.20	0.21	0.25	0.21	0.19	0.29	0.33	0.39	0.42
墨西哥比索	—	0.14	0.18	0.31	0.36	0.39	0.77	0.68	0.60	0.54
新元	0.80	2.02	1.97	1.74	1.88	1.98	1.77	2.21	2.14	2.60

资料来源：作者计算。

数据

我们利用SWIFT的专有数据集SWIFT FIN支付报文数据来检验我们的理论。使用SWIFT FIN需要SWIFT的许可。我们使用的数据是2011—2016年所有国家和地区之间以各种货币结算的月度双边支付金额，包括报文类型MT 103和MT 202（MT代表报文类型，message type）。其中，MT 103涵盖单一客户信用转账，MT 202则包涵一般金融机构转账。对于每对"来源国（地区）-目的地国（地区）"而言，我们只知道该月所有以相同货币结算的支付流的总和。我们并不知道支付的原因和交易类型。在此期间，MT 103约占所有支付价值的10%，MT 202约占90%。

如上所述，MT 103是单一客户信用转账，其报文类型归属第1类，即客户支付和支票。MT 103报文由金融机构代表自己或其汇款客户直接或通过中介银行发送给最终收款者的金融机构。从汇款机构的角度看，汇款客户，或收款者,或两者,均为非金融机构。国际电汇和电报转账是此类支付的例子。

MT 202 是一般金融机构转账,其报文类型归属第 2 类,即金融机构转账。MT 202 报文由金融机构直接或通过中介银行发送给最终收款者(其亦是金融机构)。

我们的分析剔除了所有涉及发送(接收)到(来自)全球市场基础设施(例如 CLS 和 TARGET2)的支付流。[1] 主要原因是一个国家和地区发送(接收)到(来自)全球市场基础设施的支付并不能反映国家和地区之间的双边支付流。通过排除所有发到/收自 CLS 的支付,恰好也排除了我们想排除的绝大多数外汇交易支付,因为我们只对由于贸易结算和投资结算而产生的国家和地区之间的双边支付流感兴趣,对外汇交易结算没有兴趣。

为了把问题简化,我们的分析只选择数据集中的前 13 种货币和前 13 个国家与地区(欧元区被视为一个国家)。我们的分析只包括国际支付。2011—2016 年,发往和收自这 13 个国家和地区的支付总额占发往和收自所有国家和地区(包括 233 个国家和地区)的支付总额的 85% 左右。因此,我们认为这一分析相当具有代表性。表专栏 8.1B 列出了被研究样本中的 13 个国家和地区及其对应的货币。

表专栏 8.1B 国家/地区及其货币

国家/地区	货币
AUS=澳大利亚	AUD=澳元
CAN=加拿大	CAD=加元
CHE=瑞士	CHF=瑞士法郎
CHN=中国	RMB=人民币
DNK=丹麦	DKK=丹麦克朗
EMU=欧元区	EUR=欧元
GBR=英国	GBP=英镑
HKG=中国香港	HKD=港币
JPN=日本	JPY=日元

续　表

国家/地区	货　币
NOR＝挪威	NOK＝挪威克朗
SGP＝新加坡	SGD＝新元
SWE＝瑞典	SEK＝瑞典克朗
USA＝美国	USD＝美元

"引力模型"的实证估计

在对"引力模型"进行实证估计之前，我们首先严格地证明份额比率会显著地被金融发展和资本账户开放程度所影响，为此，我们实施以下回归分析：

$$\theta_{cur,t}^{shareratio} = 50.87 * RFD_i + 6.46 * RKAO_i - 2.85 \tag{8.2}$$

这里，$\theta_{cur,t}^{shareratio}=i$ 国（地区）的份额比率＝i 国（地区）货币的外汇交易份额与其 GDP 份额的比例；$RFD_i=$ "i 国（地区）的相对金融发展指数"，该指数来自国际货币基金组织；$RKAO_i=$ "i 国（地区）的相对资本账户开放"，其中，资本账户开放定义为 i 的国际投资总头寸除以该国（地区）的 GDP。[2] 我们用的是 13 种货币及其对应的发行国（地区）在 2011—2016 年的年度数据。没有时间的固定效应。所有相关系数都在 1% 的水平显著，拟合度很高（调整后的 $R^2=$ 0.739，最高为 1）。现在我们可以很自信地宣称份额比率是金融发展和金融开放良好代理变量。

用来自 SWIFT 的数据运行回归方程（式 8.1），我们发现从 i 国（地区）到 j 国（地区）以货币 cur 计价的支付流（以万亿美元计）可以用以下方程近似地表示，

$$\begin{aligned}M_{ijt}^{cur} = & 4.051 + 0.906 Y_{it} + 1.606 Y_{jt} + \mu_3 \delta_i + \mu_{13} \delta'_j + \mu_4 \overline{d}_{ij} + 1.066 \theta_{cur,t}^{shareratio} \\ & + 0.911 \theta_{it}^{tradeshare} + 1.545 \theta_{jt}^{tradeshare} + 0.210 \theta_{jt}^{co\text{-}m} + \mu_{10} cur_{cur} + \mu_{11} time_t + \varepsilon_{ijt}\end{aligned} \tag{8.3}$$

我们发现式(8.3)与实际的货币支付流相当吻合（用计量经济学的术语，即所有相关系数均在 1% 水平显著，以调整后的 R^2 表示的拟合度高达 0.965，最高为 1）。还有一种方法可以领会本模型的预测效果，就是将 2016 年不同主

要货币的支付份额的实际值与其预测值相比较。表专栏8.1C第(3)栏为支付份额的实际值,而第(4)栏是支付份额的预测值,两组数字非常接近,表明该模型的预测相当成功。用计量经济学的术语来说,本模型在样本内的预测是成功的。

表专栏8.1C　2016年实际和预测支付份额,不包括通过全球市场基础设施和欧元区内部支付的交易

(1)	(2)	(3)	(4)	(5)
实际排名	货币	实际份额（百分比）	预测份额（百分比）	预测排名
1	美元	55.31	54.17	1
2	欧元	20.52	20.57	2
3	日元	5.86	4.98	4
4	英镑	5.28	5.58	3
5	加元	3.23	4.34	5
6	瑞士法郎	2.12	2.02	7
7	澳元	2.11	2.17	6
8	人民币	1.62	1.70	8
9	港币	1.14	1.31	9
10	瑞典克朗	0.98	1.04	10
11	挪威克朗	0.71	0.67	13
12	丹麦克朗	0.63	0.75	11
13	新元	0.50	0.69	12

[1] CLS(原为Continuous Linked Settlement)是美国的一家专业金融机构,在外汇市场为其成员提供结算服务。TARGET2是一个由欧元系统(Eurosystem)拥有和运营的支付系统。它是欧洲处理大额支付的主要平台,中央银行和商业银行都用它来实时处理欧元的支付。

[2] "i国(地区)的相对金融发展指数"被定义为i国(地区)的金融发展指数除以所有国家和地区的金融发展指数之和。同样,"i国(地区)的相对资本账户开放度"被定义为i国(地区)的资本账户开放度指标除以所有国家和地区的资本账户开放度指标之和。

在第一个思想实验中,我们比较 2016 年以下两个假设变化所产生的影响:(1) 将中国的 GDP 提高到美国的水平,但其金融发展和开放程度保持不变;(2) 提高其金融发展和开放水平,但其 GDP 保持不变。结果请见表 8.2。综上所述,我们发现,如果 2016 年中国的 GDP 与同年美国持平,但其金融发展和开放水平保持不变,在其他条件相同的情况下,2016 年人民币的支付份额将从 1.62% 增加到 2.4%(排名第六,远落后于加拿大元)。然而,如果 2016 年中国的 GDP 不变,但其金融发展和开放水平提高到与泰国 2016 年相等的水平(即人民币的份额比率变成其 2016 年实际水平的 2.36 倍;这似乎是中国有可能实现的水平),那么人民币的支付份额将从 1.62% 增加到 4.2%(排名第六,仅次于加拿大元)。① 假如中国的金融发展和开放达到与墨西哥 2016 年相同的水平(即人民币 2016 年的份额比率为实际水平的约 5.0 倍),而其 GDP 保持不变,那么人民币在国际支付中的份额将从 1.6% 增加到约 9.2%。可见,将中国的金融发展和开放程度提高到墨西哥 2016 年的水平对于提高人民币支付份额的效果,大约是将中国 2016 年的 GDP 提高到同年美国的水平的效果的 3.8 倍。很明显中国金融发展和开放水平的提高对于人民币成为重要全球支付货币的影响比提高经济规模明显地重要得多。

表 8.2 思想实验 1

对 2016 年支付份额的预测,不包括通过全球市场基础设施和欧元区内部支付的交易

2016 年,中国的 GDP 与美国相同,其金融发展和开放水平没有变化			2016 年,中国的金融发展和开放水平与泰国相同,其 GDP 没有变化		
预测排名	货 币	预测份额(百分比)	预测排名	货 币	预测份额(百分比)
1	美元	54.58	1	美元	51.66
2	欧元	19.92	2	欧元	20.54
3	英镑	5.38	3	英镑	5.61

---

① 在东亚国家和地区中,2016 年份额比率高于中国的主要新兴经济体是:韩国 0.43,中国台湾 0.43 和泰国 0.33。即便按照发展中国家的标准,这些经济体的金融发展和开放程度也不算特别高。

续 表

2016年，中国的GDP与美国相同，其金融发展和开放水平没有变化			2016年，中国的金融发展和开放水平与泰国相同，其GDP没有变化		
预测排名	货 币	预测份额（百分比）	预测排名	货 币	预测份额（百分比）
4	日元	5.04	4	日元	4.96
5	加元	4.23	5	加元	4.35
6	人民币	2.40	6	人民币	4.23
7	澳元	2.14	7	澳元	2.17
8	瑞士法郎	1.95	8	瑞士法郎	2.03
9	港币	1.33	9	港币	1.28
10	瑞典克朗	1.00	10	瑞典克朗	1.05
11	丹麦克朗	0.72	11	丹麦克朗	0.76
12	新元	0.67	12	新元	0.69
13	挪威克朗	0.65	13	挪威克朗	0.68

在第二个思想实验中，我们基于对经济增长和金融发展的假设来预测2030年人民币和其他货币的支付份额。我们假设从2016年到2030年，中国GDP的年增长率为5.5%、美国为2.5%、欧元区为1.5%、英国为1.5%、澳大利亚为3.0%、日本为1%、加拿大为2.5%，世界其他地区为4.0%，其他条件则保持不变。这里我们假设其他国家的份额比率（也就是金融发展和开放水平）保持不变。结果请见表8.3。具体而言，我们发现如果中国的份额比率不变，那么人民币的支付份额将变成2.6%（排名第6，落后于日元）。假设中国在2030年的份额比例是2016年的2.45倍，与泰国在2016年的金融发展和开放水平相等。考虑到即使按照发展中国家的标准，泰国2016年的金融发展和开放程度也不算特别高，因此这并非不可能（见图5.2和图6.1）。在这种情况下，中国2030年的支付份额将达到约6.6%，即人民币在2030年将成为仅次于欧

元的全球第三大支付货币。我们认为如果中国愿意在未来10年左右快速开放其资本账户和开放金融部门,实现这种情景并非不可能。这个思想实验再次表明,中国的金融发展和开放程度对于人民币用于国际支付程度的影响明显强于其GDP的作用。

表8.3　思想实验2

2016—2030年,中国GDP的年增长率为5.5%,美国为2.5%,欧元区为1.5%,英国为1.5%,澳大利亚为3.0%,日本为1%,加拿大为2.5%,世界其他地区为4.0%。
对2030年支付份额的预测,不包括通过全球市场基础设施和欧元区内部支付的交易

2030年,中国金融发展和开放水平与2016年持平			2030年,中国金融发展和开放水平与泰国2016年的水平相同		
预测排名	货币	预测份额(%)	预测排名	货币	预测份额(%)
1	美元	57.20	1	美元	54.84
2	欧元	17.07	2	欧元	16.37
3	英镑	4.41	3	人民币	6.63
4	加元	4.27	4	英镑	4.23
5	日元	4.02	5	加元	4.10
6	人民币	2.61	6	日元	3.86
7	瑞士法郎	2.47	7	瑞士法郎	2.37
8	澳元	2.34	8	澳元	2.24
9	港币	1.80	9	港币	1.73
10	瑞典克朗	1.26	10	瑞典克朗	1.21
11	丹麦克朗	0.89	11	丹麦克朗	0.85
12	新元	0.86	12	新元	0.83
13	挪威克朗	0.78	13	挪威克朗	0.75

8.2 "一带一路"倡议对人民币国际化的影响

一些讨论认为"一带一路"倡议将对人民币国际化产生很大影响。[①] 据我所知,迄今还没有任何关于这些影响的定量分析,因此我尝试定量估算"一带一路"倡议对人民币国际化的影响。

根据中国政府2015年3月发布的官方文件:

"'一带一路'致力于亚欧非大陆及附近海洋的互联互通……既是中国扩大和深化对外开放的需要,也是加强和亚欧非及世界各国互利合作的需要……努力实现区域基础设施更加完善,安全高效的陆海空信道网络基本形成,互联互通达到新水平;投资贸易便利化水平进一步提升,高标准自由贸易区网络基本形成,经济联系更加紧密,政治互信更加深入。"[②]

"一带一路"倡议环绕两个主要部分:"丝绸之路经济带",和"21世纪海上丝绸之路"。具体地说,"一带"将中国与中亚和南亚连接起来,并延伸至欧洲;而"一路"则将中国与东南亚国家、海湾国家、东非和北非国家连接起来,并一直延伸到欧洲。"一带一路"围绕六个经济走廊组织起来:(1)中国-蒙古-俄罗斯经济走廊;(2)新亚欧大陆桥;(3)中国-中亚-西亚经济走廊;(4)中国-中南半岛经济走廊;(5)中国-巴基斯坦经济走廊;(6)孟加拉国-中国-印度-缅甸经济走廊。

根据de Soyres,Mulabdic,Murray,Rocha和Ruta(2018),我们重点关注他们确定的71个经济体的名单,这些国家可以理解为在地理位置上位于"一带一路"沿线的经济体。

我们在第四章中提到,总体而言衡量一种货币的国际化程度有五个指标,即货币在以下五个方面的使用:(1)国际债务计价;(2)国际贷款计价;(3)外汇交易;(4)国际支付使用,和(5)外汇储备使用。在此,我们重点讨论(1)国际债务计价和(4)国际支付使用。因为这两个指标与"一带一路"倡议对人民

[①] 参见Li, Gao, Oxenford, Xu, Li, Subacchi和Song(2017)。
[②] 参见《关于共建"丝绸之路经济带"和"21世纪海上丝绸之路"的愿景与行动》,2015年3月由中华人民共和国国家发展和改革委员会、外交部、商务部经国务院授权发布。

币国际化的影响关系最为密切。相应地,"一带一路"倡议对人民币国际化可能有两个方面的影响:首先,"一带一路"倡议将增加中国与"一带一路"各国以及"一带一路"各国之间的贸易流量,从而提升人民币在国际支付中的使用。其次,"一带一路"倡议将带来以人民币计价的"一带一路"项目融资,从而促进人民币计价债券的发行。这将增加人民币在国际债务证券中计价的份额。我们下面详细阐述这些观点。

8.2.1 增加人民币在国际支付中的使用

为了估计这一影响,我们首先将2011—2016年的SWIFT数据运用于"引力模型"来估计国家和地区间双边人民币计价支付流的主要决定因素。我们使用的国家和地区是排名前30的人民币支付国(地区)和排名前30的人民币收受国(地区)的并集。

专栏8.2

国家和地区间双边人民币支付流的"引力模型"估计

运用2011—2016年的SWIFT数据,我们实施"引力模型"估计并发现从i国(地区)(来源国/地区)到j国(地区)(目的地国/地区)以人民币计价的支付流可以近似地用下列公式表示:

$$M_{ijt}^{RMB} = 0.119 + 0.676 Y_{it} + 0.411 Y_{jt} + \vec{\mu_1}\vec{\delta_i} + \vec{\mu_2}\vec{\delta_j} - 0.251 d_{ij} \quad (8.4)$$
$$+ 0.54 \theta_{jt}^{tradeshare} + \mu_3 time_t + \varepsilon_{ijt}$$

其中:

M_{ijt}^{RMB}是从i国(地区)到j国(地区)以人民币计价的总支付流的自然对数,以10亿美元计。

Y_{it}是i国(地区)GDP的自然对数,以万亿美元计(随时间变化)。

Y_{jt}是j国(地区)GDP的自然对数,以万亿美元计(随时间变化)。

$\vec{\delta_i}$是离岸人民币中心作为来源的一组固定效应(不随时间变化)。

$\vec{\delta_j}$是离岸人民币中心作为目的地国(地区)的一组固定效应(不随时间变化)。

d_{ij}是i国(地区)和j国(地区)之间的距离的自然对数(不随时间变化)。

$\theta_{ijt}^{tradeshare}$ 是发行国(地区)的占 j 国(地区)贸易的贸易份额的自然对数(随时间变化)。

$time_t$ 是刻画商业周期(即景气)效应的年份哑变量(或时间的固定效应)。

ε_{ijt} 是针对 i,j 和 t 的误差项。

与本章其他部分的分析不同,欧元区内各国之间的支付在上述回归中被视为国际支付,这是因为它对于刻画欧元区内部各个国家的人民币支付流非常重要。

8.2.1.1　基于"引力模型"的思想实验

"一带一路"倡议增加人民币计价的支付流的可能渠道有两个,解释如下。

(1) 增加人民币计价的支付流的第一个渠道是通过"一带一路"倡议增加中国对"一带一路"国家的对外直接投资。由于海外中资企业更倾向于使用中国生产的商品和服务,这将增加中国与"一带一路"国家之间的贸易流,反过来又促进中国与"一带一路"国家之间使用人民币进行贸易和投资结算。从而增加全球人民币支付流量,并提升人民币国际化程度。

我们基于"引力模型"方程(式8.4)的估算进行假设性的思想实验,将2016年中国在每个"一带一路"国家贸易中的份额增加50%,并计算样本中每两个国家之间的双边人民币计价支付流的增量。这项实验可以理解为刻画了"一带一路"倡议增加中国对"一带一路"国家对外直接投资的效果,这反过来又将增加中国与每个"一带一路"国家之间的贸易量。

我们预计,如果"一带一路"倡议使中国对"一带一路"国家的对外直接投资增加,从而使所有"一带一路"国家与中国的贸易份额增加50%,那么"一带一路"倡议将使2016年全球人民币计价的支付总量增加约16%,这是一个不小的数目。

(2) "一带一路"倡议增加全球人民币计价的支付流的第二个渠道是降低"一带一路"经济走廊的贸易成本,从而增加中国与"一带一路"经济走廊各沿线国家之间的贸易和投资流,反过来又增加中国与这些国家之间以人民币计价的支付流。

根据 de Soyres, Mulabdic, Murray, Rocha 和 Ruta(2018)的研究,如果

"一带一路"倡议的基础设施项目通过贸易便利化措施（例如缩短边境延误时间）得以加强，那么中国-中南半岛经济走廊的贸易成本将下降5.6%、中国-中亚-西亚经济走廊将下降21.6%。该研究没有提及对中-蒙-俄经济走廊的增强效果，我假设它与中国-中南半岛经济走廊差不多。①

显然，对贸易成本影响最大的是这三个经济走廊。为了实现我们的研究目的，给定考虑的国家，似乎只有中国-中南半岛经济走廊和中-蒙-俄经济走廊这两个经济走廊比较重要，因此我们选定关注这两条经济走廊。我们基于方程(8.4)的回归结果实施以下的假设性的思想实验。我们假设以下（中国-中南半岛经济走廊上）任意两个国家和地区之间的双边贸易成本，用变量d_{ij}表示，减少10%：中国、中国香港、新加坡、泰国、马来西亚、菲律宾和印度尼西亚。我们还假设以下任意（在中蒙俄经济走廊上）两个国家和地区之间的双边贸易成本也减少10%：中国、蒙古和俄罗斯。我们将贸易成本减少10%，比de Soyres等人（2018）的估算稍大一些，是为了观测效果的上限。我们的研究结果揭示，2016年贸易成本降低10%将使全球以人民币计价的支付总量增加约0.8%，这是一个不大的数字，意味着贸易成本降低其本身对人民币支付流的影响甚微。其实这一结果本不该令人惊奇，因为贸易流只有在其自身影响人民币贸易结算的前提下，才会对人民币支付产生影响。

根据估算，截至2016年人民币的全球支付份额为1.62%（不包括欧盟内部的国际支付流和由于国际外汇市场交易产生的支付流），在当年的支付份额中排名第八（请参见表8.4）。综合以上结论，我们的思想实验表明，"一带一路"倡议在2016年对人民币支付流的总影响等于：+16%（由于"一带一路"国家与中国的贸易增加所致人民币支付流的增加）加上0.8%（海陆经济走廊贸易成本降低所致的人民币支付流的增加）=16.8%。假设"一带一路"倡议不影响其他货币的支付流，"一带一路"倡议在2016年使人民币全球支付份额增

---

① 摘自de Soyres，Mulabdic，Murray等人（2018），"'一带一路'倡议包括提高海关效率、减少边境延误或改善经济走廊管理的努力。作为主要数据库的延伸，我们提出了两个明确考虑到这些因素的情景。我们发现实施补充性政策改革的确放大了对运输时间和贸易成本的影响，尤其是在经济走廊沿线。例如，如果边境延误减少一半，经济走廊沿线的运输时间将减少7.7%（中国-中南半岛经济走廊）和25.5%（中国-中亚-西亚经济走廊）；而贸易成本将下降5.6%（中国-中南半岛经济走廊）和21.6%（中国-中亚-西亚经济走廊）。鉴于贸易便利化瓶颈在'一带一路'倡议经济体中的重要性，这些巨大的影响并不令人感到意外（Bartley Johns等人，2018）"。

加 1.62%×(1+16.8%)=1.9%。① 然而 1.9% 的支付份额仍然低于排名第七、支付份额为 2.11% 的澳元,因此,2016 年人民币的支付份额仅排名第八。我们的结论是,"一带一路"倡议不会大幅提高人民币在全球的支付份额。表 8.4 总结了这些结果。

表 8.4 2016 年没有"一带一路"倡议的国家的支付份额,
以及有"一带一路"倡议的国家支付份额的估计值

2016 年实际支付份额——没有"一带一路"倡议			2016 年,假设性支付份额——有"一带一路"倡议		
排名	货币	份额(%)	排名	货币	份额(%)
1	美元	55.31	1	美元	55.31
2	欧元	20.52	2	欧元	20.52
3	日元	5.86	3	日元	5.86
4	英镑	5.28	4	英镑	5.28
5	加元	3.23	5	加元	3.23
6	瑞士法郎	2.12	6	瑞士法郎	2.12
7	澳元	2.11	7	澳元	2.11
8	人民币	1.62	8	人民币	1.90

8.2.2 人民币计价的国际债务证券的增加

根据中国政府 2015 年 3 月的发布的官方文件"共建丝绸之路经济带和 21 世纪海上丝绸之路的愿景与行动",中国政府表示:"支持沿线国家政府和信用等级较高的企业以及金融机构在中国境内发行人民币债券。符合条件的中国境内金融机构和企业可以在境外发行人民币债券和外币债券,鼓励在沿线

---

① 这个结果不太精确,因为其他货币的份额可能会下降。鉴于人民币初始份额很小,这个结果仍算足够准确的近似值。

国家使用所筹资金。"

因此,"一带一路"倡议预期将带来以人民币计价的方式为"一带一路"国家的一些项目提供融资,尤其是通过在岸和离岸市场发行人民币计价的债券,势必将提高人民币的国际化程度。我们对这种影响给出粗略的估计。

人民币在国际债务证券计价方面的现状如何?截至2020年第一季度,在24.91万亿美元的国际债务证券总存量中,以各种货币计价的数量(折合成美元)(占比):美元为11.8万亿美元(47.4%),欧元为9.45万亿美元(37.9%),英镑为1.97万亿美元(7.9%),日元为4 480亿美元(1.80%),而人民币为1 010亿美元(0.41%)。可见人民币国际债务证券定价的规模非常小[参见表8.5的第(1)至(3)栏]。"一带一路"倡议能在多大程度上提高这一份额?

我们首先估算究竟多少人民币计价的债券是由于"一带一路"倡议的实施而发行的?"一带一路"倡议的投资总规模现在还不确定。但根据不同资料来源,"一带一路"的投资总规模约为4万亿—8万亿美元。① 截至2020年7月,部分投资(相当于约1万亿美元)已经投入。除了投资总规模不确定性以外,全部投资投完的确切时间长度也尚未确定。人们预期至少需要数十年的时间。研究了各种资料来源后,我们认为未来35年内再增加6万亿美元的额外投资的假设并非不合理。②

我们做一个宽松的粗略估算,假设在从2020年开始的未来35年内,价值6万亿美元的"一带一路"倡议总投资的一半(即3.0万亿美元)通过人民币计价的国际债务证券来进行融资。这相当于每年860亿美元,或每10年0.86万亿美元。也就是从2020年到2030年,将累计发行价值0.86万亿美元的以人民币计价的国际债券。我们将0.86万亿美元与全球国际债务证券2030年的估计总存量进行比较。国际清算银行的数据显示,全球未偿还的国际债务证券总存量从2010年第二季度的19.44万亿美元增加到2020年第一季度的

---

① 参考《南华早报》(South China Morning Post)2017年9月27日和2019年2月21日的报道:https://www.scmp.com/special-reports/business/topics/special-report-belt-and-road/article/2112978/cost-funding-belt-and 和 https://www.scmp.com/print/week-asia/explained/article/2187162/explained-belt-and-road-initiative;以及经济合作与发展组织(2018)。
② 普华永道(PricewaterhouseCoopers)在2016年发表的一份报告估计,30—40年内将花费多达5万亿美元,其中大部分支出预计将在2049年,即中华人民共和国成立100周年时发生。www.pwc.com/gx/en/growth-markets-center/assets/pdf/china-new-silk-route.pdf。

24.91万亿美元(即10年期间),10年增加了28%。① 我们通过假设未来10年仍然增加28%来进行推算,那么到2030年第一季度,未偿还国际债务证券总存量将达到31.88万亿美元左右。因此,到2030年第一季度,"一带一路"倡议将使以人民币计价的国际债务证券的份额增加0.86/31.88=2.7%。

由于中国是一个上升中的国家,因此有理由认为即使没有"一带一路"倡议,未来10年人民币的份额也会增加。2010年第二季度,以人民币计价的国际债务证券的总量(占比)为119.8亿美元(0.062%)。从2010年第二季度到2020年第一季度10年间的增速为8.4倍。假设这一增长与"一带一路"倡议无关。如果我们通过假设自2020年第一季度开始的未来10年增速相同进行推算,那么即使没有"一带一路"倡议,到2030年第一季度人民币国际债务证券的总量将变成1 010亿美元×8.4=8 480亿美元,其占比为0.848/31.88=2.66%≈2.70%。加上因"一带一路"倡议而预期增加的份额,2030年第一季度以人民币计价的国际债务证券的总占比为2.70%+2.70%=5.40%。假设以其他货币计价国际债券的份额保持不变,那么2030年第一季度人民币将成为排名第四的国际债务证券计价货币(仅次于美元、欧元和英镑,但领先于日元)。如果日元的份额保持不变,2030年人民币将超越日元成为全球排名第四的国际债券计价货币。然而"一带一路"倡议的影响仍然太小,以至于仅仅依靠"一带一路"倡议无法使人民币超越美元、欧元和英镑。请注意这是一个很宽松的粗略估计,如果估算仍然合理但却不那么宽松,那么就可以很容易将这个数字减少一半甚至四分之三,使人民币的份额降至2.7%甚至1.4%。请参考表8.5的第(7)至(9)栏。

总之,"一带一路"国家可能通过增加以人民币计价的国际债务证券份额来提高人民币作为融资货币的国际使用,但人民币很可能仍然会远远落后于排名前三位的货币。表8.5对预测结果进行了总结。第(1)至(3)栏显示截至2020年第一季度的货币份额的现状;第(4)至(6)栏对没有"一带一路"倡议时,2030年第一季度的货币份额的预测;而第(7)至(9)栏是对有"一带一路"倡议时2030年第一季度的货币份额的预测。

---

① 参见国际清算银行网站,https://www.bis.org/statistics/about_securities_stats.htm?m=6%7C33。

表 8.5　2020 年第一季度,未偿还国际债务证券总存量的货币份额(总量为 24.91 万亿美元)以及在有和没有"一带一路"倡议的条件下,对 2030 年第一季度货币份额的粗略预测(估计的总量为 31.88 万亿美元)

人民币现在的地位（2020 年第一季度）			2030 年第一季度的预测——没有"一带一路"倡议			2030 年第一季度的预测——有"一带一路"倡议		
(1)	(2)	(3)	(4)	(5)	(6)	(7)	(8)	(9)
排名	货币	份额（百分比）	排名	货币	份额（百分比）	排名	货币	份额（百分比）
1	美元	47.4	1	美元	47.4	1	美元	47.4
2	欧元	37.9	2	欧元	37.9	2	欧元	37.9
3	英镑	7.9	3	英镑	7.9	3	英镑	7.9
4	日元	1.8	4	人民币	2.7（乐观）	4	人民币	5.4（非常乐观）
?	人民币	0.41	?	日元	1.8	?	日元	1.8

因此,我们的结论是,"一带一路"倡议对增加人民币在国际支付和国际债务证券计价的使用产生影响,但影响远不如金融发展和资本账户开放大,金融发展和资本账户开放仍然是对人民币国际化产生一阶冲击的最重要的两个因素。

然而,在人民币国际化方面,"一带一路"倡议对中国可能有无形的好处。正如 Aliber(2011)指出的那样,国际货币的一项重要特征是其品牌。"一带一路"倡议实际上有助于中国建立与"一带一路"国家的信任,从而提高中国的品牌知名度。这增加人民币对外国人的吸引力,使他们更愿意持有人民币作为价值储存、用于支付,甚至作为储备货币。

8.3　结论

我们基于"引力模型"的思想实验揭示,中国的资本账户开放和金融市场发展对人民币支付份额的影响明显强于其 GDP 的增长。这是因为中国的金融发展和资本账户开放程度即使按照发展中国家的标准来看仍然很低,因此中国在这两个方面还有很大提升空间。同时,中国已经是世界第二大经济体,随着时间推移其经济增长速度正在下滑。因此,即便中国赶上最大的经济体,即美国,其GDP增长对其货币支付份额产生巨大影响的空间也将十分有限。

因此我们的结论是,如果中国想让人民币成为重要的国际支付货币,就必须大大加快其金融发展并开放资本账户,仅仅依靠经济规模并不能使人民币迈入主要支付货币的行列。

关于"一带一路"倡议,我们的定量分析揭示,"一带一路"倡议对增加人民币在国际支付和国际债务证券计价使用的影响太小,不足以对人民币国际化产生任何实质性的影响。尽管如此,"一带一路"倡议可以带来树立中国品牌的无形利益,能够促进人民币国际化的发展。

第 9 章
人民币国际化的前景

如我们前面的分析，人民币国际化不仅需要经济规模庞大、资本账户开放和金融市场改革，还需要国有企业改革以及体制改革，例如建立可靠的法律体系和政府内的制衡制度。

人民币国际化战略的启动以创建人民币离岸市场为基础，我称之为"一种货币，两个市场"，这一概念受到"一国两制"思想的启发。"一种货币，两个市场"有吸引力的原因是中国在目前的发展阶段并不想与西方完全融合（至少现时还没有这个想法），但仍然希望以可控的方式向西方开放以帮助国内经济发展和在国际货币系统中寻找独立性。中国对资本自由流动的风险保持高度警惕，且短时间内不准备放弃资本管制。虽然建立离岸市场并不是人民币国际化的主要驱动力，资本账户开放和金融发展才是根本的驱动力，但离岸市场确实极大地增强了资本账户开放和金融发展的影响，这对人民币国际化是重要的。

人民币国际化成功的可能性有多大？我们有很多悲观的理由。首先，中国的经济增长率从 2010 年的 10.6% 连续降至 2019 年的 6.1% 至 2022 年的 3.0%。[1] 除了全要素生产率的增长率下降之外，人口也在老龄化，劳动年龄人口（16—59 岁）从 2012 年就开始萎缩。[2] 劳动力衰减对经济增长的影响是举足轻重的。没有足够大的经济规模，人民币就很难达到人民币国际化所需要

---

[1] 数据来源于世界银行。
[2] 参考《财新杂志》和国家统计局，www.caixinglobal.com/2019-01-29/chart-of-the-day-chinas-shrinkingworkforce-101375782.html。

的外汇市场的厚度以及金融市场的广度和深度。

其次,中国对资本自由流动的风险过于警惕,不会很快放弃在岸市场的资本管制。离岸市场是人民币完全可兑换和可控的资本自由流动的试验田。在岸市场与离岸市场之间有防火墙隔开以便为在岸市场提供安全保障,因此离岸市场是人民币国际化战略的重要组成部分。在必要的时候,货币当局可以通过行政措施来加强离岸市场和在岸市场之间的资本管制。中国限制资本自由流动的原因之一是希望维持其不成熟的金融市场的稳定。另一个原因是中国不希望人民币汇率过度波动。根据开放经济体的"三元悖论",为了保持货币政策的自主性就必须维持汇率稳定,这意味着货币当局必须时不时实施资本管制,而资本管制会对人民币国际化的发展造成伤害。

再次,另一个人民币国际化的关键障碍是在岸市场形成有深度、广度和流动性的金融市场可能需要很长时间。成熟的金融市场形成需要法律规范、资本高度流动、合约的有效实施、破产法的良好执行以及政府公信力等前提。成熟而公平的法律体系对于确保金融系统在任何时候都能正常运作至关重要。

最后,但同样重要的是,人民币要想成为避险货币,就需要获得外国人的信任,Aliber(2011)认为一种货币是否被广泛接受为国际货币很大程度上取决于其品牌。他认为美元的品牌是由美国经济规模、金融市场的稳定、长期低通货膨胀率的历史,以及军事安全来支撑的。

然而我们也有谨慎乐观的理由:第一,尽管经济增长速度可能会放缓,但中国经济在未来一二十年内很可能会继续以快于美国的速度增长,并且很可能在2040年之前成为按市场汇率计算的最大经济体,从而具有规模优势。由于同样的原因,中国很可能会继续成为最大的贸易经济体。2016年,中国的GDP为11.23万亿美元,美国为18.71万亿美元,美国是中国的1.67倍。2019年两者差距缩小:中国GDP为14.34万亿美元,美国为21.43万亿美元,美国是中国的1.49倍。① 因此只要从2019年开始的未来20年,中国每年以美元

---

① 参考世界银行(https://data.worldbank.org/indicator/NY.GDP.MKTP.CD?locations=EU-US-CN&most_recent_value_desc=true)。

计算的名义经济增长率比美国高2%以上,到2039年中国以美元计算的名义GDP将与美国持平。基于中国和美国的历史记录,这种情况非常有可能发生。中国的全要素生产率与韩国、日本相比仍然非常低。通过技术进步、人力资本的进一步积累以及通过资本市场改革更好地配置资源,中国的全要素生产率还有很大增长空间。①

第二,相比于日本等其他国家,中国有更强的动力推进其货币国际化。第一个动力源于中国与美国的意识形态差异,相对于日本等国,中国有更强烈的愿望独立于美国和美元。第二个动力来源是中国特有的,就是利用人民币国际化带来的资本账户开放来"倒逼"国内金融业改革。这类似于2001年中国利用加入世界贸易组织后的市场开放来刺激国内工业部门改革。在当前国内金融市场中,存在着众多特殊利益集团。若不通过对外开放市场,引入外国竞争,以及开放金融资产,吸引外国投资,改革将难以持续推进。因此,改革的一个方法就是以渐进和互动的方式同步推进资本账户开放和金融市场改革。资本账户开放能促使金融市场自由化,这反过来又顺理成章地进一步推进资本账户开放,从而为把人民币国际化作为一种外部承诺来"倒逼"国内金融市场改革提供了理论依据。

积极的信号是最近几年中国开放的步伐从未放缓。在过去几年,大量拥有多数股权的外资金融机构已经进入中国内地,债券市场得以快速发展,与香港地区的债券通和股票通均已推出,利率改革(如贷款市场报价利率的推出)和股票市场改革都在推进中。

对不盈利的国有企业改革,其实可以有另外一种替代模式,即由财政补贴而不是信贷补贴维持其生存,以便让其在不干扰金融市场的有效运作的前提下发挥社会和政治功能。通过这种方法,国有银行就可以专注于自身的经济职能,并与金融市场上的其他竞争者,如国内和国外的私营金融机构进行公平竞争。更一般地说,在这种替代模式下,政府只需向国有企业提供财政补贴而不必干预任何市场,从而确保市场能够有效运作。因此,利率就可以真正地由市场决定,金融市场也可以更有效地配置资源。需要注意的是这种替代模式

---

① 参见 Zhu 2012 和 Zhang(2017)关于中国全要素生产率增长的一些深入讨论。

发挥作用的一个条件是税收收入在GDP的占比足够高。这种替代方式的另一个问题是不能根本解决用实际资源去支持无利可图的企业，尽管它可以纠正金融市场的扭曲。长远来说，从经济效率角度看，不能盈利的国有企业应该被淘汰。

第三，一种观点认为，一种货币能否成为避险货币取决于其发行国的经济自由，因此中国可以承诺允许大量的经济自由。中国在消除腐败、加强法治和合约执行方面取得了很大进展，特别是在经济事务方面。在这些方面中国可以向新加坡学习。新加坡是一个经济强国，在2019年管理发展研究所的世界竞争力排名中被评为全球"最具竞争力的经济体"，并在美国传统基金会（Heritage Foundation）2020年的经济自由度指数中排名世界第一。新加坡持续被透明国际（Transparency International）评为亚洲腐败最低的国家，并跻身世界十大最廉洁的国家之列。世界银行的治理指标也对新加坡的法治、控制腐败和政府效率给予高度评价。一个经济高度自由但政治有限自由的国家也有可能在处理经济事务方面获得外国人的信任。

政府内存在制衡机制总的来说是好事，但中央银行的独立性却未必总是好的：首先，如果政府没有想增加总统连任的机会而经营过度财政赤字，或者因为这个动机而牺牲价格稳定去寻求短期经济增长，那么央行独立性就不是必需的。其次，中央银行与政府其他部门协调的能力实际可能是一种好处。周小川曾指出，作为政府的一部分，中国人民银行可以更有效地参与更广泛的政策辩论与决策，从而发挥比独立中央银行更有影响力的作用。事实上，即使是最重要的中央银行，如美国联邦储备系统、欧洲中央银行和日本银行，也并不总是独立的。因为政府领导人认为中央银行有时有必要与政府的其他部门协调。例如，前美联储主席伯南克（Ben Bernanke）在交接时曾告诉继任者珍妮特·耶伦（Janet Yellen），她需要听从美国国会的意见。问题是中央银行（也许还有政府其他部门）应该被赋予在其专业领域进行独立专业分析和作出独立判断的自由，但最终采取的政策措施可能需要与中央政府达成妥协。为了实现整体国家利益的最大化，这种妥协有时是必要的。人们可能会辩说，中央银行最重要职能是维持价格稳定、汇率稳定和金融稳定的纪录。在这些方面，中国人民银行的表现非常好。此外，人民银行在引领金融部门改革、资本账户自由化和人民币国际化方面都发挥了关键作用。这些记录表明中央银行并不需要完全的独立性就能发挥其效力和影响力。

虽然中国必须努力打造自己的品牌,但美元品牌也不像从前那样辉煌了。自20世纪80年代初以来,美国继续年复一年地发生经常账户逆差。现在美国是全世界最大的债务国,这造成了美元贬值的压力。一些经济学家已经警告市场可能会突然对美元丧失信心。例如,Obstfeld和Rogoff(2001,2007)认为未来美国经常账户可能出现逆转将导致美元贬值30%。

第四,最重要的一点是,谨慎乐观支持人民币在长期内成为主要国际货币的观点与美国本身的局限有关。美元在很大程度上是占主导地位的储备货币(其国际储备货币份额约为60%—65%),遥遥领先于欧元(其储备货币份额约为20%)。欧元与美元相比更像是一种区域性货币,因为大多数持有大量欧元作为外汇储备的国家都位于欧元区附近或与欧元区有密切联系。2009年的欧元区主权债务危机暴露了货币联盟治理的弱点。此外欧元区的全球GDP占比正在萎缩,因此欧元扩大其储备货币份额的能力有限。鉴于美元是唯一真正的国际储备货币,这可能会触发第3章描述的特里芬两难,即美国相对经济规模随时间推移而下降可能导致人们丧失对美元的兑换价值的信心。对许多国家的中央银行而言(尤其是那些与欧元区没有密切联系的国家),如果有美元的替代品他们就可能从美元中脱离出来。然而目前还没有真正美元的替代品作为全球储备货币。我在第3章提到国际货币体系有一个潜在的长期问题,即目前真正的全球储备货币只有美元。这是因为世界其他国家的经济增长比美国快,这些国家对外汇储备需求的增长速度将超过美国为满足这一需求而发行的、以美元计价的美国政府债务的财政能力。这将导致美国也许会将其货币随时间推移而贬值从而使债务贬值,或者违约。对发生这种情况的预期可能会引发信心问题,从而导致国际货币体系坍塌。这就是1973年布雷顿森林体系发生的事情。这种情况有可能会在目前的国际货币体系下再次发生吗?

Farhi和Maggiori(2018)认为,特里芬两难既可以发生在固定汇率制度下,也可以发生在浮动汇率制度下。在全球高度失衡的后亚洲金融危机时代,高储备需求可能会激活特里芬所关注的信心问题(Triffin margin)。① 他们指出,美国现在作为世界银行家的角色比最初在 20 世纪 60 年代辩论时的规模大得多。换句话说,美国要扮演的世界银行的规模已经变大了,因此潜在问题的规模也相应地增加了。2015 年美国外债达到 GDP 的 158%,其中 85% 是以美元计价的,这增加了发生类似特里芬事件的可能性。他们继续指出:"如果国际货币体系的历史有任何指导意义,那就是,这种可能性是不能被排除的。因为国际货币体系往往会经历长期的平静期,期间投资者会滋生自满情绪,直至突然醒悟到即使像国际储备货币提供者这样的稳定锚也会在足够糟糕的情况下最终急剧贬值。"

换句话说,从长远来看,欧元集团国家之外需要一个美元以外的其他储备货币来填补这一空白。人民币是一个显而易见的候选货币,因为中国很可能在不远的将来成为世界最大经济体,而且正在迅速向世界其他国家开放。因此,不难想象国际货币体系将来会成为真正的多极储备货币体系,其中美元、欧元和人民币是三个主要的储备货币。可能有一个"人民币集团",包括中国、东亚(日本除外)和东南亚以及"一带一路"沿线的大多数发展中国家和其他一些发展中国家;一个"欧元集团",包括欧洲和一些历史上相关的国家;以及一个"美元集团",包括世界上其他国家。

然而在可预见的未来,即便在多极储备货币的国际货币体系中,美元仍可能继续成为全球主导的国际储备货币。首先,欧元作为国际储备货币其份额扩大的可能性相当有限,因为它更像是一种区域性货币而不是国际货币;其次,正如本章前面指出,由于中国劳动力的萎缩和其他原因,中国的经济增长率在未来几十年可能会明显放缓。尽管原则上这些影响可以通过进一步的资本积累和全要素生产率的提高来抵消,或许还可以通过技术进步、人力资本积累以及优化的资源配置的手段,但这些方面究竟能取得多大进展目前还不确定。很大程度上取决于进一步改革开放和政权稳定。相比之下美国预计未来

---

① 根据 Farhi 和 Maggiori(2018),2015 年美国对外负债(不包括金融衍生品)为 28.28 万亿美元,而 GDP 为 17.94 万亿美元(资料来源:美国经济分析局)。美国的对外负债大多数都以美元定价,平均为 85%,而美国的对外资产大多以外币定价,平均为 61%(资料来源:Bénétrix, Lane 和 Shambaugh, 2015,1990—2012 年的均值)。

几十年劳动力还会增加,有利于维持其过去的经济增长速度。最后,即使中国成为一个比美国更大的经济体可能也不会大很多。加上美国的金融体系更加成熟和开放(这使得美国国债成为迄今为止世界上流动性最强的安全资产),很可能会在未来几十年内维持美元作为主导储备货币的地位。在可预见的未来,美元可能会继续成为全球单一/主导的工具货币,用于同质化初级商品(homogeneous primary goods),如石油、矿产和农产品等能源和大宗商品的计价。正如我们在第5章指出的那样,网络效应(即市场厚度的外部性)在同质商品的计价特别强大,导致单一/主导媒介货币计价的存在。这解释了为什么即使发行国不再是世界上最大的经济体很长时间之后,其货币仍然能够作为媒介货币的现象。这种情况很可能适用于美元。

人民币国际化的未来会怎样呢?我们在第8章做了一些预测未来人民币国际化程度的定量分析。尽管我们只关注人民币作为支付货币的潜力,但结果也可以解释为对人民币国际化整体程度的预测,因为货币的记账单位、交易媒介和价值储存功能是相辅相成的。我们希望通过本书传达的重要信息是,除了经济稳定和经济规模之外,金融发展和资本账户开放是人民币成为重要的国际支付货币的两个最重要的支柱。在目前发展阶段这两个因素对人民币国际支付份额的决定作用比经济规模更为重要。本书的定量分析结果揭示,尽管中国出台了大量人民币国际化的促进政策,人民币到2030年在全球支付货币的排名最高只能达到与第2名相距甚远的第3名。人民币国际化步伐略显缓慢的主要原因在于成为主要国际支付货币需要更高的金融发展水平以及更大程度开放资本账户。有人猜测"一带一路"倡议将促进人民币贸易计价和以人民币计价的对外直接投资和发展包括债券市场在内的离岸人民币融资,从而大大提升人民币的国际化水平。但是我们认为"一带一路"倡议对人民币国际化的推进效果将非常有限,除非其对中国金融发展和资本账户开放做出重大贡献。不管怎样,"一带一路"倡议对于建立国际上对中国的信任会带来无形的好处,从而帮助提高人民币国际化的程度。

我们的定量分析表明,伴随着中国相对经济规模的扩大、资本账户开放和金融部门的市场化,2030年左右人民币有望成为继美元和欧元后的世界第三大支付货币。然而人民币支付份额取决于资本账户开放和金融市场改革的步伐,即使这些改革的步伐很快(即 2030 年中国金融发展和开放程度与 2016 年的泰国相同时),2030 年人民币支付份额可以达到大约 6.6%,人民币也只能成为与美元和欧元相距甚远的排名第 3 的国际支付货币。这并非是一种难以置信的情景,但要求中国在未来十年内加快金融部门改革和资本账户开放。

我的观点是,当尘埃落定时,"一国两制"会很有活力。我的判断基于以下两个论点:首先,让"一国两制"发挥作用符合中国利益,因为中国需要通过香港作为窗口和门户与世界其他国家和地区接触和交往。具体来说就是希望香港作为中国的国际金融中心发挥改革和开放的"催化剂"以及与世界连接的作用。香港引入《国家安全法》的目的是维持香港社会、经济和政治稳定以便更好地发挥其作用。因此,中国政府会尽力把对香港的干预保持在低水平,只关注一些明显危害国家安全的案件,特别是确保不破坏香港法律制度的可信度。其次,长远来说中国仍会有不慢的增长和继续开放,对于西方公司仍然是做生意和投资的好地方。内地的市场机构和营商环境不如香港发达,自由度也比较有限,但西方公司,包括美国公司,仍然有很多生意在中国内地。因此,他们就真的没有理由离开香港,因为香港的市场机构和商业环境是世界一流的,而且自由度仍然比内地(以及世界上许多其他地方)高。因此,我相信尽管遭遇美国政府及其盟友的制裁和脱钩,香港的竞争力最终会保持。只要中国适合做生意,西方公司就会继续愿意去。

中国很有可能以循序渐进和有控制的方式持续推进自身的开放,但对于完全融入一个由美国控制的、不完全可靠的,而且容易发生危机的金融体系主导下的世界仍然非常谨慎。出于这个原因,中国在很长一段时间内很可能会继续严重依赖离岸市场,特别是香港离岸市场,同时在离岸市场和在岸市场之间建立一道防火墙。离岸中心有助于将海外投资者的货币风险与国家风险分隔开。离岸中心的所有资本都能自由流动,合约全部在健全的法律框架下执行。当海外投资者通过离岸人民币中心,比如香港,投资中国资产时,其合约在香港辖区签署和执行并受英国普通法(British common law)管辖。由于投资受到英国普通法的合法保护增加了外国投资者对投资中国的信心,这将促进中国的资本流动并有助于资本账户自由化。从这个角度看,香港很可能会因为其重要的离岸人民币中心和中国面向世界的窗口和门户的角色,作为国际金融中心而继续保持繁荣。

中国仍然是一个发展中国家,1978年才开始改革开放。当时中国只有一个正规的金融机构,即中国人民银行,它既是中央银行又是商业银行,经营全国93%的金融资产总额,法律体系也非常简单。[1] 中国的《专利法》(Patent Laws)在1984年才首次颁布。1990年上海证券交易所和深圳证券交易所才开始运作。2003年中央银行——中国人民银行——才获得了其目前的法律地位和授权。迄今许多金融机构还不成熟。中国至今仍然保留着许多金融抑制的特征。为了推进其货币国际化,中国必须将其体制的质量提高至国际水平。最重要的机制是法律体系。其次是透明和有制衡的政府内部机制。再次是运作良好的金融市场。考虑到所有这些,中国仍有很多工作要做。无论如何,要建立货币的品牌以获得其作为国际安全资产的信誉都需要很长时间。尽管中国在过去四十几年里取得了很大的进步,但仍然没有足够长的信誉历史,因此人民币国际化将是一个漫长的过程。

尽管如此,无论人民币成为主要国际货币需要多长时间,人们都不应该忽视这样的事实:即人民币国际化除了是一个长期目标,也是中国在目前发展阶段刺激金融市场改革和开放的工具。人民币国际化的最终目标是促进经济发展和确保经济独立。即使人民币不能在近期成为一种重要的国际货币,如果寻求人民币国际化的过程能成为中国金融发展和开放的催化剂,和增加中国在国际货币系统的独立性,那么这一倡议仍应被视为成功。人民币国际化本身不一定须要是一个目标,也可以被视为一个手段。

---

[1] 参见 Huang 和 Wang(2018)。

参考文献

[1] Aliber, Robert. 2011. The International Money Game. Basingstoke: Palgrave Macmillan.

[2] Anderson, James E., and Eric van Wincoop. 2003. "Gravity with Gravitas: A Solution to the Border Puzzle." American Economic Review 93(1): 170-192. http://doi.org/10.1257/000282803321455214.

[3] Bacchetta, Philippe, and Eric van Wincoop. 2005. "A Theory of the Currency Denomination of International Trade." Journal of International Economics 67(2): 295-319. http://doi.org/10.1016/j.jinteco.2004.01.006.

[4] Bacchetta, Philippe, Eric van Wincoop, and Toni Beutler. 2010. "Can Parameter Instability Explain the Meese-Rogoff Puzzle?" In Lucrezia Reichlin and Kenneth D. West(eds.). NBER International Seminar on Macroeconomics 2009. Chicago: University of Chicago Press, pp.125-173.

[5] Balding, Christopher. 2017. "Can China Afford Its Belt and Road?" Bloomberg Opinion. May 17. www.bloomberg.com/opinion/articles/2017-05-17/canchina-afford-its-belt-and-road.

[6] Bank for International Settlements. 2003. "A Glossary of Terms Used in Payment and Settlement Systems." Committee on Payment and Settlement Systems. March. Basel, Switzerland.

[7] Bhagwati, Jagdish. 1998. "The Capital Myth: The Difference between Trade in Widgets and Dollars." Foreign Affairs 77(3): 7-12. http://doi.org/10.2307/20048871.

[8] Bénétrix, Agustín S., Philip R. Lane, and Jay Shambaugh. 2015. "International Currency Exposures, Valuation Effects, and the Global Financial Crisis." NBER Working Paper w20820.

[9] Bosworth, Barry. 2012. "Conflicts in the U.S. — China Economic Relationship: Opposite Sides of the Same Coin?" Paper presented at Nomura Foundation's Macro-economic Conference in Tokyo. https://www.brookings.edu/wp-content/uploads/2016/06/20-china-us-economic-relationship-bosworth.pdf.

[10] Boughton, James M. 1998. "Harry Dexter White and the International Monetary Fund." Finance and Development 35(3): 39–41. www.imf.org/external/pubs/ft/fandd/1998/09/boughton.htm.

[11] Boyreau-Debray, Genevieve, and Shang-Jin Wei. 2005. "Pitfalls of a State Dominated Financial System: The Case of China." NBER Working Paper 11214.

[12] "Buttonwood." 2014. "What Was Decided at the Bretton Woods Summit." The Economist. 1 July. www.economist.com/the-economist-explains/2014/06/30/what-was-decided-at-the-bretton-woods-summit.

[13] Calvo, Guillermo A., and Carmen M. Reinhart. 2002. "Fear of Floating." Quarterly Journal of Economics 117(2): 379–408. http://doi.org/10.1162/003355302753650274.

[14] Chen, Hongyi, and Wensheng Peng. 2010. "The Potential of the Renminbi as an International Currency." In Wensheng Peng and Chang Shu (eds.). Currency Internationalization: Global Experiences and Implications for the Renminbi. London: Palgrave Macmillan, pp.115–138. https://link.springer.com/chapter/10.1057/9780230245785_5.

[15] Cheung, Yin-Wong. 2015. "The Role of Offshore Financial Centers in the Process of Renminbi Internationalization." In Barry Eichengreen and Masahiro Kawai (eds.). Renminbi Internationalization: Achievements, Prospects, and Challenges. Washington, DC: Brookings Institution Press, pp.207-235.

[16] Cheung, Yin-Wong, Kenneth K. Chow, and Fengming Qin. 2017. The RMB Exchange Rate: Past, Current and Future. Singapore: World Scientific Press.

[17] Cheung, Yin-Wong, Menzie Chinn, and Xin Nong. 2017. "Estimating Currency Misalignment Using the Penn Effect: It's Not as Simple as it Looks." International Finance 20: 222 - 242. https://doi.org/10.1111/infi.12113.

[18] Chinn, Menzie D., and Hiro Ito. 2006. "What Matters for Financial Development? Capital Controls, Institutions, and Interactions." Journal of Development Economics 81(1): 163-192.

[19] Chinn, Menzie D., and Hiro Ito. 2008. "A New Measure of Financial Openness." Journal of Comparative Policy Analysis: Research and Practice 10 (3): 309-322. http://doi.org/10.1080/13876980802231123.

[20] Chinn, Menzie D., and Jeffrey A. Frankel. 2007. "Will the Euro Eventually Surpass the Dollar as Leading International Reserve Currency?" In Richard Clarida (ed.). G-7 Current Account Imbalances: Sustainability and Adjustment.Chicago: University of Chicago Press, pp.283-338.

[21] Chinn, Menzie D., and Richard A. Meese. 1995. "Banking on Currency Forecasts: How Predictable is Change in Money?" Journal of International Economics 38: 161-178.

[22] Chorzempa, Martin. (PIIE). 2018. "China's Restructuring of Financial Regulation is Good News for Reform." March 19. www.piie.com/blogs/china-economicwatch/chinas-restructuring-financial-regulation-good-news-reform.

[23] Čihák, Martin, Asli Demirgüç-Kunt, Erik Feyen, and Ross Levine. 2012. "Benchmarking Financial Development Around the World." World Bank Policy Research Working Paper 6175, Washington, DC: The World Bank.

[24] Coeurdacier, Nicolas, and Philippe Martin. 2009. "The Geography of Asset Trade and the Euro: Insiders and Outsiders." Journal of the Japanese and International Economies 23(2): 90-113. http://doi.org/10.1016/j.jjie.2008.11.001.

[25] Corden, W. Max. 2009. "China's Exchange Rate Policy, Its Current Account Surplus, and the Global Imbalances." Economic Journal 119(541): F430-

F441. doi: 10.1111/j.1468-0297.2009.02319.x.

[26] Corte, Pasquale Della, and Ilias Tsiakas. 2012. "Statistical and Economic Methods for Evaluating Exchange Rate Predictability." In Jessica James, Ian W. Marsh, and Lucio Sarno (eds.). Handbook of Exchange Rates. Hoboken, NJ: John Wiley & Sons, pp.221-263.

[27] Davis, Scott, Giorgio Valente, and Eric van Wincoop. 2019. "Global Drivers of Gross and Net Capital Flows." Hong Kong Institute of Monetary Research Working Paper No. 07/2019.

[28] de Soyres, Francois, Alen Mulabdic, Siobhan Murray, Nadia Rocha, and Michele Ruta. 2018. "How Much Will the Belt and Road Initiative Reduce Trade Costs?" Policy Research Working Paper No. 8614. Washington, DC: The World Bank. https://openknowledge.worldbank.org/handle/10986/30582.

[29] Dollar, David, and Shang-Jin Wei. 2007. "Das (Wasted) Kapital: Firm Ownership and Investment Efficiency in China." NBER Working Paper 13103. www.nber.org/papers/w13103.

[30] Du, Julan, and Yifei Zhang. 2018. "Does One Belt One Road Initiative Promote Chinese Overseas Direct Investment?" China Economic Review 47: 189-205. https://doi.org/10.1016/j.chieco.2017.05.010.

[31] Du, Wenxin, Alexander Tepper, and Adrien Verdelhan. 2018. "Deviations from Covered Interest Rate Parity." Journal of Finance 73(3): 915–957. http://doi.org/10.1111/jofi.12620.

[32] Eichengreen, Barry. 2011a. "The Renminbi as an International Currency." Journal of Policy Modeling 33(5): 723-730.

[33] Eichengreen, Barry. 2011b. Exorbitant Privilege. Oxford: Oxford University Press.

[34] Eichengreen, Barry. 2013. "Renminbi Internationalization: Tempest in a Teapot?" Asian Development Review 30(1): 148-164.

[35] Eichengreen, Barry, and Masahiro Kawai (eds.). 2015. Renminbi Internationalization: Achievements, Prospects, and Challenges. Washington,

DC: Brookings Institution Press.

[36] Eichengreen, Barry, and Ricardo Hausmann. 1999. "Exchange Rates and Financial Fragility." In New Challenges for Monetary Policy. Kansas City, MO: Federal Reserve Bank of Kansas City, pp.329–368.

[37] Eichengreen, Barry, Arnaud Mehl, and Livia Chitu. 2018. How Global Currencies Work: Past, Present and Future. Princeton, NJ: Princeton University Press.

[38] Einzig, Paul, and Brian Scott-Quinn. 1977. The Euro-Dollar System, Practice and Theory of International Interest Rate, 6th edn. London: Macmillan.

[39] Farhi, Emmanuel, and Matteo Maggiori. 2018. "A Model of the International Monetary System." Quarterly Journal of Economics 133(1): 295–355.

[40] Feige, Edgar L. 2012. "New Estimates of U.S. Currency Abroad, the Domestic Money Supply and the Unreported Economy." Crime, Law and Social Change 57(3): 1–35. https://ssrn.com/abstract=2735044.

[41] Frankel, J. A. 2011. "Historical Precedents for Internationalization of the RMB." CGS/IIGG Working Paper, New York: Council on Foreign Relations. www.cfr.org/china/historicalprecedents-internationalization-rmb/p26293.

[42] Fratzscher, Marcel. 2012. "Capital Flows Push versus Pull Factors and the Global Financial Crisis." Journal of International Economics 88(2): 341–356. http://doi.org/10.1016/j.jinteco.2012.05.003.

[43] Gelos, R. Gaston, and Shang-Jin Wei. 2005. "Transparency and International Portfolio Holdings." Journal of Finance 60(6): 2987–3020. http://doi.org/10.1111/j.1540-6261.2005.00823.x.

[44] Gilmore, S., and F. Hayashi. 2011. "Emerging Market Currency Excess Returns." American Economic Journal: Macroeconomics 3(4): 85–111.

[45] Goldberg, Linda S., and Cédric Tille. 2008. "Vehicle Currency Use in International Trade." Journal of International Economics 76(2): 177–192. http://doi.org/10.1016/j.jinteco.2008.07.001.

[46] Gopinath, Gita, and Jeremy C. Stein. 2018. "Banking, Trade, and the

Making of a Dominant Currency." NBER Working Paper 24485.

[47] Habib, Maurizio Michael. 2010. "Excess Returns on Net Foreign Assets: The Exorbitant Privilege from a Global Perspective." European Central Bank Working Paper Series No. 1158. www.ecb.europa.eu/pub/pdf/scpwps/ecbwp1158.pdf.

[48] Han, Xuehui, and Shang-Jin Wei. 2018. "International Transmissions of Monetary Shocks: Between a Trilemma and a Dilemma." Journal of International Economics 110: 205–219. http://doi.org/10.1016/j.jinteco.2017.11.005.

[49] Hasbrouck, Joel, and Richard M. Levich. 2018. "FX Market Metrics: New Findings Based on CLS Bank Settlement Data." NBER Working Paper 23206.

[50] Hassan, T. A. 2013. "Country Size, Currency Unions, and International Asset Returns." Journal of Finance 68(6): 2269–2308.

[51] He, Dong, and Paul Luk. 2017. "A Model of Chinese Capital Account Liberalization." Macroeconomic Dynamics 21(8): 1902–1934.

[52] He, Dong, and Robert N. McCauley. 2012. "Eurodollar Banking and Currency Internationalization." In M. C. S. Wong and W. F. C. Chan(eds.). Investing in Asian Offshore Currency Markets. London: Palgrave Macmillan. https://doi.org/10.1057/9781137034649_13.

[53] Hong Kong Exchanges and Clearing Limited. 2018. "The RMB Reference Currency Basket and the Implications of a Market-Based RMB Currency Index." Hong Kong Exchange Research Report, July. www.hkex.com.hk/-/media/HKEXMarket/News/Research-Reports/HKEx-Research-Papers/2018/CCEO_RXY_201807_e.pdf?la=en.

[54] Huang, Yiping, and Xun Wang. 2011. "Does Financial Repression Inhibit or Facilitate Economic Growth? A Case Study of Chinese Reform Experience." Oxford Bulletin of Economics and Statistics 73(6): 833–855. https://doi.org/10.1111/j.1468-0084.2011.00677.x.

[55] Huang, Yiping, and Xun Wang. 2018. "Strong on Quantity, Weak on Quality: China's Financial Reform between 1978 and 2018." In Ross

Garnaut, Ligang Song, and Cai Fang (eds.). China's 40 Years of Reform and Development: 1978-2018. Canberra: ANU Press. https://press-files.anu.edu.au/downloads/press/n4267/html/ch16.xhtml?referer=&page=25#.

[56] Hurley, John, Scott Morris, and Gailyn Portelance. 2018. "Examining the Debt Implications of the Belt and Road Initiative from a Policy Perspective." CGD Policy Paper 121, March 2018, Washington, DC: Center for Global Development. www.cgdev.org/sites/default/files/examining-debt-implicationsbelt-and-road-initiative-policy-perspective.pdf.

[57] International Monetary Fund. (IMF) 2011. "People's Republic of China: Financial System Stability Assessment." IMF Country Report No. 11/321. November 2. Washington, DC. www.imf.org/external/pubs/ft/scr/2011/cr11321.pdf.

[58] Ito, Takatoshi. 2011. "The Internationalization of the RMB: Opportunities and Pitfalls." A CGS-IIGG Working Paper. New York Council on Foreign Relations.

[59] Ito, Takatoshi, Satoshi Koibuchi, Kiyotaka Sato, and Junko Shimizu. 2010. "Why Has the Yen Failed to Become a Dominant Invoicing Currency in Asia? A Firm-Level Analysis of Japanese Exporters' Invoicing Behavior." NBER Working Paper 16231. July. http://doi.org/10.3386/w16231.

[60] Johansson, Anders C. 2012. "Financial Repression and China's Economic Imbalances." In Huw McKay and Ligang Song (eds.). Rebalancing and Sustaining Growth in China. Canberra: ANU Press, pp.45-64. www.jstor.org/stable/j.ctt24hd16.10.

[61] Judson, Ruth. 2012. "Crisis and Calm: Demand for U.S. Currency at Home and Abroad from the Fall of the Berlin Wall to 2011." Board of Governors of the Federal Reserve System, International Finance Discussion Papers, IFDP 1058. November. www.federalreserve.gov/pubs/ifdp/2012/1058/ifdp1058.pdf.

[62] Kenen, Peter B. 1983. "The Role of the Dollar as an International Currency." Group of Thirty Occasional Papers 13, Washington, DC.

[63] Kindleberger, Charles P. 1981. InternationalMoney. London: GeorgeAllen & Unwin. King, Robert G., and Ross Levine. 1993. "Finance, Entrepreneurship, and Growth: Theory and Evidence." Journal of Monetary Economics 32(3): 513-542.

[64] King and Wood Mallesons. 2014. "What Does a Sydney RMB Clearing Bank Mean?" 19 November. www.lexology.com/library/detail.aspx? g=83df73cd-772f-4133-8ecb-983727f917ef.

[65] Kongmin, Li, Gao Haihong, Matthew Oxenford, Xu Qiyuan, Li Yuanfang, Paola Subacchi, and Song Shuang. 2017. "The 'Belt and Road' Initiative and the London Market-The Next Steps in Renminbi Internationalization, Part 3. Framework for Policy Discussion." Research Paper, International Economics Department, Chatham House. January. www.chathamhouse.org/publication/belt-and-roadinitiative-and-london-market-next-steps-renminbi-internationalization.

[66] Kongmin, Li, Gao Haihong, Xu Qiyuan, Li Yuanfang, and Song Shuang. 2017. "The 'Belt and Road' Initiative and the London Market — The Next Steps in Renminbi Internationalization, Part 1. The View from Beijing." Research Paper, International Economics Department, Chatham House. January. www.chathamhouse.org/publication/belt-and-road-initiative-and-london-marketnext-steps-renminbi-internationalization.

[67] Kose, M. Ayhan, Eswar S. Prasad, Kenneth Rogoff, and Shang-Jin Wei. 2009. "Financial Globalization: A Reappraisal." IMF Staff Papers 56(1): 8-62.

[68] Krugman, Paul R. 1984. "The International Role of the Dollar: Theory and Prospect." In John F. O. Bilson and Richard C. Marston(eds.). Exchange Rate Theory and Practice. Chicago: University of Chicago Press, pp.261-278.

[69] Krugman, Paul R., Maurice Obstfeld, and Marc Melitz. 2018. International Economics: Theory and Policy. 11th edn. Cambridge, MA: Pearson Publishing.

[70] Lai, Edwin L.-C. 2015. "Renminbi Internationalization: The Prospects of China's Yuan as the Next Global Currency." Thought Leadership Brief, 2015-

09, Institute for Emerging Market Studies, Hong Kong University of Science and Technology. https://iems.ust.hk/publications/thought-leadership-briefs/renminbi-internation alization-the-prospects-of-chinas-yuan-as-the-next-global-currency.

[71] Lai, Edwin L.-C. 2019. "The US-China Trade War, the American Public Opinions and Its Effects on China" Economic and Political Studies 7(2): 169-184. A Special Issue on the Sino-US Trade War. https://doi.org/10.1080/20954816.2019.1595330.

[72] Lai, Edwin L.-C., and Isabel K.-M. Yan. 2020."International Payment Flows and the Potential of the RMB as a Significant Payment Currency."Hong Kong University ofScience andTechnologyWorking Paper.July. https://edwin-lc-lai.weebly.com/.

[73] Lai, Edwin L.-C., and Xiangrong Yu. 2015. "Invoicing Currency in International Trade: An Empirical Investigation and Some Implications for the Renminbi."World Economy 38(1): 193-229. https://doi.org/10.1111/twec.12211.

[74] Lane, Philip R., and Gian Maria Milesi-Ferretti. 2004. "International Investment Patterns." Review of Economics and Statistics 90(3): 538-549. http://doi.org/10.1162/rest.90.3.538.

[75] Lardy, Nicholas R. 1998. China's Unfinished Economic Revolution. Washington, DC: Brookings Institution.

[76] Lardy, Nicholas R., and Tianlei Huang. 2020."Despite the Rhetoric, US-China Financial Decoupling Is Not Happening." Peterson Institute for International Economics(PIIE), China Economic Watch. July 2. www.piie.com/blogs/chinaeconomic-watch/despite-rhetoric-us-china-financial-decoupling-not-happening.

[77] Lee, S. S., and P. Luk. 2018. "The Asian Financial Crisis and International Reserve Accumulation: A Robust Control Approach."Journal of Economic Dynamics and Control 90: 284-309.

[78] Levich, Richard M., and Frank Packer. 2017. "Development and Functioning

of FX Markets in Asia and the Pacific." Financial Markets, Institutions & Instruments 26(1): 3-58. http://doi.org/10.1111/fmii.12079.

[79] Li, Jingya, and Ming-Hua Liu. 2019. "Interest Rate Liberalization and Pass-Through of Monetary Policy Rate to Bank Lending Rates in China." Frontiers of Business Research in China 13(8). https://doi.org/10.1186/s11782-019-0056-z.

[80] Li, Kongmin, Haihong Gao, Matthew Oxenford, Qiyuan Xu, Yuanfang Li, Paola Subacch and Shuang Song. 2017. "The 'Belt and Road' Initiative and the London Market-the Next Steps in Renminbi Internationalization, Part 3: Framework for Policy Discussion." Research Paper, International Economics Department, Chatham House, January 2017. https://www.chathamhouse.org/publication/beltand-road-initiative-and-london-market-next-steps-renminbi-internationalization.

[81] Li, Kongmin, Haihong Gao, Qiyuan Xu, Yuanfang Li and Shuang Song. 2017. "The 'Belt and Road' Initiative and the London Market — the Next Steps in Renminbi Internationalization, Part 1: The View from Beijing." Research Paper, International Economics Department, Chatham House, January 2017. https://www.chathamhouse.org/publication/belt-and-road-initiative-and-london-marketnext-steps-renminbi-internationalization.

[82] Lin, Justin Yifu, Fang Cai, and Zhou Li. 2003. The China Miracle: Development Strategy and Economic Reform. Hong Kong: Chinese University Press.

[83] Lu, Susan Feng, and Yang Yao. 2009. "The Effectiveness of Law, Financial Development, and Economic Growth in an Economy of Financial Repression: Evidence from China." World Development 37(4): 763-777. https://doi.org/10.1016/j.worlddev.2008.07.018.

[84] Mark, Nelson C. 1995. "Exchange Rates and Fundamentals: Evidence on Long Horizon Predictability." American Economic Review 85: 201-218.

[85] Martin, Philippe, and Hélène Rey. 2004. "Financial Super-Markets: Size Matters for Asset Trade." Journal of International Economics 64(2): 335-

361. http://doi.org/10.1016/j.jinteco.2003.12.001.

[86] Matsuyama, Kiminori, Nobuhiro Kiyotaki, and Akihiko Matsui. 1993. "Toward a Theory of International Currency." Review of Economic Studies 60 (2): 283-307. http://doi.org/10.2307/2298058.

[87] McKinnon, Ronald I. 1973. Money and Capital in Economic Development. Washington, DC: Brookings Institution.

[88] McKinnon, Ronald I., and Gunther Schnabl. 2004. "The East Asian Dollar Standard, Fear of Floating, and Original Sin." Review of Development Economics 8 (3): 331–360. http://doi.org/10.1111/j.1467-9361.2004.00237.x.

[89] Meese, Richard A., and Kenneth Rogoff. 1983a. "Empirical Exchange Rate Models of the Seventies: Do They Fit Out of Sample?" Journal of International Economics 14(1/2): 3-24. http://doi.org/10.1016/0022-1996(83)90017-x.

[90] Meese, Richard A., and Kenneth Rogoff. 1983b. "The Out-of-Sample Failure of Empirical Exchange Rate Models: Sampling Error or Misspecification?" In Jacob A. Frenkel(ed.). Exchange Rates and International Macroeconomics. Chicago: University of Chicago Press, pp.67-112.

[91] Mitsuhiro Fukao. 2003. "Capital Account Liberalisation: The Japanese Experience and Implications for China." BIS Papers, China's Capital Account Liberalisation: International Perspective 15: 35-57.

[92] Moser, Joel. 2017. "China's Bridge to Nowhere." Forbes. September 7. www.forbes.com/sites/joelmoser/2017/09/07/chinas-bridge-to-nowhere/.

[93] National Bureau of Statistics of China. 2007. Chinese Statistical Yearbook. www.stats.gov.cn/tjsj/ndsj/2007/indexeh.htm.

[94] Naughton, Barry. 1995. Growing Out of the Plan: Chinese Economic Reform, 1978–1993. Cambridge: Cambridge University Press. doi.org/10.1017/CBO9780511664335.

[95] Nixon, William, Eden Hatzvi, and Michelle Wright. 2015. "The Offshore Renminbi Market and Renminbi Internationalisation." In Ligang Song, Ross Garnaut, Fang Cai, and Lauren Johnston (eds.). China's Domestic

Transformation in a Global Context. Canberra: ANU Press.

[96] Obstfeld, Maurice, and Kenneth Rogoff. 2001. "Perspectives on OECD Capital Market Integration: Implications for the US Current Account Adjustment." In Global Economic Integration: Opportunities and Challenges. Kansas City, MO: Federal Reserve Bank of Kansas City, pp.169-208.

[97] Obstfeld, Maurice, and Kenneth Rogoff. 2007. "The Unsustainable US Current Account Position Revisited." In R. H. Clarke (ed.). G7 Current Account Imbalances: Sustainability and Adjustment. Chicago: University of Chicago Press, pp.339-376.

[98] Obstfeld, Maurice, Jay C. Shambaugh, and Alan M. Taylor. 2005. "The Trilemma in History: Tradeoffs among Exchange Rates, Monetary Policies, and Capital Mobility." Review of Economics and Statistics 87(3): 423-438.

[99] OECD. 2018. "China's Belt and Road Initiative in the Global Trade, Investment and Finance Landscape." OECD Business and Financial Outlook. chap. 2. www.oecd.org/finance/Chinas-Belt-and-Road-Initiative-In-the-global-tradeinvestment-and-finance-landscape.pdf.

[100] Okawa, Yohei, and Eric van Wincoop. 2012. "Gravity in International Finance." Journal of International Economics 87(2): 205-215. http://doi.org/10.1016/j.jinteco.2012.01.006.

[101] Overholt, William, Guonan Ma, and Cheung-Kwok Law. 2016. Renminbi Rising. London: John Wiley & Sons.

[102] People's Bank of China. 2017. RMB Internationalization Report. Beijing: PBC.

[103] Portes, Richard, and Hélène Rey. 2005. "The Determinants of Cross-Border Equity Flows." Journal of International Economics 65(2): 269-296. http://doi.org.10.1016/j.jinteco.2004.05.002.

[104] Prasad, Eswar S. 2017a. "China Needs to Come Clean on Its Exchange Rate Policy: the Central Bank Must Let the Renminbi's Value Go Where Market Forces Take It." Financial Times. September 14. www.ft.com/content/725cd9949931-11e7-8c5c-c8d8fa6961bb.

[105] Prasad, Eswar S. 2017b. Gaining Currency, New York: Oxford University Press.

[106] Prasad, Eswar S., and Raghuram G Rajan. 2006. "Modernizing China's Growth Paradigm." American Economic Review 96(2): 331-336. http://doi.org/10.1257/000282806777212170.

[107] Prasad, Eswar S., and Raghuram G Rajan. 2008. "A Pragmatic Approach to Capital Account Liberalization." Journal of Economic Perspectives 22(3): 149-172. http://doi.org/10.1257/jep.22.3.149.

[108] PwC. 2016. "China's New Silk Route: the Long and Winding Road." PWC's Growth Markets Center. February. www.pwc.com/gx/en/growth-marketscenter/assets/pdf/china-new-silk-route.pdf.

[109] Rey, Hélène. 2001. "International Trade and Currency Exchange." Review of Economic Studies 68(2): 443-464. http://doi.org/10.1111/1467-937x.00176.

[110] Rey, Hélène. 2015. "Dilemma not Trilemma: The Global Financial Cycle and Monetary Policy Independence." NBER Working Paper 21162.

[111] Rodrik, Dani. 1998. "Who Needs Capital-Account Convertibility?" In Stanley Fischer, et al. Should the IMF Pursue Capital-Account Convertibility? Princeton, NJ: Princeton Book Company.

[112] Rogoff, Kenneth S. 1996. "The Purchasing Power Parity Puzzle." Journal of Economic Literature 34(2): 647-668.

[113] Rossi, Barbara. 2013. "Exchange Rate Predictability." Journal of Economic Literature 51(4): 1063-1119.

[114] Santos Silva, J. M. C., and Silvana Tenreyro. 2006. "The Log of Gravity." Review of Economics and Statistics 88(4): 641-658. http://doi.org/10.1162/rest.88.4.641.

[115] Sarno, Lucio, Giorgio Valente, and Hyginus Leon. 2006. "Nonlinearity in Deviations from Uncovered Interest Parity: An Explanation of the Forward Bias Puzzle." Review of Finance 10(3): 443-482.

[116] Sarno, Lucio, Ilias Tsiakas, and Barbara Ulloa. 2016. "What Drives

International Portfolio Flows?" Journal of International Money and Finance 60: 53-72. http://doi.org/10.1016/j.jimonfin.2015.03.006.

[117] Shioji, Etsuro. 2013. "The Bubble Burst and Stagnation of Japan." In Randall E. Parker and Robert Whaples(eds.). Routledge Handbook of Major Events in Economic History. London: Routledge, Taylor and Francis Group.

[118] Shu, Chang, He Dong, and Xiaoqiang Cheng. 2015. "One Currency, Two Markets: The Renminbi's Growing Influence in Asia-Pacific." China Economic Review 33: 163–178. http://doi.org/10.1016/j.chieco.2015.01.013.

[119] Song, Zheng, Kjetil Storesletten, and Fabrizio Zilibotti. 2011. "Growing Like China." American Economic Review 101(1): 196–233. https://doi.org/10.1257/aer.101.1.196.

[120] State Council of the People's Republic of China. 2017. "China Establishes Financial Stability and Development Committee." November 9. http://english.www.gov.cn/news/top_news/2017/11/08/content_281475936107760.htm.

[121] Steil, Benn. 2013. The Battle of Bretton Woods: John Maynard Keynes, Harry Dexter White, and the Making of a New World Order. Princeton, NJ: Princeton University Press.

[122] Steil, Benn. 2019. "Central Bank Currency Swaps Tracker." Council on Foreign Relations, 5 November. www.cfr.org/article/central-bank-currency-swapstracker#!/?cid=otr-marketing_use-currency_swaps.

[123] Stiglitz, Joseph E. 1994. "The Role of the State in Financial Markets." In M. Bruno and B. Pleskovic (eds.). Proceedings of the World Bank Annual Conference on Development Economics, 1993: Supplement to the World Bank Economic Review and the World Bank Research Observer. Washington, DC: The World Bank.

[124] Stiglitz, Joseph E. 2000. "Capital Market Liberalization, Economic Growth, and Instability." World Development 28(6): 1075-1086. https://doi.org/10.1016/S0305-750X(00)00006-1.

[125] Stiglitz, Joseph E. 2002. Globalization and Its Discontents. New York: W. W. Norton.

[126] Stiglitz, Joseph E., and Andrew Weiss. 1981. "Credit Rationing In Markets with Imperfect Information." American Economic Review 71(3): 393-410.

[127] Subacchi, Paola. 2017. People's Money. New York: Columbia University Press.

[128] Subacchi, Paola, and Matthew Oxenford. 2017. "The 'Belt and Road' Initiative and the London Market — The Next Steps in Renminbi Internationalization, Part 2. The View from London." Research Paper, International Economics Department, Chatham House, January. www.chathamhouse.org/publication/belt-and-road-initiative-and-london-marketnext-steps-renminbi-internationalization.

[129] Svirydzenka, Katsiaryna. 2016. "Introducing a New Broad-based Index of Financial Development." International Monetary Fund Working Paper WP/16/5, Strategy, Policy, and Review Department. www.imf.org/external/pubs/ft/wp/2016/wp1605.pdf.

[130] Swoboda, Alexander. 1968. "The Euro-Dollar Market: An Interpretation." In Peter B. Kenan (ed.). Essays in International Finance. Princeton, NJ: Princeton University Press.

[131] Swoboda, Alexander. 1969. "Vehicle Currencies and the Foreign Exchange Market: The Case of the Dollar." In Robert Z. Aliber(ed.). The International Market for Foreign Exchange, Praeger Special Studies in International Economics and Development. New York: Frederick A. Praeger.

[132] The Economist. 2019. "Uncle Sam's Game America's Legal Forays against Foreign Firms Vex Other Countries." 19 January. www.economist.com/business/2019/01/19/americas-legal-forays-against-foreign-firms-vex-othercountries.

[133] Tobin, James. 1982. "A Proposal for International Monetary Reform." Essays in Economics, Cambridge, MA: MIT Press.

[134] Triffin, Robert. 1960. Gold and the Dollar Crisis: The Future of Convertibility. New Haven, CT: Yale University Press.

[135] Walter, Carl, and Fraser Howie. 2011. Red Capitalism. Singapore: John Wiley & Sons.

[136] Wang, Ming, Jerome Yen, and Kin-Keung Lai. 2014. China's Financial Markets: Issues and Opportunities. London: Routledge.

[137] Wikipedia.2021a."Human Rights in Singapore." https://en.wikipedia.org/wiki/Human_rights_In_Singapore.

[138] Wikipedia.2021b."Ideology of the Chinese Communist Party." https://en.wikipedia.org/wiki/Ideology_of_the_Chinese_Communist_Party.

[139] Wikipedia.2021c."Internationalization of the Renminbi." https://en.wikipedia.org/wiki/Internationalization_of_the_renminbi.

[140] Wikipedia.2021d."Politics of Singapore." https://en.wikipedia.org/wiki/Politics_of_Singapore.

[141] Wikipedia.2021e."Society for Worldwide Interbank Financial Telecommunication." https://en.wikipedia.org/wiki/Society_for_Worldwide_Interbank_Financial_Telecommunication.

[142] Wu, Ying. 2015. "The Open-Economy Trilemma In China: Monetary and Exchange Rate Policy Interaction under Financial Repression." International Finance 18(1): 1–23.

[143] Yang, Charlotte, and Baili Ke. 2019."Caixin Explains: Why It's So Hard To Kill Zombies In China."Caixin. January 24. www.caixinglobal.com/2019-01-24/caixin-explains-why-its-so-hard-to-kill-zombies-In-china-101374079.html.

[144] Yu,Yongding, 2012."Revisiting the Internationalization of the Yuan."Asian Development Bank Institute Working Paper 366.

[145] Zhang, Liqing, and Kunyu Tao. 2015."The Benefits and Costs of Renminbi Internationalization." In Barry Eichengreen and Masahiro Kawai (eds.). Renminbi Internationalization: Achievements, Prospects, and Challenges. Washington,DC: Brookings Institution Press,pp.348–376.

[146] Zhang, Yanqun.2017. "Productivity in China: Past Success and Future Challenges." Asia-Pacific Development Journal 24(1). www.un-ilibrary.org/content/journals/24119873/24/1/1.

[147] Zhang, Yuan, Ting Shao, and Qi Dong. 2018. "Reassessing the Lewis Turning Point in China: Evidence From 70,000 Rural Households." China & World Economy 26(1): 4-17. http://doi.org/10.1111/cwe.12226.

[148] Zhu, Xiaodong. 2012. "Understanding China's Growth," Journal of Economic Perspectives 26(4): 103-124. https://pubs.aeaweb.org/doi/pdfplus/10.1257/jep.26.4.103.

[149] 李波:"跨境人民币计价的前景",《中国金融》,2013,23:47-48.

[150] 裴长洪、杨春学、杨新铭:《中国基本经济制度——基于量化分析的视角》,北京:中国社会科学出版社,2015 年.

[151] 王选文主编:《中国国有资产监督管理年鉴 2016》,《中国国有资产监督管理年鉴》编委会,中国经济出版社,2016 年.

[152] 中国人民大学国际货币研究所:《人民币国际化报告》(2015,2016,2017).

进一步阅读

[1] Aliber, Robert Z. 1980. "The Integration of the Offshore and Domestic Banking System." Journal of Monetary Economics 6(4): 509-526.

[2] Ba, Qing. 2019. The Pivotal Force In RMB Internationalization: The Construction of the Offshore RMB Market Mechanism. Kowloon: City University of Hong Kong Press.

[3] Bank for International Settlements. 2014. "Triennial Central Bank Survey of Foreign Exchange and Derivatives Market Activity in 2013." Basel, Switzerland.

[4] Chang, Chun, Liu Zheng, and Mark M. Spiegel. 2015. "Capital Controls and Optimal Chinese Monetary Policy." Journal of Monetary Economics 74(C): 1-15.

[5] Cheng, Siwei. 2015. RMB Towards Internationalization. Singapore: World Scientific Press.

[6] Cheung, Yin-Wong, Guonan Ma, and Robert McCauley. 2011. "Why Does China Attempt to Internationalise the RMB?" In Jane Golley and Ligang Song (eds.). Rising China: Global Challenges and Opportunities, Canberra: ANU Press.

[7] Cohen, Benjamin J. 2011. "The Benefits and Costs of an International Currency: Getting the Calculus Right." Open Economies Review 23(1): 13-31. http://doi.org/10.1007/s11079-011-9216-2.

[8] Dobbs, Richard, David Skilling, Wayne Hu, Susan Lund, James Manyika,

and Charles Roxburgh. 2009. "An Exorbitant Privilege? Implications of Reserve Currencies for Competitiveness." McKinsey & Company. www.mckinsey.com/global-themes/employment-and-growth/an-exorbitant-privilege.

[9] Dufey, Gunter, and Ian H. Giddy. 1994. The International Money Market. Englewood Cliffs, NJ: Prentice Hall International.

[10] He, Dong, and Robert N. McCauley. 2013. "Offshore Markets for the Domestic Currency: Monetary and Financial Stability Issues." In Yin-Wong Cheung and Jakob de Haan(eds.). The Evolving Role of China in the Global Economy. Cambridge, MA: MIT Press, pp.301–337.

[11] He, Dong, L. Cheung, W. Zhang, and T. Wu. 2012. "How Would Capital Account Liberalisation Affect China's Capital Flows and the Renminbi Real Exchange Rates?" China & World Economy 20(6): 29–54.

[12] Kawai, Masahiro, and Victor Pontines. 2015."The Renminbi and Exchange Rate Regimes in East Asia." In Barry Eichengreen and Masahiro Kawai(eds.). Renminbi Internationalization: Achievements, Prospects, and Challenges. Washington, DC: Brookings Institution Press.

[13] Kindleberger, Charles P. 1984. A Financial History of Western Europe. London: George Allen & Unwin.

[14] Ma, Jun, Jiangang Xu, et al. 2012.The Road for the Renminbi to Go Out of the Country, Commercial Press (Hong Kong) Limited, June 2012.

[15] Minikin, Robert, and Kelvin Lau. 2013. The Offshore Renminbi. Singapore: Wiley.

[16] Osugi, K. 1990. "Japan's Experience of Financial Deregulation Since 1984 in an International Perspective." Bank for International Settlements (BIS) Economic Papers 26.

[17] Subramanian, Arvind. 2012. "The Renminbi Bloc is Here: Asia Down, Rest of the World to Go?" Peterson Institute of International Economics (PIIE) Working Paper 12-19.

[18] Takagi, Shinji. 2011. "Internationalizing the Yen, 1984–2003: Unfinished Agenda or Mission Impossible?" In Yin-Wong Cheung and Gounan Ma(eds.).

Asia and China in the Global Economy. Singapore: The World Scientific Publishing, pp.219-244.

[19] Wong, Michael C. S. and Wilson F. C. Chan (eds.). 2013. Investing in Asian Offshore Currency Markets, the Shift from Dollars to Renminbi. Basingstoke: Palgrave Macmillan.

索引

A

阿尔巴尼亚　65
阿根廷　54
阿拉伯联合酋长国　53
安全资产　38,135,138,209
澳大利亚　11,53,62,67,154,188,192
澳门　51,52,98,151
澳元　188,190,192,193,198

B

巴基斯坦　194
北向　68,69,98,139,141,142,175
避险货币　6,19,204,206
冰岛　65
伯南克　206
不良贷款（NPL）　124
布雷顿森林会议　1,17,18
布雷顿森林体系　1,15,16,18,45,
　149,207

C

城市商业银行　121-123
城市信用合作社　123
城市信用社　121
储备货币　1,2,4,6,11-13,15,16,
　18,20,34,39,41-43,45,84,85,
　135,138,177,201,207-209
存款保险　99,101,120,128,129
存款利率　4,93,99,111-113,116,
　120,121,144,173
存款证书（CD）　10,45,56,73
存款准备金　91,92,127,147,177

D

代理银行　51,158,162
贷款利率市场化　112,116,117,119
贷款市场报价利率　112,117-121,205
丹麦克朗　188,190,192,193
德国　42,53,67,142,146,163
德国马克　18

延迟净额结算（DNS） 159

点心债券 21,56,57,98,151,165,166

对冲 35,46,92,149

多极储备货币 208

E

俄罗斯 53,154,197

F

法国 15,36,53,67,68

泛欧交易所 134

非银行金融机构 121,143,149,153,167

浮动汇率 8,12,16,23,26,28,30,31,42,95,97,149,154,155,207

G

港币 11,141,68,94,156,157,188,190,192,193

股份制商业银行 121-123

股票市场 4,7,68,108-111,122,124,132,139-141,144,165,205

《关于外汇安排和外汇限制的年度报告》（IMF） 80

国际安全资产 42,211

国际货币 1-4,6,11,12,15-19,21,34,35,38,42,43,45-49,52,72,75,82,83,85,86,99,111,132,135,137,144,147,151,154,181,201,203,204,207,208,211

国际货币基金组织（IMF） 11-13,17,18,28,33,38,72-74,77-80,82,90,97,100,105,107,108,125,189

国际清算银行（BIS） 32,46,68,72,159,179,185,186,199

国际收支 38,41,100

国际收支危机 28,29,37,44,89

国际收支账户 11,37,42,76,77,97,105,164,165

国际投资头寸（IIP） 14,38,81,82

国际银行 3,36,49,148,151,158,162,163,179

国际资本市场 13,30,149,180

国家风险 146-148,150,178,210

国家间双边支付流 182,183

国家外汇管理局（SAFE） 19,38,66,98

国有企业 4,21,42,99,101,107,111-115,124-126,131,132,139,143,144,203,205,206

国有银行 4,10,21,42,99,112,113,115,121-124,131,143,176,205

H

哈萨克斯坦 65

海外负债 39,40

海外资产 14,39,40

韩国　27,28,32,49,52,67,78,81,89,90,97,111,177,191,205

合格境内机构投资者（QDII）　3,66,164

合格境内有限合伙人（QDLP）　69

合格境外机构投资者（QFII）　3,66

恒丰银行　122

互认基金　49,69

沪港通　3,48,68,98,141,142,152,165

环球银行金融电信协会（SWIFT）　72,163

汇率的波动　1,32

汇率稳定　2,4,11,12,16,19,22-24,26,28-30,32,33,35,89,93,96,101,102,204,206

货币错配　26,28,37,46

货币风险　146-148,150,178,210

货币互换　20,49,64

货币互换协议　3,19,46,48,64,65,97,98,151,165

货币互换协议　3,19,46,48,64,65,97,98,151,165

货币危机　28

货币政策自主权　2,22,30,33,44,93-97,101,149

J

基准存款利率　112,116,120,121

基准贷款利率　112,116-119,121

计价货币　12,16,34,37-39,46,61,62,85,86,110,181,200

加拿大　54,67,154,181,182,186,188,191-193

加元　182,186-188,190,192,193,198

价值储存　1,2,7,34,35,41,48,58,82,85,86,132,139,148,152,201,209

柬埔寨　52

交通银行　52,123

交易份额　50,71,72,110,183-187,189

交易媒介　1,2,7,34,35,41,48,82-85,148,151,209

交易所债券市场　133

结算货币　12,34,38,49,51,61,62,85,86,98,151,184

金本位　15

金融发展和开放　86,182,191-193,210,211

金融发展指数　107-109,189,190

金融全球化　81,179,180,185

金融市场　2-4,6,7,10,18,21,27,28,38,42,45,47-50,69,71,75,83,84,86-88,90,98,100-103,106-111,113,114,118,125,126,130,131,135,136,142-146,149,152,159,165-167,175-177,179,185,201,203-206,209,211

金融抑制 4,22,27,44,45,99,111-115,121,125,126,143,211

经常账户 2,14,24,27,32,38,41,50,76-78,87,88,152,158,164,207

聚集效应 3,62,83,85

K

卡塔尔 53,67

三元悖论 2,4,7,11,13,22,30,44,78,91,93-97,101-105,149,176,204

可交割远期（DF） 155,173

跨境银行间支付清算（上海）有限责任公司 160

L

老挝 52

雷曼兄弟公司 172,173

离岸（CNH）人民币汇率 3-5,7,9-11,20,21,48-52,54-57,59,60,63,64,66-69,71,73-75,86,97,133,146-148,150-153,155-159,164-180,199,203,204,209,210

离岸货币交易 149,150,179

离岸货币市场 146,147,179

离岸金融市场 7,148,166,178

离岸人民币存款 9,56,73,153,175,177

离岸人民币外汇市场 60,155,156,178

离岸人民币债券,见点心债券 21,56,57,98,151,165,166

离岸人民币中心 3,5,21,48-50,54,71,146,148,149,151,152,178,180,195,210

离岸外汇市场 5,152,176

离岸银行业务 147,149,150,179

联邦储备系统 160,206

流动性溢价 92,93

卢森堡 53,67,151

伦敦 3,5,21,48,49,53,67,71,148,150,151,155,168,173,178,195

M

马来西亚 27,28,53,89,97,197

买卖差价 16,17,85

贸易计价 3,34,45,49,50,60,62,70,83,85,132,147

贸易结算 3,19,20,34,49-51,60,62,63,65,70,73,82-84,147,151,152,156,184,188

美国国库券 136,137

美国国债 13,14,20,37,39,41,135,209

美元的"过度特权" 1,13,15

蒙古 197

孟加拉国-中国-印度-缅甸经济走廊 194

民生银行 122

摩洛哥 65

墨西哥比索 185-187

目标 6,7,11,35,47,56,87,90,93,99,100,111,113,117-119,140,163,164,211

N

南非 53

南向 68,69,98,141,142,175

尼日利亚 65

农村合作银行 123

农村商业银行 122,123

挪威克朗 189,190,192,193

O

欧元集团 208

欧元 5,6,11,12,16,19,20,43,46,72,85,100,137,154,157,181,182,185,187,188,190-193,198-201,207-210

欧元区 14,43,72,134,135,181,182,186,188,190-193,196,207

欧洲 19,36,46,52,53,67,70,151,176,177,190,194,208

欧盟（EU） 36,162,197

欧洲美元 150,173,176,177

欧洲中央银行（ECB） 135,206

P

抛补利率平价（CIP） 173-175

彭博社 10,17,24,59,73,116,138

平安银行 122

Q

清算所银行间支付系统 5,160

全球金融危机 1,2,19,21,26,35,43,52,65,81,124,172,179,180

R

人民币存款 9,10,21,49,51,55,56,63,166,173,174,177

人民币贷款 50,56,57,63,165,178

人民币对外直接投资（RFDI） 164

人民币对外直接投资（RODI） 164

人民币国际化指数 3

人民币合格境外机构投资者（RQFII） 3,66

人民币回流 152,165

人民币集团 208

人民币计价的国际债务证券 70,198-200

人民币结算 20,36,49,60-63,72,73,98,156,157,164,165

人民币跨境贸易结算 60,151,155,168

人民币跨境银行间支付系统（CIPS）

3,5,36,49,50,54,148,157-162,164

人民币流动性 5,41,49,54,64,65,159,165,176,178

人民币贸易计价 62,70,71,209

人民币贸易结算 20,48,51,60,61,63,100,151,153,197

人民币清算银行 51,52,55,157

人民币全球化指数（RGI） 73,75

人民币融资 44,57,59,209

人民币债券 4,49,57,59,63,153,198

人民币中间价 9,154,156

日本 2,4,6,14,27,28,42,44-47,49,53,62,68,79-81,90,97,107,108,124,133-138,140,146,162,182,186,188,192,193,205,208

日本银行 27,45,46,206

日元 2,11,12,16,18,27,45-47,72,85,100,137,154,181,182,185,187,188,190,192,193,198-201

日元的国际化 44

融资货币 12,13,16,19,21,38,39,49,71,200

瑞典克朗 189,190,192,193

瑞士 53,67,188

瑞士法郎 188,190,192,193,198

S

塞尔维亚 65

商业银行 27,41,42,51,66,80,91,92,94,101,106,110,116,117,121-124,127,133,138,139,149,153,157-159,190,211

上海银行同业拆借利率（SHIBOR） 168,170,171,173-175

上海证券交易所 68,107,140,141,211

上海自由贸易区（FTZ） 69

深港通 3,48,68,98,141,142,152,165

深圳证券交易所 68,107,140,141,211

实时全额结算系统（RTGS） 157,160,166

市场利率定价自律机制 117,120

市场失灵 113,114,126,128

实际意义的资本账户开放度 81

丝绸之路经济带（SREB） 194,198

斯里兰卡 65

苏里南 65

T

塔吉克斯坦 65

泰国 27,32,37,49,53,62,67,78,81,86,89-91,97,108,186,191-193,197,210

特别提款权（SDR） 11,18,21,71,74,100

特别提款权，见特别提款权 11,18,21,71,74,100

土耳其 65

W

外国银行 34,51,121,122,142,143, 145,149-151,158,159,163

外国直接投资（FDI） 1,13,23,70, 77,179

外汇储备 12-14,16,19,29,30,34, 37,42,43,45,46,60,71,72,82,91, 93,94,149,153,194,207

外汇干预 35,94-96

外汇市场 8,9,12,23,30,31,33,34, 41,49,50,54,71,72,94-96,110, 115,149,150,152-156,159,167, 179,185,186,190,197,203

无本金交割远期（NDF） 173

无抛补利率平价 5,91-95,167-169

X

香港财资市场公会 156

香港金融管理局（HKMA） 10,59,60, 63,94,157,165,167

香港证券交易所（SEHK） 57,68,141, 148

新加坡 3,5,11,21,28,48,49,52, 67,71,73,148,150,151,155,177, 179,186,189,195,197,206

新加坡元 154,185

农村金融机构 121

新亚欧大陆桥 194

新西兰 65

信用评级 20,143

匈牙利 53

熊猫债券 97,138

Y

亚美尼亚 65

亚洲金融危机 28,29,31,32,46,89-91,94,97,180,207

亚洲开发银行（ADB） 57,138

要素收入 76,77

"一带一路"倡议 5,70,71,181,194-202,209

伊朗 163

银保监会，见中国银行保险监督管理委员会 129,130

银监会，见中国银行业监督管理委员会 129

银行部门 4,7,111-115,118,121, 124,129,132,144

银行部门改革 111,143

银行承兑汇票 45

银行的资产负债表 179

银行危机 26,37,42,44,128

银行系统 12,19,26,45,91,101, 110,111,115,121,124-129,144, 148,166

引力模型 5,182-184,189,195, 196,201

英镑 12,16,18,38,85,100,154,181,182,185,187,188,190,191,193,198-201

英国 4,14,17,53,67,73,124,135-137,140,146,151,155,162,177,179,182,186,188,192,193,210

影子银行系统 128,129,131,145

邮政储蓄银行 121,122

原罪 37,41

远期汇率 173

Z

在岸（人民币）汇率 3-10,21,48-51,54,55,66,68,69,71,75,86,97,111,112,137-139,143,146-148,151-160,165-180,199,204,210

在岸银行间外汇市场 51,153,154

债券市场 4,7,27,60,66-69,107,108,110,111,124,132-134,136-139,144,145,165-167,175,205,209

债券通 3,48,67,69,98,137,139,148,152,153,165-167,205

债务证券 5,70-72,109,181,195,199-202

政策性银行 121-123,137,139,153

政府债券 45,91,92,94,135,139,149

支付货币 5,21,38,71,72,181-184,191,193,202,209,210

支付系统 3,35,36,49,54,99,148,149,157-160,162,164,190

直通式处理（STP） 158,161

制衡机制 19,107,206

智利 54

中国-巴基斯坦经济走廊 194

中国的货币政策 44,96,118

中国的加工贸易 24

中国的经常账户 25,26

中国的外汇储备 19

中国工商银行（ICBC） 52-54,112,124

中国股票市场 4,139,141

中国国家开发银行 56

中国建设银行 53,54,112,124

中国进出口银行（Chexim） 122,137

中国贸易 20,49,60,61,63

中国-蒙古-俄罗斯经济走廊 194

中国农业发展银行（ADBC） 121,137

中国农业银行（ABC） 53,112,124

中国人民银行 8,9,11,15,20,29,51,52,54,56,60,64-66,68,73,74,82,102,107,112,115-118,120,122,130,133,138,153-160,165-167,169,176,206,211

中国外汇交易系统（CFETS） 154

中国现代化支付系统（CNAPS） 157-161

中国银行（BOC） 27,52-54,112,123,124,129,130,151,153

中国银行保险监督管理委员会（CBIRC）
　129,130
中国银行间债券市场（CIBM）　68,
　69,107,138,139
中国银行（香港）（BOCHK）　27,
　52-54,112,123,124,129,130,151,
　153
中国银行业监督管理委员会　129
中国政府债券（CGB）　4,139
中国-中南半岛经济走廊　194,197
中国-中亚-西亚经济走廊　194,197
中央银行的资产负债表　91,92,96
中央政府债券　135-137,144
铸币税　14,15,41
资本错配　99,111,125,126
资本管制　4-6,9,10,22,26,28,29,
　45,47,49,78,81,88,92,94-97,
　102,103,136,141,144-148,152,
　156,167-174,176,177,179,180,
　203,204
资本流动　2,6,7,22,66,70,78,79,
　81,86,88-90,95-97,99-102,
　104,105,113,146,168,176,178,
　179,210
资本流动性　30,95-97,101,105,

　176,179
资本流动自由　110
资本流入　28,45,66,77,81,89,91,
　96,102,169,171,174
资本市场　66,71,79,80,95,100,
　106,108,132,144,149,205
资本外流　9,11,26,74,88,94,97,
　113,144,169,174,176
资本外逃　26,28,37
资本账户　1,3-5,7,11,21,22,29,
　37,42,45,47-50,60,66,70,71,75-
　79,81,82,84-91,95,96,98-103,
　110,136,144-148,152,156,159,
　165,175,176,178-182,184,185,
　189,190,193,201-203,205,207,
　209,210
资本账户可兑换　21,89,90,97,101
资产管理产品　129,152
最后贷款人　41,42,46,90,128

21世纪海上丝绸之路（MSR）　194,
　198
A股　140-142,144,145,152,153
Bancor　18
Chinn-Ito指数（KAOPEN）　78,79

图书在版编目(CIP)数据

一种货币,两个市场:人民币国际化之路/黎麟祥著. ——上海:复旦大学出版社,2025.4. —— ISBN 978-7-309-17813-5

Ⅰ. F822

中国国家版本馆 CIP 数据核字第 2024LX1226 号

一种货币,两个市场:人民币国际化之路
YIZHONG HUOBI LIANGGE SHICHANG: RENMINBI GUOJIHUA ZHILU
黎麟祥　著
责任编辑/王雅楠

复旦大学出版社有限公司出版发行
上海市国权路 579 号　邮编:200433
网址: fupnet@fudanpress.com　http://www.fudanpress.com
门市零售:86-21-65102580　团体订购:86-21-65104505
出版部电话:86-21-65642845
上海新艺印刷有限公司

开本 787 毫米×960 毫米　1/16　印张 16.75　字数 256 千字
2025 年 4 月第 1 版
2025 年 4 月第 1 版第 1 次印刷

ISBN 978-7-309-17813-5/F·3083
定价:88.00 元

如有印装质量问题,请向复旦大学出版社有限公司出版部调换。
版权所有　侵权必究